"十四五"职业教育国家规划教材

汽车
底盘
电控系统检修

附微课视频

杨智勇 李敬福 / 主编

刘翔 汪涛 魏广远 / 副主编

人民邮电出版社

北 京

图书在版编目（CIP）数据

汽车底盘电控系统检修：附微课视频 / 杨智勇，李敬福主编. -- 北京 ：人民邮电出版社，2019.1

汽车类职业技能培养"十三五"规划教材

ISBN 978-7-115-48409-3

Ⅰ. ①汽… Ⅱ. ①杨… ②李… Ⅲ. ①汽车－底盘－电气控制系统－车辆修理－职业教育－教材 Ⅳ. ①U472.41

中国版本图书馆CIP数据核字(2018)第091988号

内 容 提 要

本书根据项目教学的要求，将具体内容按照学习目标、任务引入、相关知识、任务实施的形式进行编排。全书共 4 个项目，内容包括电控自动变速器的检修、电控防滑控制系统的检修、电控悬架系统的检修和电控动力转向系统的检修。本书以国内外中高档轿车为例，系统地介绍了汽车底盘电控系统的基本结构、工作原理及检修方法。

本书既可作为高职高专院校汽车类相关专业课程的教材，也可作为相关从业人员的参考书。

◆ 主　　编　杨智勇　李敬福

副 主 编　刘 翔　汪 涛　魏广远

责任编辑　王丽美

责任印制　马振武

◆ 人民邮电出版社出版发行　　北京市丰台区成寿寺路 11 号

邮编　100164　电子邮件　315@ptpress.com.cn

网址　http://www.ptpress.com.cn

保定市中画美凯印刷有限公司印刷

◆ 开本：787×1092　1/16

印张：17　　　　　　　　　2019 年 1 月第 1 版

字数：416 千字　　　　　　2025 年 1 月河北第 12 次印刷

定价：48.00 元

读者服务热线：(010)81055256　印装质量热线：(010)81055316

反盗版热线：(010)81055315

广告经营许可证：京东市监广登字 20170147 号

前　言

"汽车底盘电控系统检修"是高职高专院校汽车检测与维修技术、汽车电子技术等专业的一门核心专业课程。为了适应新的高职高专教育模式的要求,使读者能够系统地学习汽车底盘电控系统检修的知识与技能,并体现"做中学"和"基于工作过程"的教学理念,我们组织高职高专院校教师及汽车维修企业的专家编写了本书。

本书具有以下特点。

(1)落实立德树人根本任务。贯彻党的二十大报告所提出的"育人的根本在于立德。全面贯彻党的教育方针,落实立德树人根本任务,培养德智体美劳全面发展的社会主义建设者和接班人"。本书精心设计,依据专业课程的特点融入素质培养要素,弘扬了精益求精的专业精神、职业精神和工匠精神,激发学生自信自强、守正创新、踔厉奋发、勇毅前行。

(2)本书从高职高专教育的实际出发,结合教学和行业实际的需要,在内容上注重实训教学环节并强调对读者动手能力的培养,具有针对性和实用性。

(3)校企合作,双元开发,产教融合。本书由职业院校教师和企业专业技术人员共同开发,由教学经验丰富的教师执笔,企业提供真实项目案例。本书的理论知识与项目实践相结合,保证了教材的职业教育特色。

(4)课证融通,注重技能培养。本书在"1+X"课证融通相应的项目中选取学习任务,将知识和技能进行整合,突出体现了以知识为目标,以实践为载体,以技能培养为核心的特点。

(5)本书针对重要的知识点开发了大量的动画、视频资源,并以二维码的形式嵌入到书中相应位置。读者可以通过手机等移动终端扫描书中二维码观看学习。为了方便教学,本书提供了相应的教学资源,包括 PPT 课件、练习思考题答案、实训工单、配套习题、授课计划、课程标准等。

本书的参考学时为 90 学时,其中理论环节为 48 学时,实训环节为 42 学时,各部分的参考学时参见下面的学时分配表。

学时分配表

项目	课程内容	学时分配	
		理论	实训
项目一	电控自动变速器的检修	20	20
项目二	电控防滑控制系统的检修	14	10
项目三	电控悬架系统的检修	6	6
项目四	电控动力转向系统的检修	8	6
学时总计		48	42

本书由辽宁省交通高等专科学校杨智勇和山东理工职业学院李敬福任主编，襄阳职业技术学院刘翔、辽宁省交通高等专科学校汪涛和青岛恒星科技学院魏广远任副主编，参加本书编写工作的还有孙涤非、惠怀策、韩伟、季成久、田立加、张磊等。

本书在编写过程中，参阅了许多国内外公开出版的文献，在此一并表示感谢。

由于编者水平所限，书中难免存在不足之处，恳请读者批评指正。

编　者

2023 年 5 月

目 录

项目一
电控自动变速器的检修

任务一 常规电控自动变速器的检修

·□学习目标□·

（1）熟悉自动变速器的基本组成与工作原理。
（2）熟悉自动变速器主要部件的结构、工作过程和检修方法。
（3）掌握自动变速器的检查方法、自动变速器的正确使用与维护方法。
（4）熟悉自动变速器常见故障的检修方法。
（5）培养良好的职业道德和较强的社会责任感，培养大国工匠精神。

文档

培养具有工匠
精神的汽车人

·□任务引入□·

车主刘先生来到某汽车 4S 店反映，他的上汽大众 Polo 轿车在上坡加速行驶时，发动机转速很高，但车速不能快速提高，然而在平坦的路面行驶时基本正常。经过进一步询问，该车行驶里程为 4.6 万千米，车辆使用不到 3 年。

该车的故障现象是典型的自动变速器故障，为了查明故障原因，汽车维修人员必须了解自动变速器的分类、组成等相关的基础知识，熟悉自动变速器的结构、工作原理与故障诊断方法，为排除相关故障打下基础。

·□相关知识□·

一、自动变速器的基本知识

自动变速器（Automatic Transmission，AT）是指汽车行驶中离合器的操纵和变速器的操纵都实现自动化的变速装置。目前自动变速器的自动换挡过程都是由自动变速器的电子控制单元（Electronic Control Unit，ECU）（俗称行车电脑）控制的，因此自动变速器又可简称为 EAT、ECAT、ECT 等。

1. 自动变速器的分类

自动变速器可以按车辆驱动方式、控制方式、变速机构、前进挡挡位数的不同来分类，如表 1-1 所示。

前轮驱动自动变速器与驱动桥合为一体，又常称为自动传动桥；后轮驱动自动变速器用于发动机前置后轮驱动的布置形式，变速器与主减速器、差速器分开。这两种自动变速器在结构和布置上有很大的不同，如图1-1所示。

表 1-1   自动变速器的分类

序号	分类方法	分类
1	按驱动方式分类	自动变速器可分为前轮驱动自动变速器和后轮驱动自动变速器2种
2	按控制方式分类	自动变速器可分为液压控制自动变速器和电子控制自动变速器2种。目前各大汽车制造厂商生产的自动变速器都采用了电子控制自动变速器
3	按变速机构分类	自动变速器可分为行星齿轮自动变速器和非行星齿轮自动变速器（又称平行轴式变速器）。其中，行星齿轮自动变速器应用最广泛，行星齿轮自动变速器又可以分为辛普森式、拉维娜（Ravigneaux）式等。非行星齿轮自动变速器应用较少，只在本田等个别车系中应用
4	按自动变速器前进挡的挡位数分类	自动变速器可分为4挡、5挡、6挡等几种，目前比较常见的是5挡自动变速器和6挡自动变速器，也有9挡自动变速器

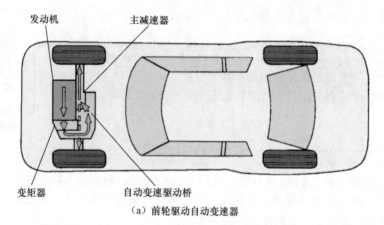

（a）前轮驱动自动变速器

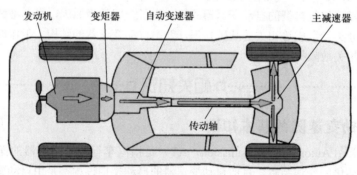

（b）后轮驱动自动变速器

图 1-1   前轮驱动和后轮驱动自动变速器

2. 自动变速器的基本组成

现在自动挡汽车上的自动变速器多用的是液力自动变速器。如图1-2所示，液力自动变速器主要由液力变矩器、齿轮变速机构、换挡执行机构（图中未画出）、液压控制系统、电子控制系统和冷却滤油装置（图中未画出）等组成，液力自动变速器组成部件的作用如表1-2所示。

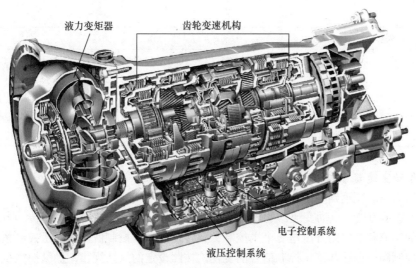

图 1-2　液力自动变速器的组成

表 1-2　　　　　　　　　　　　　　液力自动变速器组成部件的作用

序号	组成部件	作用
1	液力变矩器	液力变矩器位于自动变速器的最前端，安装在发动机的飞轮上。它是一个通过自动变速器油（ATF）传递动力的装置，可以实现动力的柔和传递。液力变矩器的主要作用是利用油液循环流动将发动机的动力传递给自动变速器的输入轴，并能根据汽车行驶阻力的变化，在一定范围内自动改变传动比和扭矩比，具有一定的减速增扭功能。液力变矩器还具有自动离合器的功用，在发动机不熄火、自动变速器位于动力挡（D位或R位）的情况下，汽车可以处于停车状态
2	齿轮变速机构	齿轮变速机构是为实现变速或变向而传递动力的机构。自动变速器中的齿轮变速机构所采用的形式有行星齿轮式和非行星齿轮式（普通齿轮式）2种。采用非行星齿轮式的变速器，由于尺寸较大，最大传动比较小，只有少数车型采用（如本田汽车）。目前绝大多数轿车自动变速器中的齿轮变速器采用的是行星齿轮式
3	换挡执行机构	换挡执行机构主要用来改变齿轮变速机构中的主动元件或限制某个元件的运动，改变动力传递的方向和速比。它主要由多片式离合器、制动器和单向离合器等组成
4	液压控制系统	自动变速器的液压控制系统主要包括供油部分和液压控制部分。供油部分由油泵、调压阀、油箱、过滤器及管道等组成。液压控制部分由各种控制阀和相应的油路所组成。各种控制阀和油路设置在一个板块内，称为阀体总成。液压控制系统是由油泵、各种控制阀及与之相连通的液压换挡执行元件（如离合器、制动器）组成的液压控制回路。在汽车行驶中，它可根据驾驶员的要求和行驶条件的需要通过控制离合器和制动器工作状况的改变来实现变速器的自动换挡
5	电子控制系统	电子控制系统将自动变速器的各种控制信号输入ECU，经ECU处理后发出控制指令，控制各种电磁阀的接通或断开，通过控制液压系统控制换挡离合器和制动器的供油油路，使离合器接合或分开、制动器制动或释放，实现自动换挡，并改善换挡性能

续表

序号	组成部件	作用
6	冷却滤油装置	ATF在自动变速器工作过程中会因冲击、摩擦产生热量，同时还要吸收齿轮传动过程中所产生的热量，导致油温升高。油温升高将导致ATF黏度下降，传动效率降低，因此必须对ATF进行冷却，使油温保持在80～90℃。ATF是通过油冷却器与冷却液或空气进行热量交换来实现冷却的。自动变速器工作中各部件磨损产生的机械杂质由滤油器从油中过滤分离出去，以减小机械的磨损、液压油路的堵塞和控制阀的卡滞

3. 自动变速器基本工作原理

（1）液力自动变速器的工作原理

图1-3所示为液力自动变速器的工作原理。液力自动变速器是通过机械传动方式，将汽车行驶时的车速和节气门开度这2个主控制参数转变为液压控制信号。液压控制系统阀板总成中的各控制阀根据这些液压控制信号的变化，按照设定的换挡规律，操纵换挡执行元件动作以实现自动换挡。

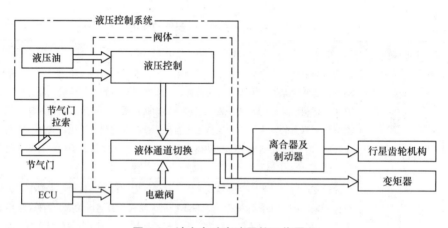

图1-3　液力自动变速器的工作原理

（2）电控自动变速器的工作原理

图1-4所示为电控自动变速器的工作原理。它是通过各种传感器，将发动机的转速、节气门开度、车速、冷却液温度、ATF油温等参数信号输入ECU，ECU根据这些信号，按照设定的换挡规律，向换挡电磁阀发出控制信号，换挡电磁阀再将ECU的控制信号转变为液压控制信号，阀板中的各控制阀根据这些液压控制信号，控制换挡执行元件的动作，从而实现自动换挡。

4. 自动变速器换挡杆的布置与使用

自动变速器的换挡操纵方式有按钮式和换挡杆式2种。驾驶员通过操纵按钮或换挡杆进行挡位选择，使车辆前进、停止或倒退。按钮式应用较少，按钮一般布置在仪表板上，换挡杆一般布置在转向柱（已很少见）或驾驶室地板上。

如图1-5所示，自动变速器换挡杆一般设有P挡（驻车挡）、R挡（倒挡）、N挡（空挡）、D挡（前进挡）、3挡（前进低挡）、2（或S）挡（前进低挡）和L（或1）挡（前进低挡）。有的自动变速器换挡杆设有OD挡（超速挡）。

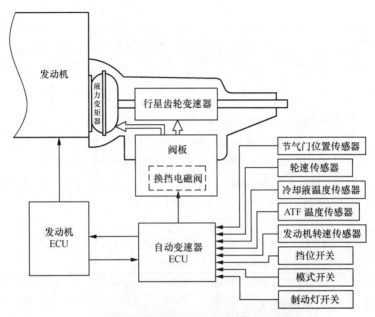

图 1-4　电控自动变速器的工作原理

图 1-5　自动变速器换挡杆位置示意图

自动变速器换挡杆各挡位的名称及功用如表 1-3 所示。

表 1-3　　　　　　　　　　　自动变速器换挡杆各挡位的名称及功用

挡位	挡位名称	挡位功用
P	驻车挡	驻车挡在驻车时使用。当换挡杆处于"P"位时，驻车锁定机构将变速器的输出轴锁住，使驱动轮不能转动，可防止车辆移动。当换入其他挡位时，驻车锁定机构被解除锁定
R	倒挡	倒挡在倒车时使用。当换挡杆处于"R"位时，自动变速器处于倒挡状态，驱动轮反转，实现倒挡行驶
N	空挡	空挡在起动及临时停车时使用。当换挡杆处于"N"位时，换挡执行机构的动作和驻车挡相同，处于空挡状态。只有在换挡杆处于"P"位或"N"位时，汽车才能起动。该功能依靠空挡起动开关来实现

续表

挡位	挡位名称	挡位功用
D	前进挡	前进挡在一般行驶条件下使用。当换挡杆处于"D"位时，换挡执行机构使变速器处在前进挡中，并能实现自动升降挡
3	低速挡	该挡在一般和上下坡行驶条件下使用。当换挡杆处于"3"位时，变速器可根据换挡条件在前进1～3挡间自动升降
2（S）	低速挡	该挡用于发动机制动或在松软打滑路面上行驶。当换挡杆处在"2"位时，自动变速器只能在1～2挡间自动换挡，并使汽车获得发动机的制动作用
L（1）	低速挡	该挡用于发动机制动，当换挡杆位于"L"位时，变速器被锁定在前进挡的1挡，这时发动机的制动作用更强，该挡多用于山区行驶、爬陡坡或下坡时，能有效地利用发动机的制动作用来稳定车速
OD	超速挡	该挡用于高速行驶。它一般为最高前进挡，设有专门的锁止开关，只有在规定条件达到后才能接通开关

5. 自动变速器的优点和缺点

自动变速器的优点和缺点如表1-4所示。

表1-4 自动变速器的优点和缺点

优点	缺点
操纵简单省力，减轻驾驶员的疲劳，提高行车安全性，行驶平稳、舒适性好； 能有效地衰减传动系统扭转振动，并能防止传动系统过载； 延长发动机及传动部件寿命，改善和提高汽车的动力性； 减少燃油消耗，降低排放污染	与手动变速器相比结构较为复杂，制造难度大，生产成本高； 维修困难，维修费用高； 传动效率低

二、液力变矩器

液力变矩器安装在发动机的飞轮上，是构成自动变速器不可缺少的重要组成部分。液力变矩器的结构和性能直接决定自动变速器的传动效率。

1. 液力变矩器的功用与组成

（1）液力变矩器的功用

液力变矩器位于发动机和齿轮变速器之间，以ATF为工作介质，其主要功用如表1-5所示。

表1-5 液力变矩器的功用

序号	功用	说明
1	传递动力	发动机的动力通过液力变矩器的主动元件，再通过ATF传给液力变矩器的从动元件，最后传给变速器，由于采用ATF传递动力，液力变矩器的动力传递柔和，且能防止传动系统过载

序号	功用	说明
2	无级变速	根据工况的不同,液力变矩器可以在一定范围内实现转速和扭矩的无级变化
3	自动离合	液力变矩器由于采用ATF传递动力,当踩下制动踏板时,发动机也不会熄火,此时相当于离合器分离;当抬起制动踏板时,汽车可以起步,此时相当于离合器接合
4	降速增扭,缓冲振动	在涡轮转速较低时,可增大发动机的输出扭矩并减小变速器的输出转速,易于车辆起步;由于采用ATF作为传力介质,故可减小发动机的振动
5	驱动油泵	ATF在工作的时候需要油泵提供一定的压力,而油泵一般是由液力变矩器壳体驱动的

（2）液力变矩器的组成

如图 1-6 所示,液力变矩器一般由泵轮、涡轮、导轮、单向离合器和锁止离合器组成,其中,单向离合器安装在导轮内。液力变矩器主要部件的作用如表 1-6 所示。

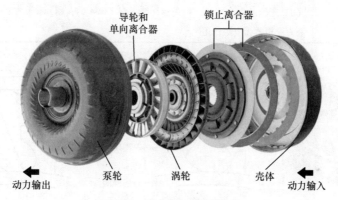

导轮和
单向离合器　　　锁止离合器

泵轮　　涡轮　　壳体

动力输出　　　　　　　　　　动力输入

图 1-6　液力变矩器的组成

表 1-6　　　　　　　　　液力变矩器主要部件的作用

序号	部件	作用
1	泵轮	泵轮位于液力变矩器的后端与变矩器壳体刚性连接,变矩器壳体总成用螺栓固定于发动机曲轴后端,随发动机曲轴一起旋转。因此,泵轮是液力变矩器的输入元件,将发动机的机械能转变为ATF的液力能以驱动涡轮旋转,同时,泵轮还是自动变速器油泵的驱动装置
2	涡轮	涡轮位于泵轮前方,涡轮通过花键孔与自动变速器的输入轴相连,是液力变矩器的输出元件。涡轮上也装有弯曲方向与泵轮叶片相反的叶片,其叶片与泵轮叶片相对放置,中间留有3mm的间隙。涡轮是自动变速器的输入元件,将ATF的液力能转变为机械能,传给变速器
3	导轮	导轮是液力变矩器的反应元件,位于泵轮和涡轮之间,其上也装有许多弯曲的叶片,通过单向离合器单方向固定在导轮轴或导轮套管上。因此,导轮只能向一个方向自由转动,可以在汽车起步和低速行驶时,增大变速器的输入扭矩

续表

序号	部件	作用
4	单向离合器	单向离合器又称为自由轮机构、超越离合器，其功用是实现导轮的单向锁止。常见的单向离合器有楔块式和滚柱式2种。楔块式单向离合器的结构和工作原理如图1-7所示。当外座圈顺时针旋转时，外座圈和内座圈的相对运动使楔块顺时针转动，因此，楔块不干涉外座圈的顺时针旋转；当外座圈逆时针旋转时，外座圈和内座圈的相对运动使楔块逆时针转动，楔块将内外座圈锁成一体
5	锁止离合器	由于液力变矩器的泵轮和涡轮之间存在着转速差和液力损失，其效率不如普通机械式变速器高，为了提高液力变矩器在高转速比工况下的效率，绝大部分液力变矩器中都增设了锁止机构，使变矩器输入轴与输出轴刚性连接，提高传动效率，提高汽车在正常行驶时的燃油经济性，并防止ATF过热。目前多数液力变矩器上采用锁止离合器作为锁止装置，其接合和分开是由液力变矩器中的液压油的流向改变决定的，如图1-8所示。当车辆起步、低速或在不良路面上行驶时，ATF按图1-8（a）所示的方向流动，锁止离合器分离，此时液力变矩器具有变矩作用；当车速增高时，ATF按图1-8（b）所示的方向流动，锁止离合器接合（锁止），将涡轮与泵轮连接成一体，此时液力变矩器无变矩作用

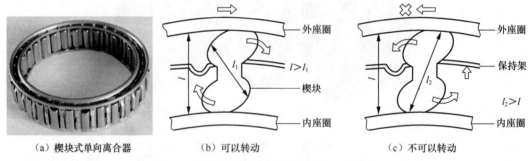

（a）楔块式单向离合器　　　（b）可以转动　　　（c）不可以转动

图 1-7　楔块式单向离合器的结构与工作原理

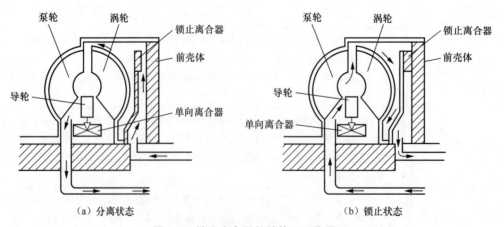

（a）分离状态　　　（b）锁止状态

图 1-8　锁止离合器的结构及工作原理

2. 液力变矩器的工作原理及特性

动画

液力变矩器工作
原理（1）

动画

液力变矩器工作
原理（2）

（1）液力变矩器的工作原理

液力变矩器工作时，壳体内充满 ATF，发动机带动壳体旋转，壳体带动泵轮旋转，泵轮的叶片将 ATF 带动起来，并冲击到涡轮的叶片；如果作用在涡轮叶片上的冲击力大于作用在涡轮上的阻力，涡轮将开始转动，并使机械变速器的输入轴一起转动。由涡轮叶片流出的 ATF 经过导轮后再流回到泵轮，形成图 1-9 所示的循环流动。

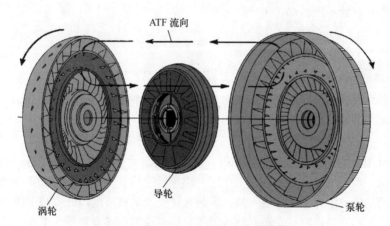

图 1-9　ATF 在液力变矩器中的循环流动

上述 ATF 的循环流动是两种运动的合运动。当液力变矩器工作，泵轮旋转时，泵轮叶片带动 ATF 旋转起来，ATF 绕着泵轮轴线做圆周运动；同样随着涡轮的旋转，ATF 也绕着涡轮轴线做圆周运动。旋转起来的 ATF 在离心力的作用下，沿着泵轮和涡轮的叶片从内缘流向外缘。当泵轮转速大于涡轮转速时，泵轮叶片外缘的液压大于涡轮外缘的液压。因此，ATF 在做圆周运动的同时，在上述压差的作用下由泵轮流向涡轮，再流向导轮，最后返回泵轮，形成在液力变矩器环形腔内的循环运动。

（2）液力变矩器的工作特性

① 扭矩放大特性。在泵轮与涡轮的转速差较大的情况下，由涡轮甩出的 ATF 以逆时针方向冲击导轮叶片，如图 1-10 所示，此时导轮是固定不动的，因为导轮上装有单向离合器，它可以防止导轮逆时针转动。导轮的叶片形状使得 ATF 的流向改变为顺时针方向流回泵轮，即与泵轮的旋转方向相同。泵轮将来自发动机和从涡轮回流的能量一起传递给涡轮，使涡轮输出扭矩增大。液力变矩器的扭矩放大倍数一般为 2.2 左右。

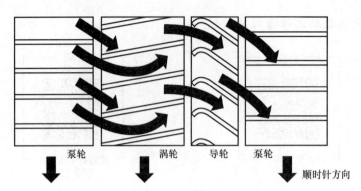

泵轮　　　　　涡轮　　导轮　　泵轮

顺时针方向

图 1-10　液力变矩器的扭矩放大原理

液力变矩器的变矩特性只有在泵轮与涡轮转速相差较大的情况下才成立，随着涡轮转速的不断提高，从涡轮回流的 ATF 会按顺时针方向冲击导轮。若导轮仍然固定不动，ATF 将会产生涡流，阻碍其自身的运动。为此绝大多数液力变矩器在导轮机构中增设了单向离合器。单向离合器在液力变矩器中起单向导通的作用，当涡轮与泵轮转速相差较大时，单向离合器处于锁止状态，导轮不能转动。

提示

涡轮转速升高到一定程度后，单向离合器处于解锁状态，允许导轮按涡轮的旋转方向转动，避免涡流的产生，使油液顺利回流至泵轮。

② 耦合工作特性。液力变矩器工作时，当涡轮转速达到泵轮转速的 85% ～ 90% 时，单向离合器解锁，液力变矩器进入耦合工作区，即导轮空转，变矩器不能改变输出扭矩，只有液力耦合器的功能。液力变矩器进入耦合区的转速受发动机节气门开度和车速的影响而有所不同。液力变矩器在低速时按变矩器特性工作，在高速时按耦合器特性工作，高效区工作的范围有所扩大。

③ 失速特性。液力变矩器失速状态是指涡轮因负荷过大而停止转动，但泵轮仍保持旋转的现象，此时液力变矩器只有动力输入而没有输出，全部输入能量都转化成热能，因此变矩器中的油液温度急剧上升，会对变矩器造成严重危害。失速点转速是指涡轮停止转动时液力变矩器的输入转速，该转速大小取决于发动机扭矩、变矩器的尺寸，以及导轮、涡轮的叶片角度。

3．四元件液力变矩器

为了使液力变矩器工作效率在进入耦合区之前不会显著下降，可采用 2 个导轮，分别安装在各自的单向离合器上，形成双导轮，即四元件液力变矩器，如图 1-11 所示。

四元件液力变矩器中的 2 个导轮具有不同的叶片进口角度，在低转速比时，2 个导轮均被单向离合器锁住，按变矩器工况工作。在中转速比时，涡轮出口液流开始冲击第 1 个导轮叶片背面，第 1 个单向离合器松开，第 1 个导轮与涡轮同向旋转，仅第 2 个导轮仍在起变矩作用。在高速比时，涡轮出口液流开始冲击第 2 个导轮叶片背面，其单向离合器松开，第 2 个导轮也与涡轮做同向旋转，变矩器全部转入耦合器工况工作。

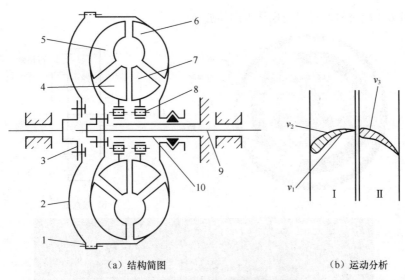

（a）结构简图　　　　　　　　　　　（b）运动分析

图 1-11　四元件液力变矩器示意图

1—起动齿圈；2—变矩器壳；3—曲轴凸缘；4—第1个导轮（Ⅰ）；5—涡轮；6—泵轮；

7—第2个导轮（Ⅱ）；8—自由轮机构；9—输出轴；10—导轮固定套管

提示

　　四元件液力变矩器虽然可增大变矩器的高效率工作范围，但因结构更加复杂，现已很少使用。

三、齿轮变速机构

　　齿轮变速机构是自动变速器的重要组成部分，与液力变矩器串联组合，可以使扭矩、转速的变化范围再扩大 2～4 倍，以满足汽车行驶的要求，同时实现倒挡和空挡。

　　齿轮变速机构可分为行星齿轮变速机构和非行星齿轮变机构 2 种，目前多数齿轮变速机构都采用行星齿轮变速机构。行星齿轮变速机构由行星齿轮机构和换挡执行机构组成，换挡执行机构根据自动变速器控制系统的命令来接合或分离、制动或放松行星齿轮机构的某个元件，以改变动力传递路线来实现传动比的变化。

　　1. **行星齿轮机构**

　　根据其组合形式的不同，行星齿轮机构可分为单排行星齿轮机构和单排双级行星齿轮机构。

　　（1）单排行星齿轮机构

　　如图 1-12 所示，单排行星齿轮机构主要由 1 个太阳轮（或称为中心轮）、1 个带有若干个行星齿轮的行星架和 1 个齿圈组成。

动画

单排行星工作原理

　　齿圈上制有内齿，其余齿轮均为外齿。太阳轮位于机构的中心，行星轮与太阳轮外啮合，行星轮与齿圈内啮合。行星轮通常有 3～6 个，通过滚针轴承安装在行星齿轮轴上，行星齿轮轴对称、均匀地安装在行星架上。行星齿轮机构工作时，行星轮除了绕自身轴线的自转外，同时还绕着太阳轮公转，行星架也绕太阳轮旋转。

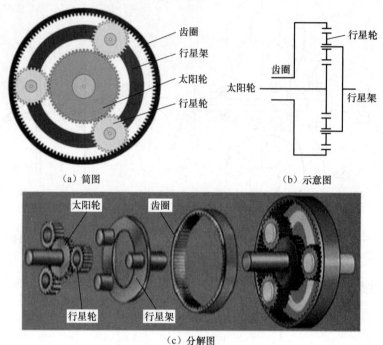

（a）简图　　　　　　　　　　　　　　（b）示意图

（c）分解图

图 1-12　单排行星齿轮机构

提示

由于太阳轮与行星轮是外啮合的，所以二者的旋转方向是相反的；而行星轮与齿圈是内啮合的，所以二者的旋转方向是相同的。

设太阳轮、齿圈、行星架的转速分别为 n_1，n_2，n_3，齿数分别为 z_1，z_2，z_3（行星架本身是没有齿的，其虚拟齿数 z_3 是根据行星齿轮变速系统运行规律计算出来的），齿圈齿数与太阳轮齿数之比为 α，即 $\alpha = z_2/z_1$。根据能量守恒定律，由作用在单排行星齿轮机构各元件上的力矩和结构参数，可得出表示单排行星齿轮机构运动规律的特性方程式为

$$n_1 + \alpha n_2 - (1 + \alpha) n_3 = 0$$

提示

由上式可知，单排行星齿轮机构有 2 个自由度，通过对太阳轮、齿圈和行星架三者中的某个元件的运动进行约束和限制，则机构就可以得到 1 个自由度，整个行星齿轮机构就可以以一定的传动比传递动力。

单排行星齿轮机构的动力传递方式如图 1-13 所示。

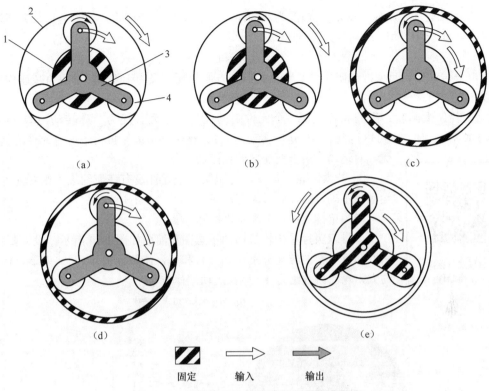

图 1-13　单排行星齿轮机构的动力传递方式

1—太阳轮；2—齿圈；3—行星架；4—行星轮

　　① 齿圈为主动件（输入），行星架为从动件（输出），太阳轮固定，如图 1-13（a）所示。此时，$n_1=0$，则传动比 i_{23} 可通过下式计算：

$$i_{23}=n_2/n_3=1+1/\alpha>1$$

　　由于传动比大于 1，说明为减速传动，可以作为降速挡。

　　② 行星架为主动件（输入），齿圈为从动件（输出），太阳轮固定，如图 1-13（b）所示。此时，$n_1=0$，则传动比 i_{32} 可通过下式计算：

$$i_{32}=n_3/n_2=\alpha/（1+\alpha）<1$$

　　由于传动比小于 1，说明为增速传动，可以作为超速挡。

　　③ 太阳轮为主动件（输入），行星架为从动件（输出），齿圈固定，如图 1-13（c）所示。此时，$n_2=0$，则传动比 i_{13} 可通过下式计算：

$$i_{13}=n_1/n_3=1+\alpha>1$$

　　由于传动比大于 1，说明为减速传动，可以作为降速挡。

　　对比①和③这两种情况的传动比，由于 $i_{13}>i_{23}$，虽然都为降速挡，但 i_{13} 是降速挡中的低挡，而 i_{23} 为降速挡中的高挡。

　　④ 行星架为主动件（输入），太阳轮为从动件（输出），齿圈固定，如图 1-13（d）所示。此时，$n_2=0$，则传动比 i_{31} 可通过下式计算：

$$i_{31}=n_3/n_1=1/（1+\alpha）<1$$

　　由于传动比小于 1，说明为增速传动，可以作为超速挡。

⑤ 太阳轮为主动件（输入），齿圈为从动件（输出），行星架固定，如图 1-13（e）所示。此时，$n_3=0$，则传动比 i_{12} 可通过下式计算：

$$i_{12}=n_1/n_2=-\alpha$$

由于传动比为负值，说明主、从动件的旋转方向相反；又由于 $\alpha>1$，说明为减速传动，可以作为倒挡。

⑥ 若使太阳轮、齿圈和行星架 3 个元件中的任何两个元件连为一体转动，即 $n_1=n_2$，$n_1=n_3$ 或 $n_2=n_3$ 时，则可以得到 $n_3=n_1=n_2$，传动比 $i=1$。整个行星齿轮机构中所有元件之间均无相对运动，用于变速器的直接挡传动。

⑦ 若太阳轮、齿圈和行星架 3 个元件没有任何约束，则各元件的运动是不确定的，此时为空挡。

（2）单排双级行星齿轮机构

单排双级行星齿轮机构的示意图和简图如图 1-14 所示。设太阳轮、齿圈和行星架的转速分别为 n_1、n_2 和 n_3，齿数分别为 z_1、z_2 和 z_3，齿圈与太阳轮的齿数比为 α，则其运动规律为

$$n_1-\alpha n_2+（\alpha-1）n_3=0$$

动画
串联式行星排
工作原理

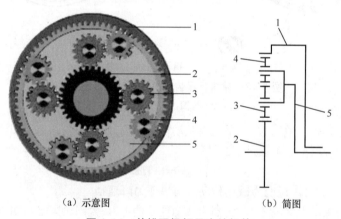

（a）示意图　　　　　　　　（b）简图

图 1-14　单排双级行星齿轮机构

1—内齿圈；2—太阳轮；3—内行星轮；4—外行星轮；5—行星架

单排双级行星齿轮机构的运动分析与单排行星齿轮机构相同。

提示

　　自动变速器中的行星齿轮变速器一般是采用两排以上行星齿轮机构传动，其各挡传动比就是按照上述单排行星齿轮机构传动规律进行合理组合而得到的。常见的行星齿轮变速器有辛普森式的和拉维娜式的。

2．换挡执行机构

自动变速器若要实现传动比和传动方向的改变，就必须利用换挡执行机构对行星齿轮机

构中的不同元件进行约束和限制（固定或连接某些元件）。换挡执行元件包括离合器、制动器和单向离合器。离合器和制动器以液压方式控制行星齿轮机构元件的运动方式，单向离合器以机械方式控制行星齿轮机构元件的运动方式。

（1）离合器

离合器的功用是连接轴和行星齿轮机构中的元件或连接行星齿轮机构中的不同元件。自动变速器上的离合器多采用多片湿式离合器。

① 离合器的结构和组成。离合器主要由摩擦片、钢片、离合器毂、活塞、复位弹簧等组成，如图1-15所示。

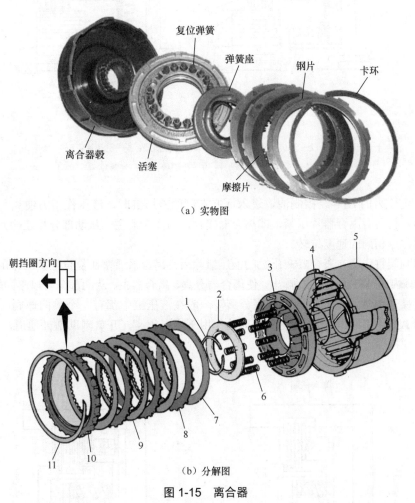

（a）实物图

（b）分解图

图 1-15　离合器

1、11—卡环（卡簧）；2—弹簧座；3—活塞；4—O形圈；5—离合器毂；6—复位弹簧；
7—碟形弹簧；8—钢片；9—摩擦片；10—压盘

离合器毂是一个液压缸，内圆轴颈上有进油孔与控制油路相通，通过花键与主动元件相连或与其制成一体，毂内有内花键，钢片通过外缘键齿与离合器毂的内花键槽配合，与主动元件同步旋转。摩擦片通过内缘键齿与花键毂相连，钢片和摩擦片均可以轴向移动，钢片和摩擦片交错排列，二者的接合与分离由离合器的活塞控制。压盘固定于离合器毂键槽中，用以限制钢片、摩擦片的位移量，其外侧安装了限位卡环。活塞装于离合器毂内。复位弹簧一端抵于活塞端面，另一端支撑在保持座上。复位弹簧有周置螺旋弹簧、中央布置螺旋弹簧和中央布置碟形弹簧 3 种不同形式。

② 离合器的工作原理。离合器的工作原理如图 1-16 所示。

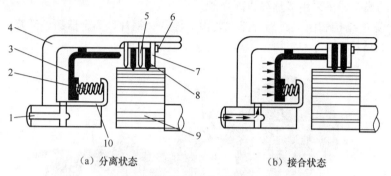

（a）分离状态　　　　　　　（b）接合状态

图 1-16　离合器的工作原理

1—控制油道；2—复位弹簧；3—活塞；4—离合器毂；5—主动片；6—卡环；

7—压盘；8—从动片；9—花键毂；10—弹簧座

当一定压力的 ATF 经控制油道进入活塞左侧的液压缸时，液压作用力便克服弹簧力使活塞右移，将所有离合器片压紧，即离合器接合，与离合器主、从动部分相连的元件也被连接在一起，以相同的速度旋转。

当控制阀将作用在离合器液压缸的油压撤除后，离合器活塞在复位弹簧的作用下回复原位，并将缸内的 ATF 从进油孔排出，使离合器分离，离合器主、从动部分可以不同转速旋转。

为了快速泄油，保证离合器彻底分离，一般在液压缸中都有一个单向球阀，如图 1-17 所示。当 ATF 被撤除时，球体在离心力的作用下离开阀座，开启辅助泄油通道，使 ATF 迅速而充分地撤除。

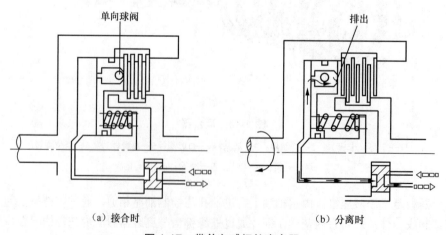

（a）接合时　　　　　　　　　（b）分离时

图 1-17　带单向球阀的离合器

（2）制动器

制动器的功用是固定行星齿轮机构中的元件，防止其转动。自动变速器中采用的制动器有片式和带式2种。

① 片式制动器。片式制动器与片式离合器的结构和原理基本相同，不同之处是片式离合器是起连接作用而传递动力，而片式制动器是通过连接而起制动作用。片式制动器的结构如图 1-18 所示。

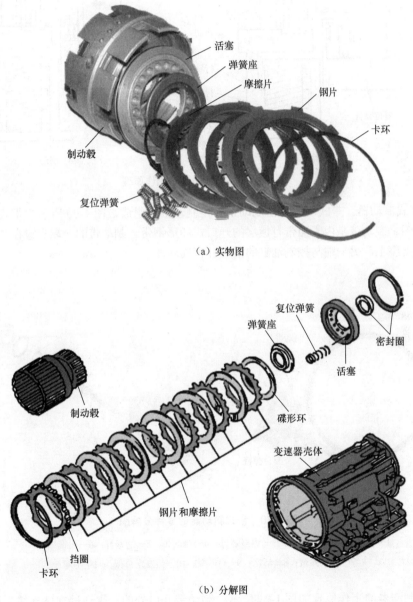

（a）实物图

（b）分解图

图 1-18　片式制动器的结构

片式制动器的工作原理如图 1-19 所示，当活塞受到控制油压的作用时，活塞在活塞缸内运动，使摩擦片与钢片相互接触。其结果是，在每个摩擦片与钢片之间产生很大的摩擦力，使行星齿轮机构某一元件或单向离合器锁定在变速器壳体上。当控制油压降低时，由于复位弹簧的作用，活塞回至原位，使制动解除。

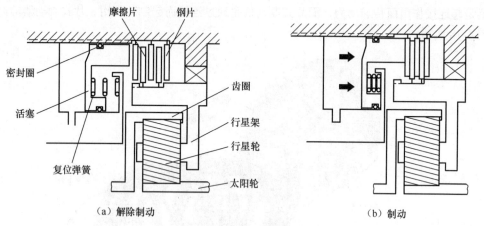

（a）解除制动　　　　　　　　　　（b）制动

图 1-19　片式制动器的工作原理

② 带式制动器。带式制动器由制动带和控制油缸等组成，图 1-20 所示为带式制动器的零件分解图。制动带是内表面带有镀层的开口式环形钢带。制动带的一端支撑在与变速器壳体固连的支座上，另一端与控制油缸的活塞杆相连。

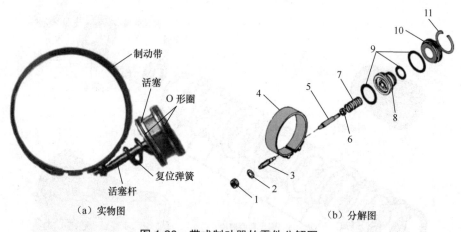

（a）实物图　　　　　　　　　　（b）分解图

图 1-20　带式制动器的零件分解图

1—锁紧螺母；2—垫圈；3—调整螺钉；4—制动带；5—活塞杆；6—止推垫圈；
7—复位弹簧；8—活塞；9—O形圈；10—活塞定位架；11—卡环

带式制动器的工作原理如图 1-21 所示，制动带开口处的一端通过支柱支撑于固定在变速器壳体的调整螺钉上，另一端支撑于油缸活塞杆端部，活塞在复位弹簧和左腔油压作用下位于右极限位置，此时，制动带和制动毂之间存在一定的间隙。

制动时，压力油进入活塞右腔，克服左腔油压和复位弹簧的作用力推动活塞左移，制动带以固定支座为支点收紧。在制动力矩的作用下，制动毂停止旋转，行星齿轮机构某元件被锁止。随着油压撤除，活塞逐渐复位，制动解除。

若仅依靠弹簧张力，则活塞复位速度较慢，目前大多数制动器设置了左腔进油道。在右腔撤除油压的同时，左腔进油，活塞在油压和复位弹簧的共同作用下复位，可迅速解除制动。

图 1-22 所示为间接作用式伺服装置，活塞杆通过杠杆控制推杆的动作，由于采用杠杆结构将活塞作用力放大，制动力矩进一步增加。

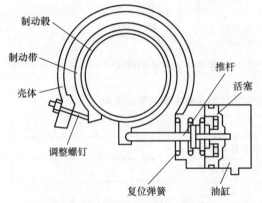

图 1-21　带式制动器的工作原理

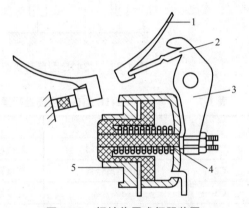

图 1-22　间接作用式伺服装置

1—制动带；2—推杆；3—杠杆；4—活塞杆；5—壳体

（3）单向离合器

单向离合器的作用是使某一元件只能按一定方向旋转，而在另一方向上锁止。常见的单向离合器有楔块式和滚柱式 2 种结构，其结构和工作原理与液力变矩器中的单向离合器相同。

3．辛普森式行星齿轮机构

单排行星齿轮机构是变速机构的基础。通常自动变速器中的行星齿轮机构是由 2 排或 3 排以上的简单的行星齿轮机构组成的，归纳起来，使用比较普遍的 2 种复合式的行星齿轮机构是辛普森式行星齿轮机构和拉维娜式行星齿轮机构。尽管目前自动变速器的品种、规格很多，但多数都是采用这 2 种典型行星齿轮机构与其他齿轮机构的组合。

现以丰田卡罗拉轿车 U341E 型自动变速器为例，介绍辛普森式行星齿轮自动变速器。

（1）辛普森式行星齿轮自动变速器的结构

丰田卡罗拉轿车配备的 U341E 型自动变速器采用了 CR-CR 式行星齿轮机构，即将两组单行星排的行星架 C 和齿圈 R 分别组配。该行星齿轮机构仅有 4 个独立元件（前太阳轮、后太阳轮、前行星架和后齿圈组件、前齿圈和后行星架组件），其特点是变速比大，效率高，元件轴的转速低。

图 1-23 所示为 U341E 型自动变速器行星齿轮变速传动机构的结构，表 1-7 所示为主要部件的功能，表 1-8 所示为各换挡执行元件的工作情况。

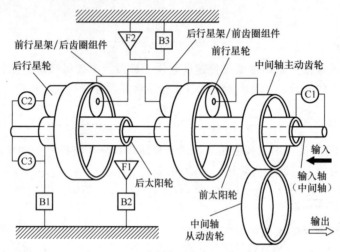

图 1-23　U341E 型自动变速器行星齿轮变速传动机构的结构

表 1-7　　　　　　　U341E 型自动变速器行星齿轮变速传动机构主要部件的功能

	部件	功能
C1	前进挡离合器	连接输入轴和前太阳轮
C2	直接挡离合器	连接输入轴和后行星架
C3	倒挡离合器	连接输入轴和后太阳轮
B1	OD挡和2挡制动器	固定后太阳轮
B2	2挡制动器	固定F1的外圈
B3	1挡和倒挡制动器	固定后行星架/前齿圈组件
F1	1号单向离合器	与B2配合，阻止后太阳轮逆时针转动
F2	2号单向离合器	阻止后行星架/前齿圈组件逆时针转动
	前行星轮组	根据各挡执行元件的工作情况，改变齿轮动力传递路线，以
	后行星轮组	升高或降低输出转速
	中间轴齿轮副	将动力传递给差速器，并改变传动方向，降低输出转速

表 1-8　　　U341E 型自动变速器行星齿轮变速传动机构各换挡执行元件的工作情况

换挡杆位置	挡位	离合器			制动器			单向离合器	
		C1	C2	C3	B1	B2	B3	F1	F2
P	驻车挡								
R	倒挡			○			○		

续表

换挡杆位置	挡位	离合器			制动器			单向离合器	
		C1	C2	C3	B1	B2	B3	F1	F2
N	空挡								
D	1挡	○							○
	2挡	○				○		○	
	3挡	○	○			○			
	4挡		○		○	○			
3	1挡	○							○
	2挡	○				○		○	
	3挡	○	○			○			
2	1挡	○							○
	2挡	○			○	○		○	
L	1挡	○					○		○

注：○表示工作。

（2）动力传递路线分析

① 1挡。换挡杆处于"D"位、"3"位和"2"位的1挡时，参与工作的换挡执行元件有 C1 和 F2，其动力传递路线如图 1-24 所示。1 挡时动力传递发生在前行星排，F2 阻止前齿圈逆输入轴的旋转方向转动，此时，后排行星齿轮组没有元件被约束，因此处于空转状态，其动力传递路线如下：

输入轴 → C1 → 前太阳轮 → 前行星轮 → 前行星架 → 中间轴主、从动齿轮 → 输出轴

动画

辛普森式行星齿轮
自动变速器
工作原理

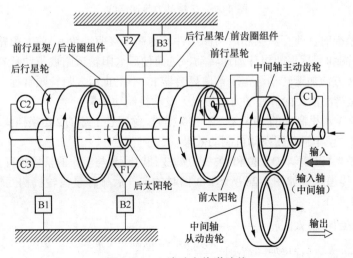

图 1-24　1 挡动力传递路线

放松加速踏板时，前行星架转速高（接驱动轮），前太阳轮转速低（接发动机），使前齿圈试图被带动顺着前行星架（前太阳轮）的旋转方向加速转动。由于单向离合器 F2 不阻止前齿圈顺着行星架的旋转方向转动，整个行星排不能反向传递动力，所以无发动机制动效果。

　　为了提供有发动机制动的1挡，在"L"位1挡时，除了使上述的1挡换挡执行元件工作外，还使 B3 也工作，使得车辆行驶时，不论是踩下还是放松加速踏板，行星排都有动力传递能力，从而获得发动机制动效果。

　　② 2挡。换挡杆处于"D"位和"3"位的2挡时，参与工作的换挡执行元件有 C1、B2 和 F1，其动力传递路线如图 1-25 所示。2挡时动力传递发生在前、后两个行星排，B2、F1 联合作用，阻止后太阳轮逆输入轴的旋转方向转动，动力传递路线如下：

输入轴→C1→前太阳轮→前行星轮 →前行星架、前齿圈→后行星架→、后行星轮→后齿圈 →中间轴主、从动齿轮→输出轴

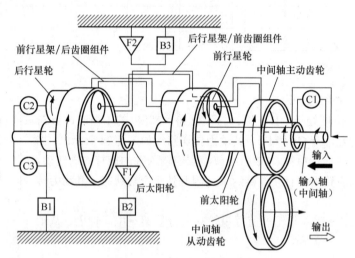

图 1-25　2挡动力传递路线

　　放松加速踏板时，前行星架和后齿圈组件转速高（接驱动轮），前太阳轮转速低（接发动机），使前齿圈和后行星架组件加速转动，进而使后太阳轮试图被带动顺着前行星架（前太阳轮）的旋转方向加速转动。由于单向离合器 F1 不阻止后太阳轮顺着行星架的旋转方向转动，整个行星排不能反向传递动力，所以无发动机制动效果。

　　为了提供有发动机制动的2挡，在"2"位2挡时，除了使上述的2挡换挡执行元件工作外，还使 B1 也工作，使车辆获得发动机制动效果。

　　③ 3挡。换挡杆处于"D"位和"3"位的3挡时，参与工作的换挡执行元件有 C1、C2 和 B2，其动力传递路线如图 1-26 所示。3挡时的前、后排行星齿轮机构互锁为一体旋转，其动力传递路线如下：

输入轴 →C1→前太阳轮 →C2→后行星架→前齿圈 →前行星架→中间轴主、从动齿轮→输出轴

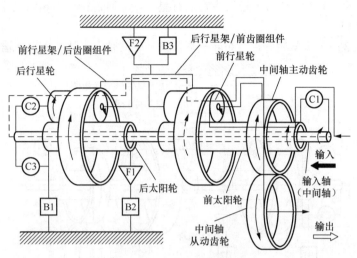

图 1-26　3 挡动力传递路线

　　由于行星齿轮机构的 3 个元件（太阳轮、行星架、齿圈）中有 2 个转速相等（前太阳轮、前行星架都与输入轴相连），因此在放松加速踏板时，驱动轮的动力可以经前行星架传给前太阳轮，所以有发动机制动效果。

　　④ 4 挡。换挡杆处于"D"位的 4 挡时，参与工作的换挡执行元件有 C2、B1 和 B2，其动力传递路线如图 1-27 所示。4 挡时动力传递发生在后行星排，此时前排行星轮组处于空转状态，其动力传递路线如下：

　　输入轴→ C2 →后行星架→后行星轮→后齿圈→中间轴主、从动齿轮→输出轴

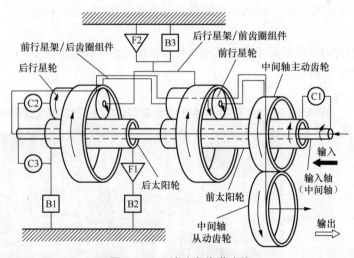

图 1-27　4 挡动力传递路线

　　由于行星齿轮机构的 3 个元件（太阳轮、行星架、齿圈）中有 1 个固定（后太阳轮被固定），因此在放松加速踏板时，驱动轮的动力可以经后齿圈传给后行星架，所以有发动机制动效果。

　　⑤ 倒挡。换挡杆处于"R"位时，参与工作的换挡执行元件有 C3 和 B3，其动力传递路

线如图 1-28 所示。倒挡时动力传递发生在后行星排，此时前排行星轮组处于空转状态，其动力传递路线如下：

输入轴→ C3 →后太阳轮→后行星轮→后齿圈→中间轴主、从动齿轮→输出轴

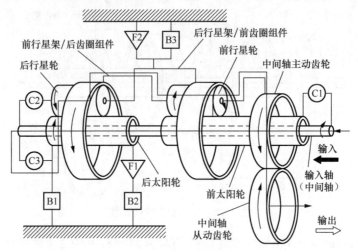

图 1-28　倒挡动力传递路线

由于行星齿轮机构的 3 个元件（太阳轮、行星架、齿圈）中有 1 个固定（后行星架被固定），因此在放松加速踏板时，驱动轮的动力可以经后太阳轮传给后齿圈，所以有发动机制动效果。

4. 拉维娜式行星齿轮机构

下面以大众 01V 型自动变速器为例，介绍拉维娜式（Ravigneaux）行星齿轮机构。

奥迪 A6、A4 和帕萨特 B5 等轿车装备的是德国采埃孚（ZF）公司的 5HP-19 型自动变速器（大众公司使用的名称为 01V），它采用的是拉维娜式行星齿轮机构。

（1）结构

大众 01V 型自动变速器行星齿轮机构与换挡执行元件的位置如图 1-29 所示，其动力传递路线示意图如图 1-30 所示。

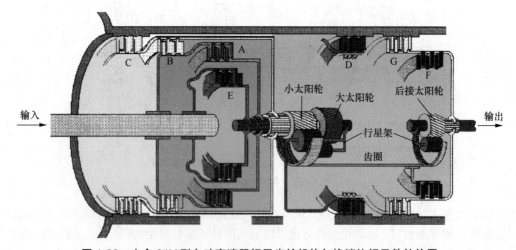

图 1-29　大众 01V 型自动变速器行星齿轮机构与换挡执行元件的位置

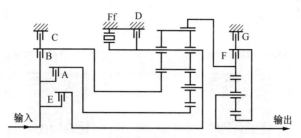

图 1-30 大众 01V 型自动变速器动力传递路线示意图

由图 1-29 和图 1-30 可知，其行星齿轮机构由 1 个主行星齿轮组（拉维娜式行星齿轮组）和 1 个次行星齿轮组（简单的单排单级行星齿轮机构）组合而成，其构件包括小太阳轮、大太阳轮、共用内齿圈、前行星架、后接太阳轮和后行星架（最终输出端）。换挡执行元件包括 4 个片式离合器 A、B、E、F 和 3 个片式制动器 C、D、G 及一个单向离合器 Ff，表 1-9所示为各换挡执行元件的作用。不同挡位时，各换挡执行元件的工作状态如表 1-10 所示。

表 1-9   各换挡执行元件的作用

换挡执行元件	作用
离合器A	驱动大太阳轮
离合器B	驱动小太阳轮
离合器E	驱动前行星架
离合器F	驱动后接太阳轮
制动器C	固定小太阳轮
制动器D	固定前行星架
制动器G	固定后接太阳轮
单向离合器Ff	单向固定前行星架

表 1-10   各换挡执行元件的工作状态

挡位	离合器				制动器			单向离合器
	A	B	E	F	C	D	G	Ff
直接1挡	○						○	○
直接2挡	○				○		○	
直接3挡	○			○				
直接4挡	○		○	○				
直接5挡			○	○	○			
倒挡（R）		○				○	○	
"2"位1挡	○					○	○	○
直接5挡到4挡	(○)		○	○	(○)			

注："○"代表元件工作；"（○）"代表根据行驶状态起作用。

（2）动力传递路线分析

动画

拉维娜式行星齿轮
自动变速器工作
原理（1）

动画

拉维娜式行星齿轮
自动变速器工作
原理（2）

① 1挡动力传递路线。1挡动力传递路线如图1-31所示。

a. 主行星齿轮组：离合器A工作，驱动大太阳轮（后排太阳轮）；单向离合器Ff锁止，单向固定前行星架，则齿圈同向减速输出。

b. 次行星齿轮组：动力由齿圈输入；制动器G工作，固定后接太阳轮，后接行星架同向减速输出。

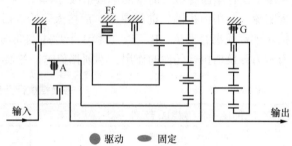

●驱动　●固定

图1-31　1挡动力传递路线

在直接1挡，因单向离合器Ff锁止是动力传递不可缺少的条件，故没有发动机制动效果。

②"2"位1挡动力传递路线。"2"位1挡动力传递路线如图1-32所示。

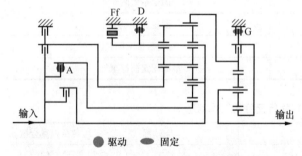

●驱动　●固定

图1-32　"2"位1挡动力传递路线

a. 主行星齿轮组：离合器A工作，驱动大太阳轮（后排太阳轮）；单向离合器Ff锁止，同时，制动器D工作，双向固定前行星架，则齿圈同向减速输出。

b. 次行星齿轮组：动力由齿圈输入；制动器G工作，固定后接太阳轮，则后接行星架同向减速输出。

在"2"位1挡，制动器D工作，将行星架双向固定，故有发动机制动效果。

③ 2挡动力传递路线。2挡动力传递路线如图1-33所示。

a. 主行星齿轮组：离合器A工作，驱动大太阳轮（后排太阳轮）；制动器C工作，固定小太阳轮（前排太阳轮），则齿圈同向减速输出。

b. 次行星齿轮组：动力由齿圈输入；制动器G工作，固定太阳轮，则

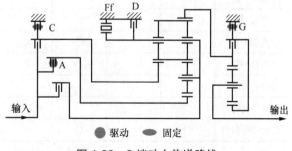

●驱动　●固定

图1-33　2挡动力传递路线

后接行星架同向减速输出。

在直接 2 挡，因没有单向离合器参与动力传递，故有发动机制动效果。

④ 3 挡动力传递路线。3 挡动力传递路线如图 1-34 所示。

a．主行星齿轮组：3 挡时，主行星齿轮组的状态与 2 挡相同。

b．次行星齿轮组：动力由齿圈输入；离合器 F 工作，将齿圈与后接太

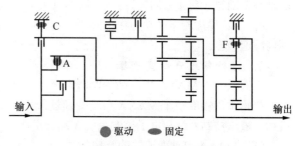

图 1-34　3 挡动力传递路线

阳轮连接为一体，则整个行星齿轮机构作为一体旋转，后接行星架的输出相对于齿圈的输入没有减速。

在直接 3 挡，因没有单向离合器参与动力传递，故有发动机制动效果。

⑤ 4 挡动力传递路线。4 挡动力传递路线如图 1-35 所示。

a．主行星齿轮组：离合器 A 工作，驱动大太阳轮（后排太阳轮）；同时，离合器 E 工作，驱动前行星架，因行星齿轮机构中有两个部件被同时驱动，则整个行星齿轮机作为一体旋转。

b．次行星齿轮组：次行星齿轮组

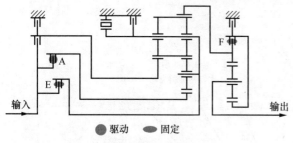

图 1-35　4 挡动力传递路线

的状态与 3 挡时相同。

4 挡时，主、次级行星齿轮组的传动比均为 1:1，故为直接挡。在直接挡即 4 挡，因没有单向离合器参与动力传递，故有发动机制动效果。

⑥ 5 挡动力传递路线。5 挡动力传递路线如图 1-36 所示。

a．主行星齿轮组：离合器 E 工作，驱动前行星架；制动器 C 工作，固定小太阳轮（前排太阳轮），则齿圈同向增速输出。

b．次行星齿轮组：次行星齿轮组的状态与 3 挡时相同。

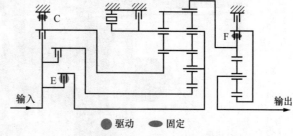

图 1-36　5 挡动力传递路线

5 挡时，主行星齿轮组传动比小于 1，次行星齿轮组传动比为 1，故总体传动比小于 1，为超速挡。在直接 5 挡，因没有单向离合器参与动力传递，故有发动机制动效果。

⑦ 倒挡动力传递路线。倒挡动力传递路线如图 1-37 所示。

a．主行星齿轮组：离合器 B 工作，

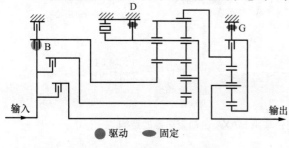

图 1-37　倒挡动力传递路线

驱动小太阳轮（前排太阳轮）；制动器 D 工作，固定前行星架，则齿圈反向减速输出。

b. 次行星齿轮组：动力由齿圈输入；制动器 G 工作，固定后接太阳轮，则后接行星架同向减速输出。

5. 平行轴式自动变速器

下面以本田 MAXA 型自动变速器为例，介绍平行轴式自动变速器。

广州本田雅阁轿车 MAXA 自动变速器采用电子控制式，它主要由定轴式齿轮变速传动机构、液压控制系统和电子控制系统 3 部分组成，可以提供 4 个前进挡和 1 个倒挡。

（1）MAXA 自动变速器的结构

图 1-38 所示为广州本田雅阁轿车用 MAXA 自动变速器的结构，图 1-39 所示为 MAXA 自动变速器纵剖视图，图 1-40 所示为 MAXA 自动变速器的齿轮机构。平行轴式齿轮变速传动机构主要由平行轴、各挡齿轮和湿式多片离合器等组成。平行轴有 3 根，即主轴（输入轴）、中间轴和副轴（输出轴）。各挡离合器的特点如表 1-11 所示。

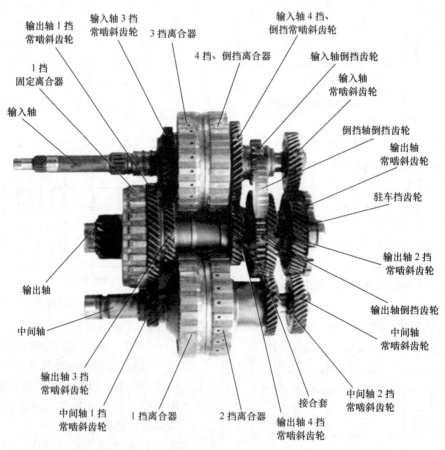

图 1-38　广州本田雅阁轿车用 MAXA 自动变速器的结构

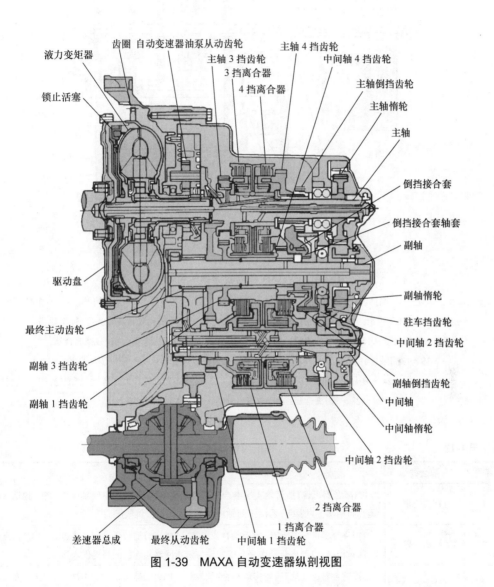

图 1-39　MAXA 自动变速器纵剖视图

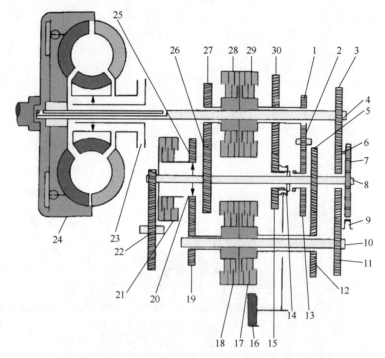

图1-40 MAXA自动变速器的齿轮机构

1—主轴倒挡齿轮；2—倒挡齿轮；3—主轴惰轮；4—主轴；5—副轴2挡齿轮；6—副轴惰轮；7—驻车挡齿轮；
8—副轴；9—驻车锁销；10—中间轴；11—中间轴惰轮；12—中间轴2挡齿轮；13—副轴倒挡齿轮；
14—倒挡滑套；15—副轴4挡齿轮；16—伺服液压缸；17—2挡离合器；18—1挡离合器；
19—中间轴1挡齿轮；20—单向离合器；21—1挡固定离合器；22—最终驱动齿轮；
23—油泵；24—液力变矩器；25—副轴1挡齿轮；26—副轴3挡齿轮；27—主轴3挡齿轮；
28—3挡离合器；29—4挡离合器；30—主轴4挡齿轮

表1-11 各挡离合器的特点

序号	离合器	特点
1	1挡离合器	1挡离合器可使1挡齿轮实现啮合或脱离。1挡离合器位于中间轴中部，它与2挡离合器背向相接。1挡离合器由中间轴内的ATF供油管提供液压
2	2挡离合器	2挡离合器可使2挡齿轮实现啮合或脱离。2挡离合器位于中间轴中部，它与1挡离合器背向相接。2挡离合器由来自中间轴与液压回路相连的回路提供液压
3	3挡离合器	3挡离合器可使3挡齿轮实现啮合或脱离。3挡离合器位于主轴中部，它与4挡离合器背向相接。3挡离合器由主轴内与调节器阀相连的油道提供液压
4	4挡离合器	4挡离合器可使4挡齿轮及倒挡齿轮实现啮合或脱离。4挡离合器与倒挡齿轮一起位于主轴中部，4挡离合器与3挡离合器背向相接。4挡离合器由主轴内ATF供油管提供液压
5	1挡固定离合器	1挡固定离合器用于接合/分离1挡或1挡位置，它位于副轴的端部，液力变矩器的后面。1挡固定离合器由副轴内的油道提供液压

续表

序号	离合器	特点
6	单向离合器	单向离合器固定在副轴的1挡齿轮和3挡齿轮中间，通过3挡齿轮花键与副轴连接在一起，3挡齿轮为它提供内座圈表面；1挡齿轮为它提供外座圈表面；当动力从中间轴的1挡齿轮传递给副轴的1挡齿轮时，单向离合器锁止；在"D4"位、"D3"位、"2"位的1挡、2挡、3挡和4挡时，1挡离合器和1挡齿轮保持啮合。 但是，当2挡、3挡、4挡离合器/齿轮在"D4"位、"D3"位、"2"位作用时，单向离合器分离，这是因为副轴上的齿轮增加的转速超过了单向离合器锁止的"转速范围"

（2）动力传递路线分析

本田平行轴式变速机构工作原理（1）

本田平行轴式变速机构工作原理（2）

MAXA 自动变速器各挡位参与工作的相关部件如表 1-12 所示。

表 1-12　　　　　　　　MAXA 自动变速器各挡位参与工作的相关部件

挡位		液力变矩器	1挡齿轮 L挡离合器	1挡固定离合器	2挡齿轮 2挡离合器	3挡齿轮 3挡离合器	4挡		倒挡齿轮	驻车挡齿轮
							齿轮	离合器		
P		○								○
R		○						○	○	
N		○								
D4	1挡	○	○							
	2挡	○	○		○					
	3挡	○	○			○				
	4挡	○	○				○	○		
D3	1挡	○	○							
	2挡	○	○		○					
	3挡	○	○			○				
2		○	○		○					
1		○	○	○						

注：○表示工作。

　　① "P"位。液压油不作用到任何离合器，所有离合器均分离，动力不传递给副轴。此

时，依靠制动锁块与驻车挡齿轮的互锁作用实现驻车。

②"N"位。发动机动力由液力变矩器传递给主轴惰轮、副轴惰轮和中间轴惰轮，但液压油没有作用到任何离合器上，动力没有传递给副轴。

当换挡杆从"D4"位变换到"N"位时，倒挡接合套将中间轴4挡齿轮与倒挡接合套及副轴相连；当换挡杆从"R"位变换到"N"位时，副轴倒挡齿轮也将处于啮合状态。但由于无动力传递给副轴，上述两种情况均无动力输出，从而使车辆处于空挡位置。

③"D4"位或"D3"位1挡。其动力传递路线：液力变矩器→主轴→主轴惰轮→副轴惰轮→中间轴惰轮→中间轴→1挡离合器→中间轴1挡齿轮→副轴1挡齿轮→单向离合器→副轴→最终驱动齿轮，如图1-41所示。

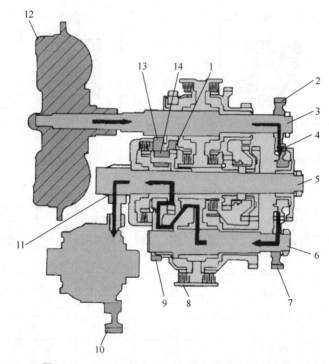

图1-41 "D4"位或"D3"位1挡动力传递路线

1—副轴3挡齿轮；2—主轴惰轮；3—主轴；4—副轴惰轮；5—副轴；6—中间轴；7—中间轴惰轮；
8—1挡离合器；9—中间轴1挡齿轮；10—最终输出齿轮；11—最终驱动齿轮；12—液力变矩器；
13—副轴1挡齿轮；14—单向离合器

④"D4"位或"D3"位2挡或"2"位。其动力传递路线：液力变矩器→主轴→主轴惰轮→副轴惰轮→中间轴惰轮→中间轴→2挡离合器→中间轴2挡齿轮→副轴2挡齿轮→最终驱动齿轮，如图1-42所示。

⑤"D4"位或"D3"位3挡。其动力传递路线：液力变矩器→主轴→3挡离合器→主轴3挡齿轮→副轴3挡齿轮→副轴→最终驱动齿轮，如图1-43所示。

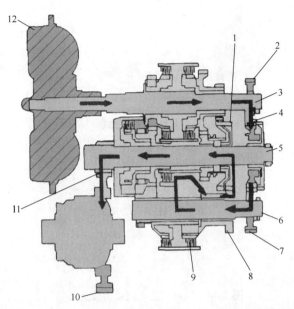

图 1-42 "D4"位或"D3"位 2 挡或"2"位动力传递路线

1—副轴2挡齿轮；2—主轴惰轮；3—主轴；4—副轴惰轮；5—副轴；6—中间轴；7—中间轴惰轮；

8—中间轴2挡齿轮；9—2挡离合器；10—最终输出齿轮；11—最终驱动齿轮；12—液力变矩器

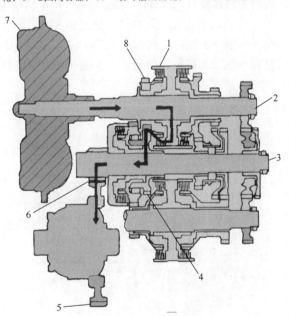

图 1-43 "D4"位或"D3"位 3 挡动力传递路线

1—3挡离合器；2—主轴；3—副轴；4—副轴3挡齿轮；5—最终输出齿轮；6—最终驱动齿轮；

7—液力变矩器；8—主轴3挡齿轮

⑥ "D4"位 4 挡。其动力传递路线：液力变矩器→主轴→4 挡离合器→主轴 4 挡齿轮→副轴 4 挡齿轮→倒挡滑套→副轴→最终驱动齿轮，如图 1-44 所示。

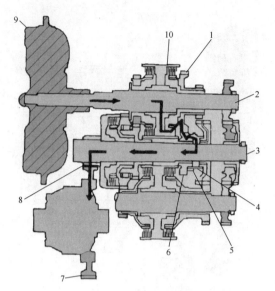

图 1-44 "D4"位 4 挡动力传递路线

1—主轴4挡齿轮；2—副轴；3—主轴；4—倒挡选择器轮壳；5—倒挡选择器；6—副轴4挡齿轮；

7—最终输出齿轮；8—最终驱动齿轮；9—液力变矩器；10—4挡离合器

⑦ "1"位 1 挡。其动力传递路线与"D4"位或"D3"位 1 挡基本相同，区别仅在于 1 挡固定离合器接合，使动力分流，实现发动机制动，如图 1-45 所示。其动力传递路线：车轮→驱动桥→最终驱动齿轮→副轴→1 挡固定离合器→副轴 1 挡齿轮→中间轴 1 挡齿轮→1 挡离合器→中间轴→中间轴惰轮→副轴惰轮→主轴惰轮→主轴→液力变矩器→发动机。

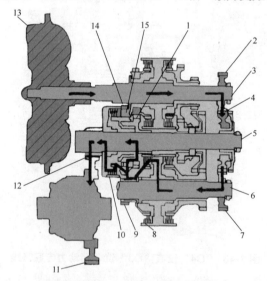

图 1-45 "1"位 1 挡动力传递路线

1—副轴3挡齿轮；2—主轴惰轮；3—主轴；4—副轴惰轮；5—副轴；6—中间轴；7—中间轴惰轮；

8—1挡离合器；9—中间轴1挡离合器；10—1挡固定离合器；11—最终输出齿轮；

12—最终驱动齿轮；13—液力变矩器；14—副轴1挡齿轮；15—单向离合器

⑧ "R"位。其动力传递路线：液力变矩器→主轴→4挡离合器→主轴倒挡齿轮→倒挡惰轮→副轴倒挡齿轮→副轴→最终驱动齿轮，如图1-46所示。

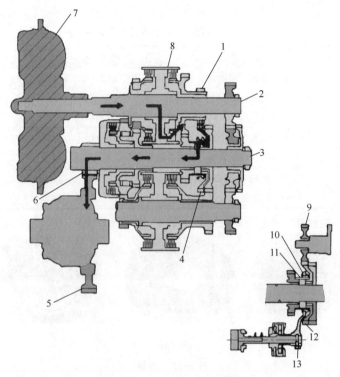

图1-46 "R"位动力传递路线

1—主轴倒挡齿轮；2—主轴；3—副轴；4—副轴倒挡齿轮；5—最终输出齿轮；6—最终驱动齿轮；7—液力变矩器；
8—4挡离合器；9—倒挡惰轮；10—倒挡选择器；11—倒挡选择器轮壳；12—副轴倒挡齿轮；13—倒挡换挡拨叉

四、控制系统

自动变速器的自动换挡控制是由电子控制系统控制液压控制系统的各种滑阀，通过改变液压系统的油路来实现的。因此，自动变速器的控制系统可分为液压控制系统和电子控制系统2部分，控制系统的结构、工作原理及检修等相关知识是学习自动变速器的重要基础。

1. 液压控制系统

液压控制系统担负着为液力传动装置提供传动介质，对齿轮变速机构进行换挡控制的重要任务。同时它还为变速器的各部分提供可靠的润滑和冷却。

（1）液压控制系统的基本组成

液压控制系统主要由动力源、执行机构和控制机构3部分组成，其组成部件及功用如表1-13所示。

（2）液压控制系统的主要元件

① 油泵。油泵是液压控制系统的动力源，它一般位于液力变矩器和行星齿轮系统之间，由液力变矩器泵轮驱动。其功用是产生一定压力和流量的ATF，供给液力变矩器、液压控

制系统和行星齿轮机构。油泵的类型主要有内啮合齿轮泵、转子泵和叶片泵，如图1-47所示。这3种泵的共同特点是内部元件（转子）由液力变矩器花键毂或驱动轴驱动，外部元件与内部元件之间有一定的偏心距。

表1-13　　　　　　　　　　　　　　液压控制系统组成部件及功用

序号	组成部件	功用
1	动力源	液压控制系统的动力源是油泵（或称为液压泵），它是整个液压控制系统的工作基础。例如，各种阀体的动作、换挡执行元件的工作等都需要一定压力的ATF。油泵的基本功用就是提供满足需求的ATF油量和油压
2	执行机构	执行机构主要由离合器、制动器油缸等组成。其功用是在控制油压的作用下实现离合器的接合和分离、制动器的制动和松开等动作，以便得到相应的挡位
3	控制机构	控制机构包括阀体和主调压阀、手动阀、换挡阀等各种阀。液压控制系统还包括一些辅助装置，如用于防止换挡冲击的蓄能器、单向阀等

（a）内啮合齿轮泵　　　　　　（b）转子泵　　　　　　（c）叶片泵

图1-47　油泵

图1-48所示为内啮合齿轮泵的结构及工作原理。内啮合齿轮泵主要由主动齿轮、从动齿轮、月牙板、壳体等组成。主动齿轮为外齿轮，从动齿轮为内齿轮，在壳体上有一个月牙板，把主、从动齿轮不啮合的部分隔开，并形成2个工作腔，分别为进油腔和出油腔。进油腔与泵体上的进油口相通，出油腔与泵体上的出油口相通。主动齿轮内径上有2个对称的凸键，与液力变矩器后端油泵驱动毂的键槽或平面相配合。因此，只要发动机转动，油泵便转动并开始供油。

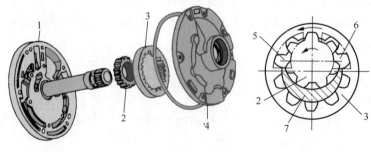

（a）结构　　　　　　　　　　　　　（b）工作原理

图1-48　内啮合齿轮泵的结构及工作原理

1—泵盖；2—主动齿轮；3—从动齿轮；4—壳体；5—进油腔；6—出油腔；7—月牙板

油泵在工作过程中，主动齿轮带动从动齿轮转动，在齿轮脱离啮合的一端（进油腔），容积不断变大，产生真空吸力，把ATF从油底壳经滤网吸入油泵。在齿轮进入啮合的一端（出油腔），容积不断减小，油压升高，把ATF从出油腔挤压出去。这样，油泵不断地运转，就形成了具有一定压力的油液，供给自动变速器工作。

这种油泵要求具有严格的加工制造精度。因为齿轮之间、齿轮与泵体之间，过大的磨损和间隙会导致油泵的性能下降，油压过低。而油压对于自动变速器的正常工作是非常重要的。

提示

发动机不工作，则油泵不转，自动变速器无油压，即使在"D"位和"R"位，也不能靠推车起动发动机。

长距离拖车时，由于发动机不转，油泵也不转，齿轮系统没有润滑油，磨损会加剧，因此要求车速慢、距离短。例如，丰田车系要求拖车车速不高于30km/h，距离不超过80km；奔驰车系要求拖车车速不高于50km/h，距离不超过50km。

变速器齿轮系统有故障或严重漏油时，牵引车辆应将传动轴脱开。对于前轮驱动的汽车，应将前轮悬空牵引。

② 主调压阀。液压油从油泵输出后，即进入主油路系统，油泵是由发动机直接驱动的，输出流量和压力均受发动机运转状况的影响，变化很大。当主油路压力过高时，会引起换挡冲击，增加功率消耗；而主油路压力过低时，又会使离合器、制动器等执行元件打滑，因此在主油路系统中必须设置主调压阀。其作用是将油泵输出压力精确调节到所需值后再输入主油路。主调压阀应能满足主油路系统在不同工况、不同挡位时，具有不同油压的要求。

a．当节气门开度较小时，自动变速器所传递的扭矩较小，执行机构中的离合器、制动器不易打滑，主油路压力可以降低。而当发动机节气门开度较大时，因传递的扭矩增大，为防止离合器、制动器打滑，主油路压力要升高。

b．当汽车在低速挡行驶时，所传递的扭矩较大，主油路压力要高。而在高速挡行驶时，自动变速器传递的扭矩较小，可降低主油路油压，以减小油泵的运转阻力。

c．倒挡的使用时间较少，为减小自动变速器尺寸，倒挡执行机构被做得较小，为避免出现打滑，在倒挡时需提高操纵油压。

主调压阀的结构如图1-49所示。油压的调节是靠电子控制，电磁阀调整不同的油压值，使滑阀移动改变节流口a的大小，通过节流作用控制主油压的大小。节流口b泄出的油压经二次调压阀的节流作用，调整变矩器油压。

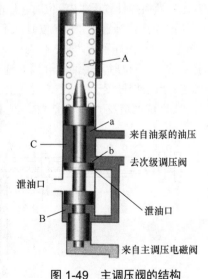

来自油泵的油压

去次级调压阀

泄油口

泄油口

来自主调压电磁阀

图1-49 主调压阀的结构

A、B、C—油腔；a、b—节流口

③ 二次调压阀。二次调压阀是把主调压阀泄出的油压调节成变矩器油压，其结构如图 1-50 所示。作用于滑阀向下的力有手动阀的油压力和主油压，向上的力有弹簧弹力和来自主油压调节阀调节后的油压力，向上和向下 2 种力的平衡决定了节流口的开度，即通过节流口的开度将主油压调节成变矩器油压。

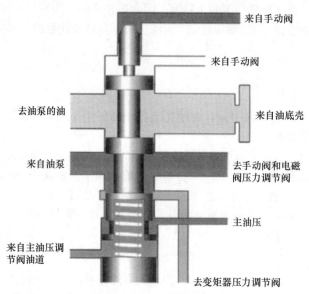

图 1-50　二次调压阀结构

④ 手动阀。手动阀又称为手控阀或手动换挡阀，与驾驶室内的换挡杆相连，其功用是控制各挡位油路的转换。如图 1-51 所示，当驾驶员操纵换挡杆时，手动阀会移动，使主油压通往不同的油道。例如，当换挡杆置于"P"位时，主油压会通往"P"位、"R"位和"L"位油道；当换挡杆置于"R"位时，主油压会同时通往"P"位、"R"位和"L"位油道与"R"位油道；当换挡杆置于"N"位时，手动阀会将主油压进油道切断，则不会有主油压通往各换挡阀；当换挡杆置于"D"位时，主油压会通往"D"位、"2"位和"L"位油道；当换挡杆置于"2"位时，主油压会同时通往"D"位、"2"位和"L"位油道与"2"位和"L"位油道；当换挡杆置于"L"位时，主油压会同时通往"D"位、"2"位和"L"位油道，"2"位和"L"位油道及"P"位、"R"位和"L"位油道。

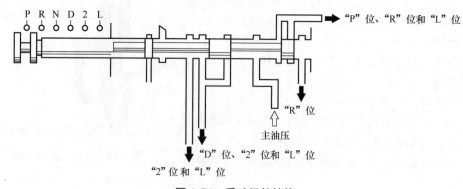

图 1-51　手动阀的结构

⑤ 换挡阀。电控自动变速器换挡阀的工作由换挡电磁阀控制，其控制方式有 2 种：一种是加压控制，即通过开启或关闭换挡阀控制油路进油孔来控制换挡阀的工作；另一种是泄压控制，即通过开启或关闭换挡阀控制油路泄油孔来控制换挡阀的工作。加压控制方式的工作原理如图 1-52 所示，压力油经电磁阀后通至换挡阀的左端。当电磁阀关闭时，没有油压作用在换挡阀左端，换挡阀在右端弹簧力的作用下移向左端，如图 1-52（a）所示；当电磁阀开启时，压力油作用在换挡阀左端，使换挡阀克服弹簧力右移，如图 1-52（b）所示，从而改变油路，实现挡位变换。

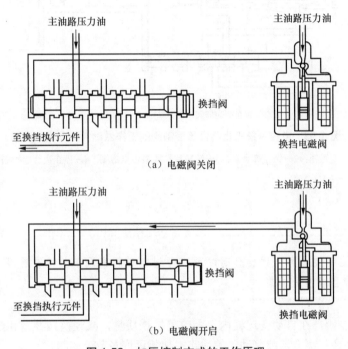

图 1-52　加压控制方式的工作原理

⑥ 锁止离合器控制阀。目前在一些新型电控自动变速器上，锁止电磁阀采用脉冲式电磁阀，ECU 可利用脉冲电信号占空比的大小来调节锁止电磁阀的开度，以控制作用在锁止离合器控制阀右端的油压，由此调节锁止离合器控制阀左移时所打开的排油孔的开度，从而控制锁止离合器活塞右侧油压的大小，如图 1-53 所示。

当作用在锁止电磁阀上的脉冲电信号为 0 时，电磁阀关闭，没有油压作用在锁止离合器控制阀的右端，此时锁止离合器活塞左右两侧的油压相同，锁止离合器处于分离状态；当作用在锁止电磁阀上的脉冲电信号较小时，电磁阀的开度和作用在锁止离合器控制阀右端的油压以及锁止控制阀左移打开的排油孔开度均较小，锁止离合器活塞左右两侧油压差以及由此产生的锁止离合器接合力也较小，使锁止离合器处于半接合状态。脉冲信号越大，锁止离合器活塞左右两侧油压差以及锁止离合器接合力也越大。当脉冲信号达到一定数值时，锁止离合器即可完全接合。

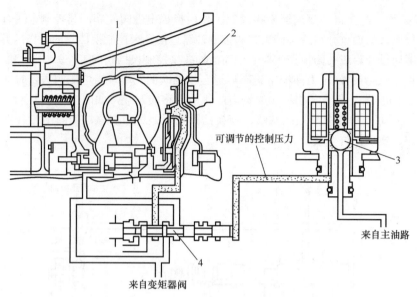

图 1-53　电控系统锁止离合器控制阀的工作原理（脉冲式电子阀）

1—变矩器；2—锁止离合器；3—脉冲线性式锁止电磁阀；4—锁止离合器控制阀

　　ECU 在控制锁止离合器接合时，可以通过电磁阀来调节其接合速度，让接合力逐渐增大，使接合过程更加柔和。

　　⑦ 节流控制阀。在自动变速器内，为改善换挡质量，减轻换挡冲击和延长离合器制动的使用寿命，在通往离合器或制动器的油路中加装了许多节流控制阀。

　　节流控制阀的作用有 2 个：一个是使作用在离合器和制动器上的油压缓慢上升，以减轻接合时的冲击；另一个是使作用在离合器和制动器的油压泄油时尽快泄出，使分离迅速、彻底，防止摩擦片分离不彻底造成磨损。

　　如图 1-54 所示，当工作油液从进排液口①流入进排液口②时，油压使防松球压靠在一个节流孔上，因此工作油液仅能流经另一个节流孔，使流至进排液口②的工作油液压力上升比较缓慢，减小了离合器和制动器接合时的冲击；当工作油液反转流动时，工作油液将防松球从受阻的节流孔处推开，泄油迅速，使离合器和制动器片能够快速分离。

　　⑧ 储能减振器。储能减振器也称蓄能器，通常用于防止离合器和制动器在接合时的冲击，一般安装在自动变速器的壳体上，如图 1-55 所示。

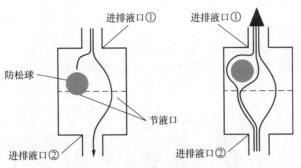

图 1-54 节流控制阀的结构与工作原理

如图 1-56 所示，油压从进排液口将活塞 1 推至右端，同时将活塞 2 向下推。用此方式不但可减小活塞 1 上的油压冲击，防止离合器或制动器片快速接合时引起冲击，而且在推下活塞 2 压缩弹簧时又储存了能量。

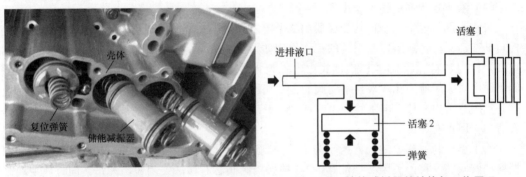

图 1-55 储能减振器　　　　　图 1-56 储能减振器的结构与工作原理

⑨ 阀体。液压控制系统的阀体用于装载各种电磁阀和液压阀，其上制造有许多密集复杂的油道，用于控制液压及切换液压通道。阀体通常分为上阀体、下阀体和手动阀体。图 1-57 所示为典型的液压控制阀体实物。

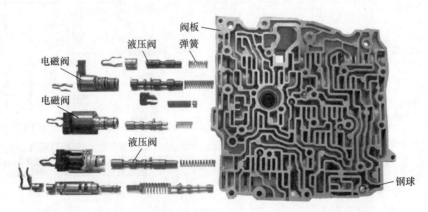

（a）分解的阀体

图 1-57 阀体

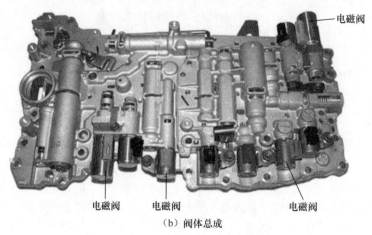

电磁阀

电磁阀　电磁阀　　　　　电磁阀

（b）阀体总成

图 1-57　阀体（续）

（3）液压控制系统的工作原理

目前大部分电子控制自动变速器由 2 个电磁阀操纵 3 个换挡阀实现 4 个挡位的变换。电控自动变速器换挡液压控制系统的工作原理如图 1-58 所示，它采用泄压控制方式。由图 1-58 可知，1-2 挡换挡阀和 3-4 挡换挡阀由电磁阀 A 控制，2-3 挡换挡阀由电磁阀 B 控制。电磁阀不通电时关闭泄油孔，来自手动阀的主油路压力油通过节流孔后作用在各换挡阀右端，使阀芯克服弹簧力左移。电磁阀通电时泄油孔开启，换挡阀右端压力油被泄空，阀芯在左端弹簧力的作用下右移。

①1 挡控制。图 1-58（a）所示为 1 挡控制过程，此时电磁阀 A 断电，电磁阀 B 通电，1-2 挡换挡阀阀芯左移，关闭 2 挡油路；2-3 挡换挡阀阀芯右移，关闭 3 挡油路。同时使主油路油压作用在 3-4 挡换挡阀阀芯右端，使 3-4 挡换挡阀阀芯停留在右位。

②2 挡控制。图 1-58（b）所示为 2 挡控制过程，此时电磁阀 A 和电磁阀 B 同时通电，1-2 挡换挡阀右端油压下降，阀芯右移，打开 2 挡油路。

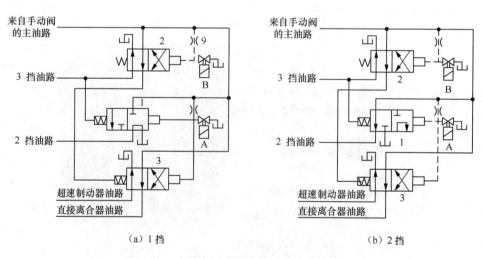

（a）1 挡　　　　　　　　　　　　　　（b）2 挡

图 1-58　电控自动变速器换挡液压系统原理

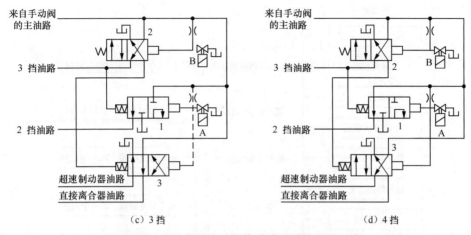

（c）3挡　　　　　　　　　　　　　　　　（d）4挡

图1-58 电控自动变速器换挡液压系统原理（续）

A、B—换挡电磁阀；1—1-2挡换挡阀；2—2-3挡换挡阀；3—3-4挡换挡阀

③3挡控制。图1-58（c）所示为3挡控制过程，此时电磁阀A通电，电磁阀B断电，2-3挡电磁阀右端油压上升，阀芯左移，打开3挡油路。同时使主油路油压作用在1-2挡换挡阀左端，并让3-4挡换挡阀阀芯左端控制油压泄空。

④4挡控制。图1-58（d）所示为4挡控制过程，此时电磁阀A和电磁阀B均不通电，3-4挡换挡阀阀芯右端控制压力上升，阀芯左移，关闭直接挡离合器油路，接通超速制动器油路，由于1-2挡换挡阀阀芯左端作用着主油路油压，虽然右端有压力油作用，但阀芯仍然保持在右端不能左移。

2. 电子控制系统

电子控制系统是自动变速器的控制核心，它接收各传感器的信息并通过运算、分析、比较，根据自动变速器的工作状态，调用其内部的控制程序，向各个执行器发出指令，使相应的电磁阀动作，从而对变速器进行最优化的控制。

（1）电子控制系统的组成

自动变速器的电子控制系统包括传感器、电子控制单元（ECU）和执行器3部分，其组成框图如图1-59所示。

传感器部分主要包括节气门位置传感器、车速传感器、冷却液温度传感器、ATF温度传感器、空挡起动开关、强制降挡开关、制动灯开关、模式选择开关、OD开关等。

执行器部分主要包括各种电磁阀和故障指示灯等。

ECU是电子控制系统的核心，主要完成换挡控制、锁止离合器控制、换挡平顺性控制、故障自诊断和失效保护等功能。

（2）输入信号

自动变速器的输入信号主要指各种传感器信号和开关信号。

①节气门位置传感器（TPS）。

a. 功用。节气门位置传感器安装在节气门体上，用于检测节气门开度的大小，并将数据传送给ECU，ECU根据此信号判断发动机负荷，从而控制自动变速器的换挡，调节主油压，控制锁止离合器。节气门位置信号相当于液控自动变速器中的节气门油压。

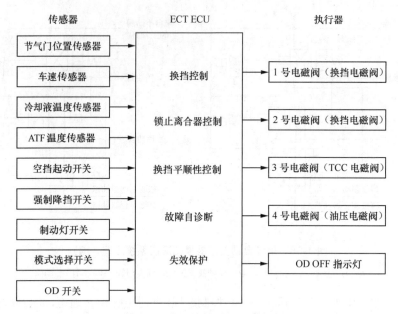

图 1-59　电子控制系统组成框图

b．结构与工作原理。节气门位置传感器一般是采用线性输出型可变电阻式传感器，其结构与工作原理如图 1-60 所示。它实际上是 1 个滑动变阻器，有 4 个接线端子，E 是搭铁端子，IDL 是怠速端子，VTA 是节气门开度信号端子，VC 是 ECU 供电端子，由 ECU 提供恒定 5V 电压。当节气门开度增加时，节气门开度信号触点逆时针转动，VTA 端子输出电压也随之线性增大，如图 1-61 所示，VTA 端子输出电压与节气门开度成正比。当怠速时，怠速开关闭合，IDL 端子电压为 0V。

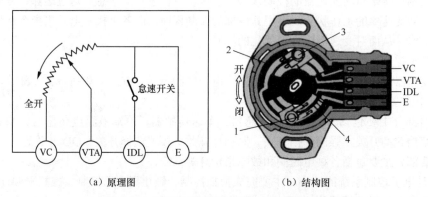

（a）原理图　　　　　　（b）结构图

图 1-60　节气门位置传感器的结构与工作原理

1—怠速信号触点；2—电阻器；3—节气门开度信号触点；4—绝缘体

② 车速传感器（VSS）。

a．车速传感器的作用与类型。车速传感器用于检测自动变速器输出轴转速，自动变速器 ECU 根据车速传感器输入的信号计算出车速，并以此信号控制自动变速器的换挡和锁止离合器的锁止。

常见的车速传感器有电磁式、舌簧开关式和光电式3种形式。一般自动变速器装有2个车速传感器，分为1号和2号车速传感器。2号车速传感器一般为电磁式的，它装在变速器输出轴附近的壳体上，为主车速传感器。1号车速传感器一般是舌簧开关式的，为副车速传感器，它装在车速表的转子附近，负责车速的传输，它同时也是2号车速传感器的备用件，当2号车速传感器失效后，由1号车速传感器代替工作。

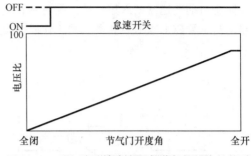

图1-61 VTA端子输出电压与节气门开度的关系

b. 车速传感器的结构与工作原理。图1-62所示为电磁式车速传感器的结构与工作原理。电磁式车速传感器主要由永久磁铁、电磁感应线圈等组成。车速表的转子一般安装在变速器输出轴上，永久磁铁和电磁感应线圈安装在变速器壳体上，如图1-62（c）所示。当输出轴转动时，转子也转动，转子与传感器之间的空气间隙发生周期性变化，使电磁感应线圈中磁通量也发生变化，从而产生交流感应电压，如图1-62（b）所示，并输送给ECU。交流感应电压随着车速（输出轴转速）的变化具有2个响应特性：一个是随着车速的增加，交流感应电压增高；另一个是随着车速的增加，交流感应电压脉冲频率也增加。ECU是根据交流感应电压脉冲频率大小计算车速的，并以此控制自动变速器的换挡。车速传感器信号相当于液控自动变速器中的速控油压，电控自动变速器没有速控阀。

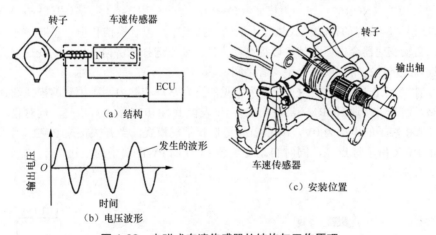

图1-62 电磁式车速传感器的结构与工作原理

③ 输入轴转速传感器。多数自动变速器在输入轴附近的壳体上装有检测输入轴转速的输入轴转速传感器。该传感器一般也是采用电磁式，其结构、原理及检测与车速传感器一样。

自动变速器ECU根据输入轴转速传感器的信号可以更精确地控制换挡。另外，ECU还可以把该信号与发动机转速信号进行比较，计算出变矩器的转速比，使主油压和锁止离合器的控制得到优化，以改善换挡条件、提高行驶性能。

④ 冷却液温度传感器（水温传感器）。冷却液温度传感器的信号不仅用于发动机的控制，而且用于自动变速器的控制，还用于检测发动机冷却液温度。冷却液温度传感器一般都是一个负温度系数的热敏电阻，即温度升高，电阻下降。其结构和线路连接如图1-63所示。当

发动机冷却液温度低于设定温度（如60℃），发动机ECU会发送一个信号给自动变速器ECU，以防止自动变速器换入超速挡，同时锁止离合器也不能工作。当发动机冷却液温度过高时，自动变速器ECU会让锁止离合器工作以帮助发动机降低冷却液的温度，防止变速器过热。

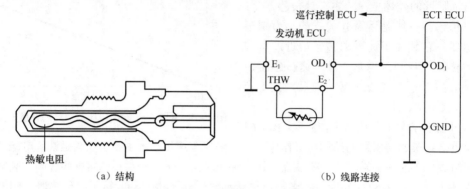

（a）结构　　　　　　　　　　　　　（b）线路连接

图 1-63　冷却液温度传感器结构及线路连接

　　如果冷却液温度传感器故障，发动机ECU会自动将冷却液温度设定为80℃，以便发动机和自动变速器可以继续工作。

　　⑤ 模式选择开关。

　　a. 功用。模式选择开关是供驾驶员选择所需要的行驶或换挡模式的开关。大部分车型都具有常规模式（NORM）和动力模式（PWR），有些车型还有经济模式（ECO）。自动变速器ECU根据所选择的行驶模式执行不同的换挡程序，控制换挡和锁止正时。如果选择动力模式，自动变速器会推迟升挡，以提高动力性；如果选择经济模式，自动变速器会提前升挡，以提高经济性；常规模式介于二者之间。

　　b. 结构与工作原理。图 1-64 所示为常见的具有常规和动力两种模式的模式选择开关外形及线路，当开关接通 NORM（常规模式），仪表板上 NORM 指示灯点亮，同时自动变速器ECU 的 PWR 端子的电压为 0V，ECU 就知道选择常规模式。当开关接通 PWR（动力模式），仪表板上 PWR 指示灯点亮，同时自动变速器 ECU 的 PWR 端子的电压为 12V，ECU 就知道选择动力模式。

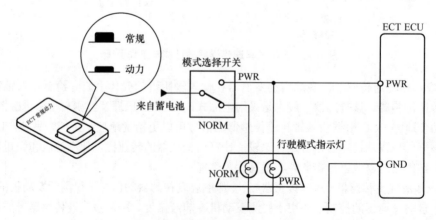

图 1-64　模式选择开关外形及线路

⑥ 空挡起动开关。

a．功用。空挡起动开关有 2 个功用：一个是给自动变速器 ECU 提供挡位信息；另一个是保证只有换挡杆置于"P"或"N"位才能起动发动机。

b．结构与工作原理。图 1-65 所示为空挡起动开关外形及线路，当换挡杆置于不同的挡位时，仪表板上相应的挡位指示灯会点亮。当 ECU 的端子 N、2 或 L 与端子 E 接通时，ECU 便分别确定变速器位于"N"位、"2"位或"L"位；否则，ECU 便确定变速器位于"D"位。只有当换挡杆置于"P"位或"N"位时，端子 B 与 NB 接通，才能给起动机通电，使发动机起动。

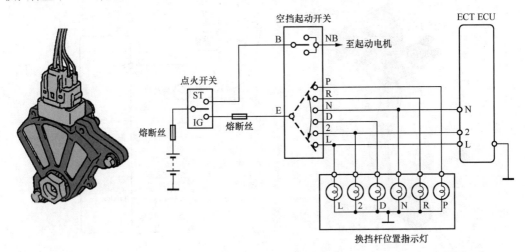

图 1-65　空挡起动开关外形及线路

⑦ OD 开关。

a．功用。OD 开关（超速挡开关）一般安装在换挡杆上，由驾驶员操作控制，可以使自动变速器有或没有超速挡。

b．结构与工作原理。OD 开关的结构和原理如图 1-66 所示。当按下 OD 开关（ON），OD 开关的触点实际为断开，此时 ECU 的 OD_2 端子的电压为 12V，自动变速器可以升至超速挡，且 OD OFF 指示灯不亮；当再次按下 OD 开关，OD 开关会弹起（OFF），OD 开关的触点实际为闭合，此时 ECU 的 OD_2 端子的电压为 0V，自动变速器不能升至超速挡，且 OD OFF 指示灯点亮。

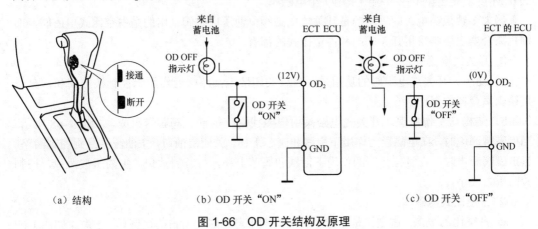

（a）结构　　　　　（b）OD 开关"ON"　　　　　（c）OD 开关"OFF"

图 1-66　OD 开关结构及原理

⑧ 制动灯开关。

a．功用。自动变速器 ECU 通过制动灯开关检测是否踩下制动踏板，如果踩下制动踏板，ECU 会取消锁止离合器的工作。

b．结构与工作原理。制动灯开关安装在制动踏板支架上，其结构和线路如图 1-67 所示。当踩下制动踏板，开关接通，ECU 的 STP 端子电压为 12V；当松开制动踏板，开关断开，STP 端子电压为 0V。ECU 根据 STP 端子的电压变化来确定制动踏板的工作情况。

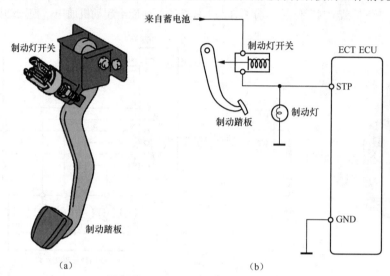

图 1-67　制动灯开关结构和线路

（3）执行器

电子控制系统的执行器主要指各种电磁阀。

根据功能的不同，电磁阀可以分为换挡电磁阀、锁止离合器电磁阀和油压电磁阀。根据工作原理的不同，电磁阀可以分为开关式电磁阀和占空比式（脉冲线性式）电磁阀。不同的自动变速器使用的电磁阀数量不同。例如，上海通用 4T65-E 自动变速器电控系统有 4 个电磁阀，其中 2 个是换挡电磁阀、1 个是油压电磁阀、1 个是锁止离合器电磁阀。而一汽大众的 01M 自动变速器电控系统则采用 7 个电磁阀。

绝大多数换挡电磁阀采用的是开关式电磁阀，油压电磁阀采用的是占空比式电磁阀，而锁止离合器电磁阀采用开关式的和占空比式的都有。

① 开关式电磁阀。

a．功用。开关式电磁阀的功用是开启或关闭液压油路，通常用于控制换挡阀和部分车型锁止离合器的工作。

b．结构与工作原理。开关式电磁阀由电磁线圈、衔铁、阀芯等组成，如图 1-68 所示。当电磁阀通电时，在电磁吸力作用下衔铁和阀芯下移，关闭泄油口，主油压供给到控制油路。当电磁阀断电时，在复位弹簧的作用下衔铁和阀芯上移，打开泄油口，主油压被泄掉，控制油路压力很小。

② 占空比式电磁阀。

a．占空比的概念。占空比是指一个脉冲周期中通电时间所占的比例（百分数），如图 1-69

所示。

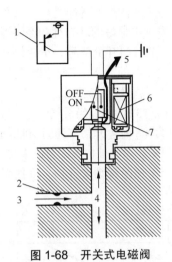

图1-68　开关式电磁阀

1—ECU；2—节流口；3—主油路；4—控制油路；
5—泄油口；6—电磁线圈；7—衔铁和阀芯

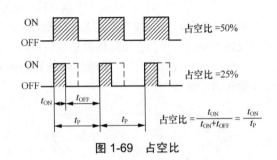

图1-69　占空比

$$占空比 = \frac{t_{ON}}{t_{ON}+t_{OFF}} = \frac{t_{ON}}{t_{P}}$$

b. 结构与工作原理。占空比式电磁阀与开关式电磁阀类似，也是由电磁线圈、滑阀、弹簧等组成的，如图1-70所示。它通常用于控制油路的油压，有的车型的锁止离合器也采用此种电磁阀控制。与开关式电磁阀不同的是，控制占空比式电磁阀的电信号不是恒定不变的电压信号，而是一个固定频率的脉冲电信号。在脉冲电信号的作用下，电磁阀不断开启、关闭泄油口。

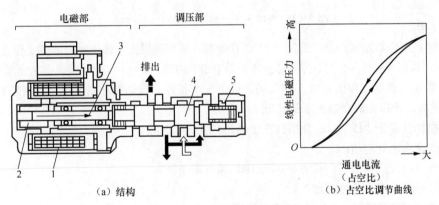

（a）结构　　　　　　（b）占空比调节曲线

图1-70　占空比式电磁阀

1—电磁线圈；2—滑阀；3—滑阀轴；4—控制阀；5—弹簧

占空比式电磁阀有2种工作方式：一种是占空比越大，经电磁阀泄油越多，油压就越低；另一种是占空比越大，油压越高。

（4）电子控制单元

电子控制单元又称为ECU，它是自动变速器的核心，具有换挡控制、锁止离合器控制、换挡平顺性控制、故障自诊断、失效保护等功能。

① 换挡控制。自动变速器换挡时刻的控制是 ECU 最重要的控制内容之一。汽车在某个特定工况下都有一个与之对应的最佳换挡时刻，使汽车发挥出最好的动力性和经济性。汽车行驶过程中，自动变速器 ECU 根据模式选择开关信号、节气门开度信号、车速信号等参数来打开或关闭换挡电磁阀，从而打开或关闭通往离合器、制动器的油路，使变速器升挡或降挡。

图 1-71 所示为常见 4 挡自动变速器的自动换挡图，它具有以下特点。

a. 随着节气门开度增加，升挡或降挡车速增加。以 2 挡升 3 挡为例，当节气门开度为 2/8 时，升挡车速为 35km/h，降挡车速为 12km/h；当节气门开度为 4/8 时，升挡车速为 50km/h，降挡车速为 25km/h。所以在实际的换挡操作过程中，一般可以采用"收油门"的方法来快速升挡。

b. 升挡车速高于降挡车速，以免自动变速器在某一车速附近频繁升挡、降挡而加速自动变速器的磨损。

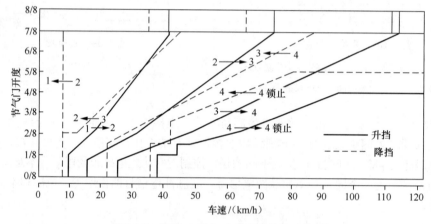

图 1-71 常见 4 挡自动变速器的自动换挡

② 锁止离合器控制。自动变速器 ECU 存储着各种行驶模式下锁止离合器的工作方式的控制程序，可根据各种输入信号，控制锁止离合器电磁阀的通、断电，从而控制锁止离合器的工作。

a. 锁止离合器工作的条件。如果满足以下 5 个条件，自动变速器 ECU 就会接通锁止离合器电磁阀，使锁止离合器处于锁止状态。

◆ 换挡杆置于"D"位，且挡位在 2 挡、3 挡或 4 挡；
◆ 车速高于规定值；
◆ 节气门开启（节气门位置传感器 IDL 触点未闭合）；
◆ 冷却液温度高于规定值；
◆ 未踩下制动踏板（制动灯开关未接通）。

b. 锁止的强制取消。如果满足以下条件中的任何一项，ECU 就会给锁止离合器电磁阀断电，使锁止离合器分离。

◆ 踩下制动踏板（制动灯开关接通）；
◆ 发动机怠速（节气门位置传感器 IDL 触点未闭合）；
◆ 冷却液温度低于规定值（如 60℃）；
◆ 当巡航系统工作时，车速降至设定车速以下至少 10km/h。

早期的电控自动变速器中，控制锁止离合器的电磁阀是开关式电磁阀，即通电时锁止离合器接合，断电时锁止离合器分离。目前许多新型电控自动变速器采用占空比式电磁阀作为锁止离合器电磁阀，ECU 在控制锁止离合器接合时，通过改变脉冲电信号的占空比，让锁止离合器电磁阀的开度缓慢增大，以减小锁止离合器接合时所产生的冲击，使锁止离合器的接合过程变得更加柔和。

③ 换挡平顺性控制。自动变速器改善换挡平顺性的方法有换挡油压控制、减小扭矩控制和 N-D 换挡控制。

a．换挡油压控制。在自动变速器升挡和降挡的瞬间，ECU 会通过油压电磁阀适当降低主油压，以减少换挡冲击，改善换挡。也有的自动变速器是在换挡时通过电磁阀来减小蓄能器背压，以减缓离合器或制动器油压的增长率，来减小换挡冲击。

b．减小扭矩控制。在自动变速器换挡的瞬间，通过推迟发动机点火时刻或减少喷油量，减小发动机输出扭矩，以减小换挡冲击和输出轴的扭矩波动。

c．N-D 换挡控制。当换挡杆由"P"位或"N"位置于"D"位或"R"位时，或由"D"位或"R"位置于"P"位或"N"位时，通过调整喷油量，把发动机转速的变化降到最小限度，以改善换挡冲击。

④ 故障自诊断。电控自动变速器 ECU 具有自我诊断功能，它不断监控各传感器、信号开关、电磁阀及其线路，当有故障时，ECU 使 OD OFF 指示灯闪烁，以提醒驾驶员或维修人员；并将故障内容以故障码的形式存储在存储器中，以便维修人员采用人工或仪器的方式读取故障码。

不同的自动变速器，故障指示灯不同。如丰田车系采用 OD OFF 指示灯，通用车系采用 Service Engine Soon 指示灯，本田车系采用 D_4 指示灯。

⑤ 失效保护。当自动变速器出现故障时，为了尽可能使自动变速器保持最基本的工作能力，以维持汽车行驶，便于汽车进厂维修，电控自动变速器 ECU 都具有失效保护功能。

a．当传感器出现故障时，ECU 所采取的失效保护措施如下。

◆ 节气门位置传感器出现故障时，ECU 根据怠速开关的状态进行控制。当怠速开关断开时（加速踏板被踩下），按节气门开度为 1/2 进行控制，同时节气门油压为最大值；当怠速开关接通时（加速踏板完全放松），按节气门处于全闭状态进行控制，同时节气门油压为最小值。

◆ 车速传感器出现故障时，ECU 不能进行自动换挡控制，此时自动变速器的挡位由换挡杆位置决定。在"D"位和"2"位时固定为超速挡或 3 挡，在"L"位时固定为 2 挡或 1 挡；或不论换挡杆在任何前进挡位，都固定为 1 挡，以保持汽车最基本的行驶能力。

◆ 冷却液或自动变速器油温度传感器出现故障时，ECU 按温度为 80℃ 的设定进行控制。

b. 电磁阀出现故障时，ECU 所采取的失效保护措施如下。

◆ 换挡电磁阀出现故障时，ECU 一般会将自动变速器锁挡，挡位与换挡杆的位置有关。如丰田车系锁挡情况如表 1-14 所示。

表 1-14　　　　　　　　　　丰田车系锁挡情况

换挡杆位置	"D" 位	"2" 位	"L" 位	"R" 位
挡位	4挡	3挡	1挡	倒挡

◆ 锁止离合器电磁阀出现故障时，ECU 会停止锁止离合器的控制，使锁止离合器始终处于分离状态。

◆ 油压电磁阀出现故障时，ECU 会停止油压的控制，使油路压力保持为最大。

五、维修实例

1. 故障现象

宝来 1.8T AT 行驶 1 万千米，自动变速器不跳挡，车速升不起来。

2. 故障诊断与排除

先将故障诊断仪与该车的故障诊断插口进行连接，故障诊断仪显示的故障为自动变速器转速传感器 G38 信号不良。换用新的 G38 传感器装车路试，故障依旧。说明 G38 传感器正常。

推断是否相关控制线路有问题，用万用表分别测量自动变速器控制单元 J217 的 "21" 端子及 "66" 端子与 G38 传感器插头的电阻值，其中 1 个电阻值为无穷大，说明 G38 传感器控制线路有断路的地方。

经过仔细检查 G38 传感器控制线路，发现该控制线路与自动变速器 ECU 相连插接器的插孔与端子接触不良，从而导致该线路时而断路。

重新插好 G38 传感器插接器后，重新读取故障码，G38 传感器变为 "SP" 偶发故障，将该故障码清除后，ECU 无故障记忆。路试车辆，自动变速器工作一切正常，故障排除。

- - - - - - - - - - - - □ 任务实施 □ - - - - - - - - - - - -

一、液力变矩器的检修

注意

液力变矩器的检修要求及注意事项如下。

（1）拆装及检修前将车辆可靠驻停。

（2）正确选用拆装与检修工具。

（3）检修前对变矩器进行清洗。

（4）拆卸液力变矩器时，最好打上装配位置标记，以便装复时按原位装回，避免影响动平衡。

（5）将变速器总成与液力变矩器组合时，要注意油泵驱动轴与油泵主动齿轮之间的配合键槽应确实对齐、插牢，否则会造成液力变矩器或油泵的损坏。

操作一 检查液力变矩器的外部

步骤一 目视检查液力变矩器的外部有无损坏和裂纹。

步骤二 目视检查油泵驱动毂外径有无磨损、缺口有无损伤。

如果有上述异常应更换液力变矩器。

操作二 单向离合器的检修

步骤一 单向离合器的检查如图 1-72 所示，用专用工具插入油泵驱动毂和单向离合器外座圈的槽口中。

步骤二 用手指压住单向离合器的内座圈并转动它，检查是否顺时针转动平稳而逆时针方向锁止。

如果单向离合器损坏，则需要更换液力变矩器总成。

操作三 导轮和涡轮之间的干涉检查

导轮和涡轮之间的干涉检查如图 1-73 所示。液力变矩器内部干涉主要是指导轮和涡轮、导轮和泵轮之间的干涉。如果有干涉，液力变矩器运转时会有噪声。

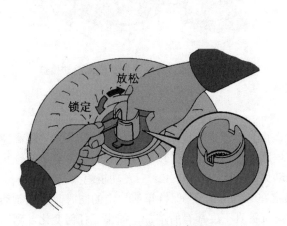

图 1-72 检查单向离合器

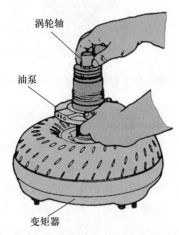

图 1-73 导轮和涡轮之间的干涉检查

步骤一 将液力变矩器与飞轮连接侧朝下放在台架上。

步骤二 装入油泵总成，确保液力变矩器油泵驱动毂与油泵主动部分接合好。

步骤三 把变速器输入轴（涡轮轴）插入涡轮轮毂中，使油泵和液力变矩器保持不动。

步骤四 顺时针、逆时针反复转动涡轮轴，如果转动不顺畅或有噪声，则应更换液力变矩器。

操作四 导轮和泵轮之间的干涉检查

导轮和泵轮之间的干涉检查如图 1-74 所示。

步骤一 将油泵放在台架上，并把液力变矩器安装在油泵上。

步骤二 旋转液力变矩器使液力变矩器的油泵驱动毂与油泵主动部分接合好。

步骤三 固定住油泵并逆时针转动液力变矩器。如果转动不顺畅或有噪声，则应更换液力变矩器。

操作五 液力变矩器轴套径向跳动检查

步骤一 将液力变矩器所在位置做个标记，暂时将其装到飞轮上。

步骤二 用百分表检查液力变矩器轴套的径向跳动误差，如图 1-75 所示。

步骤三 如果径向跳动超过 0.30mm，则重新调整液力变矩器的安装方位；如果径向跳动过大，而仍然得不到修正，则应更换液力变矩器。

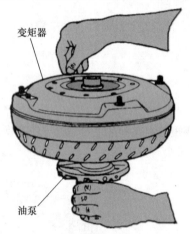

图 1-74 导轮和泵轮之间的干涉检查

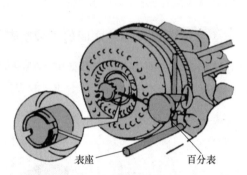

图 1-75 液力变矩器轴套径向跳动检查

操作六 锁止离合器检修

锁止离合器的常见故障有不锁止和常锁止。不锁止的现象有车辆的油耗高、发动机高速运转而车速不高。具体检查时要相应检查电路部分、阀体部分以及锁止离合器本身。常锁止的现象有发动机怠速正常，但换挡杆置于动力挡（R、D、2、L）后发动机熄火。

步骤一 对车辆进行路试，将车速稳定在 80 km/h，在保持车速稳定的同时，轻踩制动踏板，此时应解除锁止，即发动机转速和进气管真空度都有所增加，如果无任何变化，则锁止离合器没有正常工作，可能根本就没锁止，也可能根本就不解除锁止。

步骤二 若汽车保持稳定的 80 km/h 车速，突然紧急制动，发动机熄火，说明锁止离合器不能解除锁止。

二、齿轮变速机构的检修

齿轮变速机构的检修要求及注意事项如下。

（1）使用厂家要求的拆装与检修工具。

（2）更换元件时要使用原厂配件。

（3）使用压缩空气时需戴护目镜。

（4）要用尼龙布将零件擦干净，禁止使用一般纱布。

（5）摩擦片在装配前要在洁净的 ATF 中浸泡，新摩擦片要浸泡 2h，旧摩擦片要浸泡 15 ～ 30min。

（6）密封衬垫、密封圈和密封环一经拆卸都应更换。

操作一 **离合器摩擦片的使用极限检查**

如图 1-76 所示，离合器摩擦片上的沟槽用于存 ATF，沟槽磨平后，ATF 就无法进入摩擦片与钢片之间。失去了 ATF 的保护之后，磨损速度会急剧加快，沟槽磨平后必须更换。

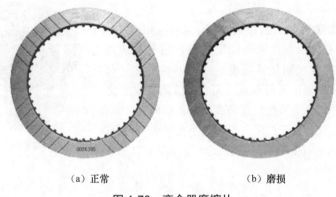

（a）正常　　　　　　　　　　　（b）磨损

图 1-76　离合器摩擦片

步骤一　将新拆下来的摩擦片用无毛布将表面擦干，用手轻按摩擦片表面时应有较多的 ATF 流出（摩擦片表面上有一层保持 ATF 的含油层）。

步骤二　轻按时如果不出油，说明摩擦片含油层（隔离层）已被抛光，无法保持 ATF，则必须更换。

◆摩擦片上数字记号磨掉后必须更换。

◆摩擦片出现翘曲变形时必须更换。

◆摩擦片表面发黑（烧蚀）时必须更换。

◆摩擦片出现表面剥落、有裂纹，内花键不光滑等现象时都必须更换。

操作二 **离合器摩擦片的装配**

步骤一　摩擦片还可继续使用的，须单独进行清洗。用清洗剂做彻底清洗后，要用清洁的水反复冲洗零件表面，使其表面不含残存的清洗剂，然后用干燥清洁的压缩空气将所有的零件吹干，再在表面上涂一层 ATF，等待装配。

步骤二 装配前，摩擦片要在洁净的 ATF 中浸泡。新摩擦片要浸泡 2h，旧摩擦片要浸泡 15 ～ 30min。

步骤三 旧片要换位。装配时如果使用旧摩擦片，最里边和最外边的摩擦片最好换一次位。

步骤四 缺口要对正。部分离合器摩擦片花键上有一缺口，它是动平衡标记，装配时注意将各片的缺口对正。

操作三 离合器其他元件的检查

步骤一 离合器活塞复位弹簧工作行程和油压较小，很少损坏。拆卸离合器时，如果外观上看复位弹簧没有折断、散乱，就不必拆复位弹簧的卡环。复位弹簧主要检查其自由长度。凡变形、过短、折断的弹簧必须更换。

步骤二 压盘和钢片上的齿要完好，不能拉毛，拉毛容易造成卡滞。压盘和钢片表面如果有蓝色过热的斑迹，则应在平台上用高度尺测量其高度，或将两片叠在一起，检查其是否变形。如果出现变形或表面有裂纹则必须更换。

步骤三 离合器重新装配后要检查离合器的间隙。间隙过大会使换挡滞后、离合器打滑；间隙过小会使离合器分离不彻底。检查离合器间隙一般是用塞尺进行，如图 1-77 所示。

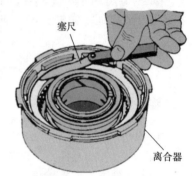

图 1-77 检查离合器间隙

> 检查离合器间隙时，可用空气压缩机、压缩空气枪、百分表和磁力表架进行检查。压缩空气的压力应保持在 0.4MPa，把压缩空气枪对准进油孔，固定好离合器，把百分表抵住外侧压盘，开动压缩空气枪，根据百分表摆差得到离合器间隙。

操作四 带式制动器的检修

步骤一 外观检查。检查制动带是否有破裂、过热、不均匀磨损、表面剥落等缺陷，检查制动带磨损是否均匀，检查摩擦材料上印刷的数字是否磨掉，如果有上述任何一种缺陷，制动带都应更换。

步骤二 检查制动带摩擦片表面的含油能力。擦净制动带摩擦片上的油，然后用手指轻压制动带摩擦片，应有油溢出，如果轻压后无油溢出，说明制动带摩擦片表面含油能力下降，应更换制动带摩擦片。

步骤三 制动毂的检查。检查制动毂表面是否磨损严重，是否有烧蚀，如果磨损严重或有烧蚀，应更换制动毂。

步骤四 带式制动器组装后检查。可用 400 ～ 800kPa 的气压向伺服缸内施压，此时制动带应抱紧制动毂,说明伺服液压缸正常。继续加压到伺服液压缸工作通道的同时,用另一把压缩空气枪加压到伺服装置的释放通道,此时伺服装置应松开制动带。

提示

在检查制动带能否箍紧时,可用塞尺在加压前先测一下制动带的开口间隙,加压箍紧后再测一下制动带的开口间隙,便可推算出伺服推杆实际的工作行程。

步骤五 制动器装配后工作间隙的调整

间隙过小会造成换挡冲击以及摩擦片和制动毂之间分离不彻底,间隙过大易造成制动带打滑。调整时可将调整螺钉松开,先使制动带完全抱死,然后将调整螺钉退回 1.5 ~ 2.5 圈锁死。

提示

对于倒挡制动带,因油压较高,制动带与制动毂的间隙应稍大一些,一般是扭紧后将调整螺钉退回 5 圈锁死。

操作五 行星排的检查

步骤一 目视检查太阳轮、行星轮和齿圈的齿面,如果有磨损或疲劳剥落,则应更换整个行星排。

步骤二 检查行星轮与行星架之间的间隙,如图 1-78 所示,其标准间隙为 0.2 ~ 0.6mm,最大不得超过 1.0mm,否则应更换止推垫片或行星架和行星轮组件。

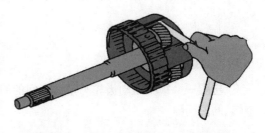

图 1-78 行星轮与行星架之间的间隙检查

步骤三 用百分表检查太阳轮、齿圈、行星架等零件的轴颈或滑动轴承处有无磨损,如图 1-79 所示,如果有异常应更换新件。

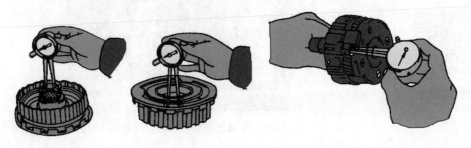

(a) 检查太阳轮 　　　(b) 检查齿圈 　　　(c) 检查行星架

图 1-79 太阳轮、齿圈、行星架磨损检查

操作六 单向离合器的检查

步骤一 检查单向离合器是否存在滚柱破裂、保持架断裂或内外圈滚道磨损起槽等情况，如果发现应及时更换新件。

步骤二 检查单向离合器的锁止情况，如图1-80所示，要求能在前后两个箭头所示的方向自由转动，而反方向锁止。

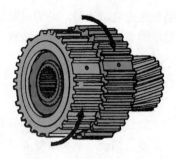

图1-80 单向离合器的检查

三、自动变速器控制系统的检修

 注意

自动变速器控制系统的检修要求及注意事项如下。

（1）电子控制单元（ECU）对过电压、静电非常敏感，因此，在点火开关接通时，不要插拔系统的连接器，插拔ECU上的连接器应做好防静电措施，以避免损坏ECU。

（2）检修时需要将检修车辆停在水平路面上，并拉紧驻车制动器，可靠驻车。

（3）检修时要使用厂家要求的检测工具和检测仪器，并按要求使用。

（4）使用压缩空气时，要做好防护工作，以免造成人员伤害。

（5）在更换元件时，要按厂家要求更换原厂指定配件，确认更换时再打开包装。

1. 液压控制系统的检修

操作一 油泵的检修

步骤一 检查从动齿轮与泵体之间的间隙。如图1-81所示，用塞尺测量从动齿轮与泵体之间的间隙。

视频

油泵的检测

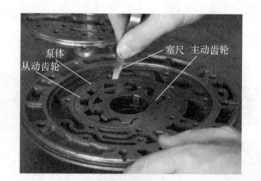

泵体
从动齿轮
塞尺 主动齿轮

图1-81 用塞尺测量从动齿轮与泵体之间的间隙

步骤二 检查从动齿轮齿顶与月牙板之间的间隙。如图1-82所示，用塞尺测量从动齿轮齿顶与月牙板之间的间隙。

步骤三　检查主动齿轮齿顶与月牙板之间的间隙。如图 1-83 所示，用塞尺测量主动齿轮齿顶与月牙板之间的间隙。

图 1-82　用塞尺测量从动齿轮齿顶与
月牙板之间的间隙

图 1-83　用塞尺测量主动齿轮齿顶与
月牙板之间的间隙

步骤四　检查主动齿轮与从动齿轮的侧隙。如图 1-84 所示，用直尺和塞尺测量主动齿轮与从动齿轮的侧隙。

如果以上工作间隙超过规定值，应更换油泵。

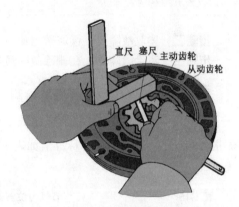

图 1-84　用直尺和塞尺测量主动齿轮与从
动齿轮的侧隙

操作二　阀体的检修

阀体是自动变速器中最精密的部件之一，它的性能好坏直接影响自动变速器的换挡规律是否正常。只有在自动变速器出现换挡规律失常，或摩擦片严重烧毁，阀体内沾有大量摩擦粉末时，才可对阀板进行拆检修理。目前，汽车生产厂家均规定严禁进行阀体维修。

步骤一　检查所有阀芯表面有无刮伤痕迹，如果有轻微刮痕，可用金相砂纸抛光。

步骤二　检查各弹簧有无损坏，测量长度是否符合要求，如果不符合要求就应更换。

步骤三　检查滤网有无损坏或堵塞，如果有应更换。

步骤四　更换所有的纸质衬垫和塑料球阀。

视频

自动变速器阀体的
拆卸和安装

视频

自动变速器阀体的
清洗

提示

如果必须对阀体进行拆检修理，一定要按照维修手册对相关零件进行拆卸，并用清洁的煤油或酒精清洗所有的阀体零件。

2. 电子控制系统的检修

操作一 系统自诊断

自动变速器电子控制系统的 ECU 中装有故障存储器，具有自诊断功能，如果被监测的部件发生了故障，故障的类型会以故障码的形式存储在故障存储器内。可以利用故障诊断仪读取故障码，帮助确定故障部位。

步骤一 先连接故障诊断仪。关闭点火开关，将故障诊断仪连接到故障车上的诊断插头上，按照故障诊断仪显示屏的提示，进行相应操作。

◆ 在连接故障诊断仪之前，应将换挡杆置于"P"位，并且拉起驻车制动器。

◆ 蓄电池电压正常。

步骤二 读取故障码，读取数据流。

步骤三 清除故障码。在排除故障后，应清除故障码。

操作二 节气门位置传感器检测

步骤一 检查传感器电阻。点火开关关闭，拔下传感器连接器插头，用万用表的欧姆挡测量各端子之间的电阻值，标准值如表 1-15 所示。如果电阻值不正常，应更换节气门位置传感器。

表 1-15　　　　　　　　　　节气门位置传感器各端子之间的电阻值

节气门开度	VTA-E端子间电阻	IDL-E端子间电阻	VC-E端子间电阻
全闭	0.2～0.8kΩ	0	固定值
全开	2.8～8.0kΩ	∞	固定值
从全闭到全开	连续逐渐增大	∞	固定值

步骤二 检查传感器电压。打开点火开关，但不起动发动机。用万用表的电压挡测量各端子之间的电压，标准值如表 1-16 所示。如果电压值不正常，应更换节气门位置传感器。

表 1-16　　　　　　　　　　节气门位置传感器各端子之间的电压值

节气门开度	VTA-E端子间电压	IDL-E端子间电压	VC-E端子间电压
全闭	0.7V	低于1V	5V
全开	3.5～5.0V	4～6V	5V
从全闭到全开	连续逐渐增大	4～6V	5V

操作三 电磁式车速传感器的检测

步骤一 外观检查。检查转子是否有断齿、脏污等情况。

步骤二 检查转子齿顶与传感器之间的间隙。其方法是用标准间隙厚度的塞尺插入转子齿顶与传感器之间，如果感觉阻力合适表明间隙符合标准，如果阻力大说明间隙过小，如果没有阻力说明间隙大。

步骤三 检查电磁线圈电阻。其方法是关闭点火开关，拔下传感器插头，用欧姆表测量电磁线圈电阻，与标准电阻值进行比较。

步骤四 模拟检查。举升车辆，用交流电压表 2V 挡测量输出电压，运转时应为 0.4 ～ 0.8V；也可用示波器检测输出信号波形是否完整、连续、光滑等。如果检查结果不符合要求，则应更换车速传感器。

操作四 冷却液（油）温度传感器检测

步骤一 将冷却液（油）温度传感器放在水（油）杯中进行加热。

步骤二 加热过程中，测量不同温度下的电阻值，如图 1-85 所示，并对照维修手册的标准值来判断其好坏。表 1-17 所示为大众车系冷却液温度传感器在不同温度下的电阻值。

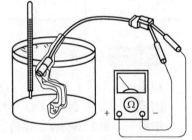

图 1-85　冷却液（油）温度传感器检测

表 1-17　　　　　　　　　大众车系冷却液温度传感器在不同温度下的电阻值

温度/℃	电阻/kΩ
20	250
60	50
120	7.5

操作五 空挡起动开关的检测

步骤一 检查开关导通情况。点火开关关闭，拔下传感器连接器插头，用万用表的欧姆挡测量各端子之间的导通情况，如表 1-18 所示。如果不正常，应更换开关。

表 1-18　　　　　　　　　空挡起动开关各端子之间的导通情况

挡位	测量端子								
	3 (B)	2 (N)	9 (C)	1 (P)	4 (R)	6 (NB)	5 (D)	7 (2)	8 (L)
P	○	○	○	○					
R			○		○				
N	○	○	○			○			
D			○				○		
2			○					○	
L			○						○

步骤二 检查传感器电压。打开点火开关，但不起动发动机。用万用表的电压挡测量各端子之间的电压，标准值如表 1-19 所示。如果电压值不正常，应更换节气门位置传感器。

表 1-19   空挡起动开关各端子的电压值

挡位	测量端子			
	R与搭铁（-）	NSW与搭铁（-）	2与搭铁（-）	L与搭铁（-）
P, N	0V	0V	0V	0V
R	12V	5V	0V	0V
D	0V	5V	0V	0V
2	0V	5V	12V	0V
L	0V	5V	0V	12V

操作六 OD 开关检测

步骤一 当按下 OD 开关（ON）时，OD OFF 指示灯应熄灭。

步骤二 当再次按下 OD 开关，OD 开关弹起（OFF）时，OD OFF 指示灯应点亮。

步骤三 如果不符合上述情况，应检查 OD OFF 指示灯、OD 开关及线路。

操作七 开关式电磁阀的检测

步骤一 检查电磁阀电阻。如图 1-86 所示，脱开电磁阀连接器，测量电磁阀端子与车身搭铁之间的电阻，开关式电磁阀应为 11 ～ 15Ω，占空比式电磁阀应为 3.6 ～ 4.0Ω。

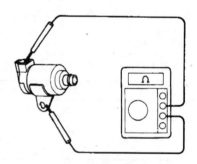

图 1-86   检查电磁阀电阻

步骤二 检查电磁阀的工作。如图 1-87 所示，电磁阀通电，检查是否有工作响声。由于占空比式电磁阀线圈的电阻很小，因此不可与 12V 蓄电池直接相连，否则容易烧毁电磁阀线圈。检测时将蓄电池串联一个低电阻，如一个 8 ～ 10W 的灯泡，然后再与电磁线圈相连，电磁阀应当动作，否则应更换电磁阀。

步骤三 检查电磁阀的漏气。如图 1-88 所示，拆下电磁阀，施加 0.5MPa 的压缩空气，检查电磁阀是否漏气。

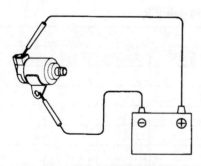

图 1-87   通电检查电磁阀的工作

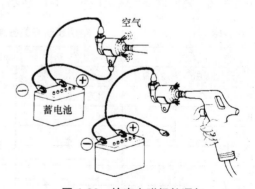

图 1-88   检查电磁阀的漏气

四、自动变速器的检修

电控自动变速器故障诊断与检测一般流程如图 1-89 所示。

（1）先进行常规检查，如自动变速器油液是否缺少等。

（2）用故障诊断仪读取故障码，找到故障码所提示的具体零件。

（3）进行手动换挡试验，根据故障现象分析，进行故障现象确认。

（4）进行失速试验，查找相关部件的机械技术状况。

（5）进行油压试验，检查油泵、调压阀、调速器油压和油路压力。

（6）进行换挡迟滞试验，检查离合器、制动器等部件的磨损程度。

（7）进行道路试验，检查自动换挡点，有无异常噪声、振动、打滑以及发动机的制动作用等。

（8）对电控系统组件及线路进行检查。

（9）结合各项测试结果，推断故障原因和故障部位，直至排除故障。

自动变速器的很多常见故障是由于 ATF 液面高度不正确、油质不良、换挡杆位置不准确等造成的，对这些方面的检查就是自动变速器的基本检查。

图 1-89　电控自动变速器故障诊断与检测一般流程

操作一 ATF 液面高度的检查

如果 ATF 液面高度过高会导致主油压过高，从而出现换挡冲击振动、换挡提前等故障，还会导致空气进入 ATF。如果 ATF 液面高度过低则会导致主油压过低，从而出现换挡滞后、离合器和制动器打滑等故障。

ATF 液面高度检查的具体方法、步骤如下。

步骤一　使发动机冷却液温度和 ATF 温度达到正常工作温度。

步骤二　将车辆停在水平地面，并可靠驻车。

如果热态，则正常

如果非热态，则添加

HOT

COOL

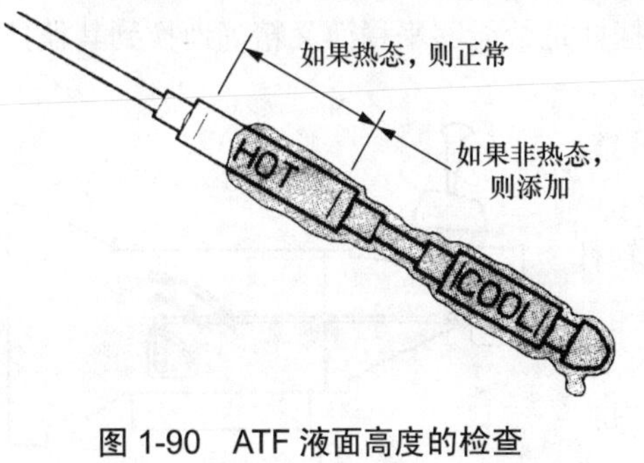

图 1-90　ATF 液面高度的检查

步骤三　发动机怠速运转，将换挡杆由"P"位切换至各挡位，再退回"P"位。

步骤四　拉出变速器油尺，并将其擦拭干净。

步骤五　将油尺全部插回套管。

步骤六　再将油尺拉出，检查油面是否在 HOT 范围，如图 1-90 所示；如果不在，应加油。

操作二 ATF 油质的检查

从油质中可以了解自动变速器具体的损坏情况。油质的好坏主要从以下几个方面进行识别。

步骤一 颜色：ATF 的正常颜色为鲜亮、透明的红色，如果发黑则说明已经变质或有杂质，如果呈粉红色或白色则说明油冷却器进水。

步骤二 气味：正常的 ATF 没有气味，如果有焦糊味，说明 ATF 过热，有摩擦材料烧蚀。

步骤三 杂质：如果 ATF 中有金属切屑，说明有元件严重磨损或损伤；如果 ATF 中有胶质油，说明 ATF 因油温过高或使用时间过长而变质。

> 检查 ATF 油质时，从油尺上闻一闻油液的气味，在手指上蘸少许油液，用手指互相摩擦看是否有颗粒，或将油尺上的油液滴在干净的白纸上，检查油液的颜色及气味。

操作三 **ATF 的更换**

ATF 要按维修要求进行定期更换，更换的周期因车型而异，一般为行驶 2 万～ 4 万千米或 24 个月进行更换一次。其具体更换方法、步骤如下。

步骤一 拆下放油塞，将 ATF 排放到容器中。

步骤二 再将放油塞紧固上。

步骤三 发动机熄火，通过加油管加入新油。

步骤四 起动发动机，将换挡杆由"P"位切换至"L"位，再退回"P"位。

步骤五 检查油位，应在"COOL"范围内。

步骤六 在正常温度（70 ～ 80℃）时检查油位，必要时加油。

> ATF 的选择要按照厂家的推荐。

操作四 **换挡杆位置检查和调整**

将换挡杆从"N"位切换到其他挡位，检查换挡杆是否能够平稳而又精确地换到其他挡位。同时检查挡位指示器是否正确地指示挡位。

如果挡位指示器与正确挡位不一致，进行下述调整。

步骤一 松开换挡杆上的螺母。

步骤二 将控制轴杆向后推到位，然后将控制轴杆退回两个槽口到"N"位，如图 1-91 所示。

步骤三 将换挡杆定位在"N"位。

步骤四 稍微朝"R"位定位换挡杆，拧紧换挡杆螺母。

步骤五 起动发动机，确认换挡杆自"N"位切换到"D"位时，车辆向前移动，而切换到"R"位时，

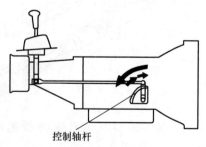

控制轴杆

图 1-91 将控制轴杆移到"N"位

车辆后退。

操作五 空挡起动开关检查和调整

检查发动机是否仅能在换挡杆位于"N"位或"P"位时起动，在其他挡位不能起动。如果不符合要求，则应进行以下调整，如图1-92所示。

步骤一 松开空挡起动开关螺栓，将换挡杆置于"N"位。

步骤二 将槽口对准空挡基准线。

步骤三 定位位置并按规定力矩拧紧螺栓。

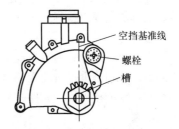

图1-92　空挡起动开关的调整

五、自动变速器性能试验

自动变速器的性能试验是检测自动变速器性能好坏的有效方法，也是自动变速器故障诊断的有效途径，无论是在维修前还是在维修后都应进行相应的性能试验，以判断自动变速器的性能。自动变速器的性能试验包括道路试验、手动换挡试验、失速试验、换挡迟滞试验、油压试验等。

操作一 道路试验

道路试验是诊断、分析自动变速器故障最有效的手段之一。此外，自动变速器在修复之后，也应进行道路试验，以检查其工作性能，检验修理质量。自动变速器的道路试验内容主要包括检查换挡车速、换挡质量以及检查换挡执行元件有无打滑等。在道路试验之前，应先让汽车以中低速行驶5～10min，让发动机和自动变速器都达到正常工作温度。在试验中，通常应将OD开关置于"ON"的位置（即OD OFF熄灭），并将模式选择开关置于常规模式或经济模式。道路试验的内容和方法如下。

步骤一 升挡检查

将换挡杆置于"D"位，踩下加速踏板，使节气门开度保持在50%左右，让汽车起步加速，检查自动变速器的升挡情况。自动变速器在升挡时发动机的转速瞬时下降，同时车身有轻微的振动感。正常情况下，汽车起步后随着车速的升高，试车者应能感觉到自动变速器顺利地由1挡升入2挡，随后再由2挡升入3挡，最后升入超速挡。若自动变速器不能升入高挡（3挡或超速挡），说明控制系统或换挡执行元件有故障。

步骤二 升挡车速的检查

在上述升挡检查的过程中，当察觉到自动变速器升挡时，记下升挡车速。一般4挡自动变速器在节气门开度50%时由1挡升至2挡的车速为25～35km/h，由2挡升至3挡的车速为55～70km/h，由3挡升至4挡（超速挡）的车速为90～120km/h。由于升挡车速和节气门开度有很大的关系，即节气门开度不同时，升挡车速也不同，而且不同车型的自动变速器各挡位传动比的大小都不相同，其升挡车速也不完全一样。因此，只要升挡车速基本保持在上述范围内，而且汽车行驶中加速良好，无明显的换挡冲击，都可认为其升挡车速基本正常。若汽车行驶中加速无力，升挡车速明显低于上述范围，说明升挡车速过低（即升挡提前）；若汽车行驶中有明显的换挡冲击，升挡车速明显高于上述范围，说明升挡车速过高（即升挡滞后）。

升挡车速太低一般是控制系统的故障所致；升挡车速太高则可能是控制系统的故障所致，也可能是换挡执行元件的故障所致。

步骤三 换挡质量的检查

换挡质量的检查内容主要是检查有无换挡冲击。正常的自动变速器只能有不太明显的换挡冲击，特别是电控自动变速器的换挡冲击应十分微弱。若换挡冲击太大，说明自动变速器的控制系统或换挡执行元件有故障，其原因可能是主油压高或换挡执行元件打滑，应做进一步的检查。

步骤四 锁止离合器工作状况的检查

自动变速器液力变矩器中锁止离合器的工作是否正常也可以采用道路试验的方法进行检查。试验中，让汽车加速至超速挡，以高于80km/h的车速行驶，并让节气门开度保持在低于50%的位置，使变矩器进入锁止状态。此时，快速将加速踏板踩下使节气门开度超过85%，同时检查发动机转速的变化情况。若发动机转速没有太大的变化，说明锁止离合器处于接合状态；反之，若发动机转速升高很多，则表明锁止离合器没有接合，其原因通常是锁止控制系统有故障。

步骤五 发动机制动作用的检查

检查自动变速器有无发动机制动作用时，应将换挡杆置于"2"位或"L"位。在汽车以2挡或1挡行驶时，突然松开加速踏板，检查是否有发动机制动作用。若松开加速踏板后车速立即随之下降，说明有发动机制动作用；否则说明控制系统或换挡执行元件有故障。

步骤六 强制降挡功能的检查

检查自动变速器强制降挡功能时，应将换挡杆置于"D"位，保持节气门开度为30%左右，在以2挡、3挡或超速挡行驶时突然将加速踏板完全踩到底，检查自动变速器是否被强制降低一个挡位。在强制降挡时，发动机转速会突然升至4 000r/min左右，并随着加速升挡，转速逐渐下降。若踩下加速踏板后没有出现强制降挡，说明强制降挡功能失效。若在强制降挡时发动机转速升高反常，达5 000r/min，并在升挡时出现换挡冲击，则说明换挡执行元件打滑，应拆修自动变速器。

操作二 手动换挡试验

手动换挡试验用于判断自动变速器故障来自电控系统还是机械系统。手动换挡试验是将电控自动变速器所有换挡电磁阀的线束插接器全部脱开，此时ECU不能控制换挡，自动变速器的挡位取决于换挡杆位置。不同车型电控自动变速器在脱开换挡电磁阀线束连接器后，其挡位和换挡杆的关系不同。丰田轿车的各种电子控制自动变速器在脱开换挡电磁阀线束连接器后，其挡位和换挡杆的关系如表1-20所示。

表1-20　　　　　　　　　　挡位和换挡杆的关系

换挡杆位置	"D"位	"2"位	"L"位	"R"位	"P"位
挡位	4挡	3挡	1挡	倒挡	锁定棘轮

其具体试验步骤如下。

步骤一 脱开电控自动变速器所有换挡电磁阀的线束连接器。

步骤二 起动发动机，将换挡杆拨至不同位置，然后上路进行试车。

步骤三 观察发动机转速和车速的对应关系，以判断自动变速器所处的挡位。不同挡位时发动机转速与车速的关系可参照表1-21。

表1-21　　　　　　　　　　　不同挡位时发动机转速与车速的关系

挡位	发动机转速/（r·min^{-1}）	车速/（km·h^{-1}）
1挡	2 000	18～22
2挡	2 000	34～38
3挡	2 000	50～55
OD挡	2 000	70～75

步骤四 不同挡位的发动机转速与车速同标准值相比较，如果出现异常，说明故障在机械系统。

步骤五 试验结束后插上换挡电磁阀连接器，清除故障码。

操作三 失速试验

在前进挡或倒挡中，踩住制动踏板并完全踩下加速踏板时，发动机处于最大扭矩工况，而此时自动变速器的输出轴及输入轴均静止不动，变矩器的涡轮不动，只有变矩器壳及泵轮随发动机一同转动，此工况称为失速工况，此时发动机的转速称为失速转速。失速试验用于检查发动机输出功率、变矩器及自动变速器中制动器和离合器等换挡执行元件的工作是否正常。

（1）准备工作

步骤一 让汽车行驶至发动机和自动变速器均达到正常工作温度。

步骤二 检查汽车的行车制动和驻车制动，确认其性能良好。

步骤三 检查自动变速器液压油高度，应正常。

（2）试验步骤

自动变速器失速试验的试验步骤示意图如图1-93所示，一般流程如图1-94所示。

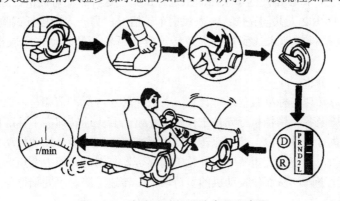

图1-93　失速试验的试验步骤示意图

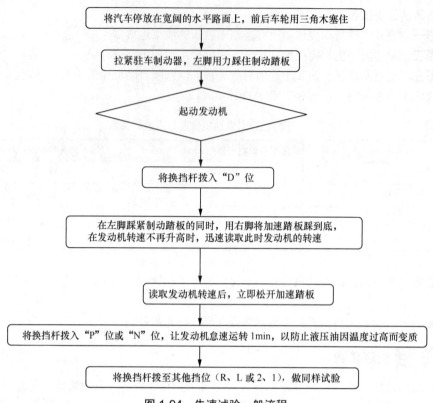

图 1-94　失速试验一般流程

（3）注意事项

① 在正常工作温度下进行该试验（50 ～ 80℃）。

② 该试验连续进行不得超过 5s。

③ 在每一个挡位试验完成后，不要立即进行下一个挡位的试验，要等油温下降后再进行。

④ 试验后不要立即熄火，让发动机怠速运转几分钟，以便使液压油温度降至正常。

⑤ 为保证安全，请在宽阔的水平路面上进行试验。这种路面可提供良好的附着力。

⑥ 失速试验应由 2 人共同完成：一人观察车轮情况，另一人应进行试验。

⑦ 如果在发动机转速未达到规定失速转速时，后轮开始转动，应放松加速踏板停止试验。

（4）试验结果分析

将测得的失速转速与标准数值进行比较，若失速转速与标准值相符，说明自动变速器的油泵、主油路油压及各个换挡执行元件工作基本正常；若失速转速高于标准值，说明主油路油压过低或换挡执行元件打滑；若失速转速低于标准值，则可能是发动机动力不足或液力变矩器有故障。例如，当液力变矩器中的导轮单向离合器打滑时，液力变矩器在液力耦合工况下工作，其变矩比下降，从而使发动机的负荷增大，转速下降。不同挡位失速转速不正常的原因如表 1-22 所示。

表1-22

不同挡位失速转速不正常的原因

换挡杆位置	失速转速	故障原因
所有位置	过高	主油路油压过低； 前进挡和倒挡的转换执行元件打滑； 低挡及倒挡制动器打滑
	过低	发动机动力不足； 变矩器导轮的单向离合器打滑
"D"位	过高	前进挡油路油压过低； 前进离合器打滑
"R"位	过高	倒挡油路油压过低； 倒挡及高挡离合器打滑

操作四 换挡迟滞试验

在发动机怠速运转时将换挡杆从空挡拨至前进挡或倒挡后，需要一段时间的迟滞或延时才能使自动变速器完成换挡工作，这一时间称为自动变速器换挡迟滞时间。根据迟滞时间的长短可判断主油路油压及换挡执行元件的工作是否正常。迟滞时间的大小取决于自动变速器油路油压、油路密封情况以及离合器和制动器的磨损情况。

（1）试验步骤

自动变速器换挡迟滞试验的试验步骤示意图如图1-95所示，一般流程如图1-96所示。

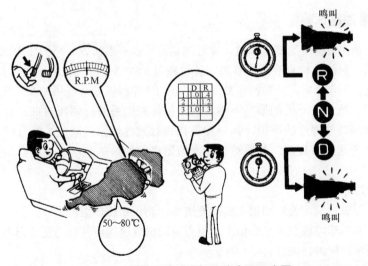

图1-95 换挡迟滞试验的试验步骤示意图

（2）试验结果分析

大部分自动变速器N～D延时时间小于1.2s，N～R延时时间小于1.5s。若N～D延时时间过长，说明油路油压过低，前进离合器摩擦片磨损过多或前进挡单向离合器工作不良；若 N ～ R 延时时间过长，说明倒挡主油路油压过低、倒挡离合器或倒挡制动器磨损过大或工作不良。

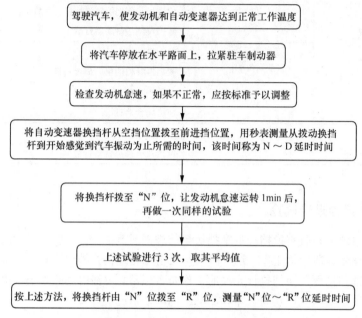

图 1-96　换挡迟滞试验一般流程

操作五 油压试验

　　油压试验是在自动变速器工作时，通过测量液压控制系统各油路的压力来判断各元件的功能是否正常，目的是检查液压控制系统各管路及元件是否漏油及各元件（如液力变矩器、蓄压器等）是否工作正常，从而判断故障是在自动变速器机械系统还是在液压系统。油压过高，使自动变速器出现严重的换挡冲击，甚至损坏控制系统；油压过低，会造成换挡执行元件打滑，加剧其摩擦片的磨损，甚至使换挡执行元件烧毁。因此，在分解修理自动变速器之前和自动变速器修复后，都要对自动变速器进行油压试验，以确保自动变速器的维修质量。

　　（1）试验准备

　　步骤一　驾驶汽车，使发动机及自动变速器达到正常工作温度。

　　步骤二　将汽车停放在水平路面上，检查发动机怠速运转时自动变速器液压油的液面高度。如果不正常，应进行调整。

　　步骤三　准备一个量程为 2MPa 的压力表。

　　步骤四　找出自动变速器各个油路测压孔的位置。通常在自动变速器外壳上有几个用方头螺塞堵住的用于测量不同油路压力的测压孔。如果没有资料确定各油路的测压孔时，可举升车辆，在发动机运转时分别将各个测压孔螺塞松开少许，观察各测压孔在换挡杆位于不同挡位时是否有压力油流出，以此判断各油路测压孔的位置。

换挡杆位于前进挡或倒挡时都有压力油流出，为主油路测压孔。

换挡杆位于前进挡时才有压力油流出，为前进挡油路测压孔。

换挡杆位于倒挡时才有压力油流出，为倒挡油路测压孔。

换挡杆位于前进挡，并且在驱动轮转动后才有压力油流出，为调速器油路测压孔。

（2）试验步骤

油压试验的试验步骤示意图如图 1-97 所示。

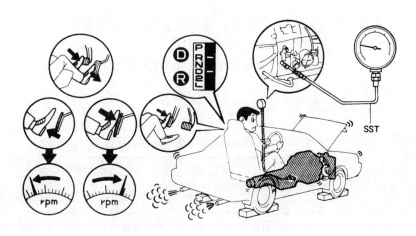

图 1-97　油压试验的试验步骤示意图

步骤一　前进挡主油路油压的测试。前进挡主油路油压的测试一般流程如图 1-98 所示。

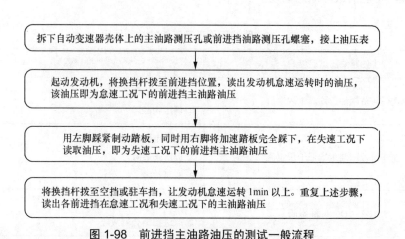

图 1-98　前进挡主油路油压的测试一般流程

步骤二　倒挡主油路油压测试。倒挡主油路油压的测试一般流程如图 1-99 所示。

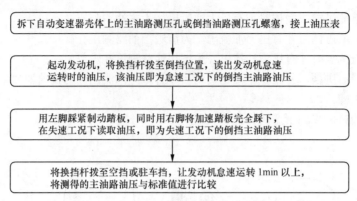

图 1-99　倒挡主油路油压的测试一般流程

丰田 A341E 自动变速器的主油压值如表 1-23 所示。

表 1-23　　　　　　　　　　丰田 A341E 自动变速器的主油压值

"D"位		"R"位	
怠速/kPa	失速/kPa	怠速/kPa	失速/kPa
363～422	902～1147	500～598	1 236～1 589

如果测得的油压未达到规定值，重新检查节气门拉索的调整情况并重复做油压测试。

（3）试验结果分析

不同车型自动变速器的主油路油压不完全相同。若主油路油压不正常，说明油泵或控制系统有故障，可能的故障原因如表 1-24 所示。

表 1-24　　　　　　　　　　主油路油压不正常可能的故障原因

主油路油压试验结果	故障原因
在任何范围油压均高于规定值	① 换挡电磁阀故障。 ② 调压阀故障
在任何范围油压均低于规定值	① 换挡电磁阀故障。 ② 调压阀故障。 ③ 油泵故障
只在"D"位油压低	① "D"位油路泄漏。 ② 前进挡离合器故障
只在"R"位油压低	① "R"位油路泄漏。 ② 直接挡离合器故障。 ③ 倒挡制动器故障

六、自动变速器常见故障现象及原因分析

自动变速器常见故障现象及原因分析如表 1-25 所示。

表 1-25　　　　　　　　　　自动变速器常见故障现象及原因分析

故障	现象	原因
汽车不能行驶	（1）无论换挡杆位于倒挡、前进挡或前进低挡，汽车都不能行驶。 （2）冷车起动后汽车能行驶一小段路程，但在热车状态下汽车不能行驶	（1）因泄漏而使变速器油过少或漏光，从而导致变矩器不能传递动力或变速器换挡执行机构不能正常工作。 （2）油泵损坏或油泵进油滤网严重堵塞，导致自动变速器主油路不能建立正常油压，从而使汽车不能行驶。 （3）换挡杆与手动阀之间的连接杆或拉索松脱，使得换挡杆置于倒挡或前进挡时，手动阀仍然在空挡或驻车挡位置。 （4）液压控制系统中的主油路油压调节器有堵塞，从而导致变矩器不能传递动力或变速器换挡执行机构不能正常工作。 （5）变速器齿轮机构损坏或不能传递动力。 （6）液力变矩器损坏或不能传递动力
自动变速器打滑	（1）在起步踩下加速踏板时，发动机转速上升很快但车速上升很慢。 （2）在加速时，发动机转速很高但车速不能很快提高。 （3）在平坦路面上行驶基本正常，但上坡行驶无力，且发动机转速很高	（1）变速器油液面过低而导致主油路油压太低，导致离合器和制动器打滑。 （2）液压油液面太高，运转中被行星排搅动后产生大量气泡。 （3）离合器或制动器摩擦片（或制动器制动带）磨损严重或已烧焦而引起打滑。 （4）油泵磨损严重或主油路有泄漏而造成主油路油压过低。 （5）自动变速器中单向离合器打滑。 （6）离合器或制动器活塞密封圈损坏而漏油，导致油压过低。 （7）减振器活塞密封圈损坏，导致漏油
换挡冲击大	在自动变速器换挡杆从驻车挡或空挡挂入前进挡或倒挡时，汽车会有明显的振动；汽车行驶时，自动变速器升挡的瞬间，汽车会有明显的冲击	（1）发动机的怠速过高而引起换挡时的冲击。 （2）节气门拉索或节气门位置传感器调整不当而使主油路的油压过高，导致换挡冲击。 （3）主油路油压调节器不良而使主油路的油压过高，导致换挡冲击。 （4）油压电磁阀或线路不良而使主油路油压异常。 （5）减振器不良（如活塞卡住）而使换挡瞬间油压过高导致换挡冲击。 （6）单向阀损坏或单向阀钢球漏装而导致换挡执行元件接合过快。 （7）换挡执行元件打滑。 （8）升挡过迟而引起换挡冲击。 （9）自动变速器ECU故障
不能升挡	汽车在行驶过程中，自动变速器始终在1挡，不能升入2挡，或能升入2挡，但不能升入3挡或超速挡	（1）节气门拉索或节气门位置传感器位置不当。 （2）车速传感器不良。 （3）2挡制动器或高挡离合器有故障。 （4）换挡阀卡滞。 （5）挡位开关不良。 （6）换挡执行元件打滑。 （7）自动变速器ECU不良

故障	现象	原因
升挡过迟	汽车在行驶过程中，自动变速器升挡的车速明显过高，升挡时发动机的转速也明显高于正常值	（1）节气门拉索或节气门位置传感器调整不当。 （2）节气门位置传感器不良。 （3）车速传感器或其电路不良。 （4）主油路油压调节阀或油压电磁阀不良。 （5）自动变速器ECU故障
无前进挡	（1）汽车倒挡行驶正常，在前进挡不能行驶。 （2）换挡杆置于"D"位时不能起步，在"S"位或"L"位时则可以起步	（1）前进离合器打滑。 （2）前进单向离合器打滑或装反。 （3）前进离合器控制油路严重泄漏。 （4）换挡杆位置调整不当
无倒挡	汽车挂前进挡能正常行驶，但挂入倒挡时就不能行驶	（1）自动变速器换挡杆位置不当。 （2）倒挡控制油路泄漏。 （3）倒挡及高挡离合器或低挡及倒挡制动器打滑
频繁跳挡	汽车在行驶过程中，加速踏板没动，但经常会出现突然降挡	（1）节气门位置传感器不良或其线路连接不良。 （2）车速传感器不良或其线路连接不良。 （3）换挡电磁阀或其线路连接不良。 （4）自动变速器ECU有故障
无发动机制动作用	（1）汽车在行驶过程中，自动变速器手柄在S挡或L挡位时，松开制动踏板无发动机制动作用。 （2）下坡时，换挡杆位于前进低挡，但不能产生发动机制动作用	（1）挡位开关位置调整不当。 （2）自动变速器换挡杆位置不当。 （3）2挡强制制动器打滑或低挡及倒挡制动器打滑。 （4）发动机制动控制电磁阀不良。 （5）自动变速器阀体有故障。 （6）自动变速器有故障（打滑）。 （7）电子控制系统有故障
不能强制降挡	汽车在高挡行驶时，突然将加速踏板踩到底，不能使自动变速器立即降低一个挡位，导致汽车加速无力	（1）节气门拉索或节气门位置传感器调整不当。 （2）强制降挡开关接触不良或位置不对。 （3）强制降挡控制阀损坏或其线路不良。 （4）强制降挡控制阀卡滞
ATF易变质	更换后的ATF在较短的时间里就会变质、ATF温度过高（ATF有焦味或可从加油口看到冒烟）	（1）使用不当造成油温过高而导致ATF过早变质，如急加速过于频繁，经常超负荷行驶，经常超速行驶等。 （2）ATF本身质量不佳，使用的ATF本身质量未达到使用要求或受到污染。 （3）变速器至变速器油散热器通道有堵塞。 （4）变速器中离合器或制动器的间隙过小，在不工作时摩擦打滑，造成油温过高而变质。 （5）主油路油压过低，使得离合器或制动器在工作时打滑而造成油温过高

任务二 无级变速器的检修

（1）熟悉无级变速器的基本组成与工作原理。
（2）熟悉典型车型无级变速器的结构与工作原理。
（3）掌握无级变速器的检查方法与维护方法。
（4）培养严谨细致的工作态度。

文档

培养严谨细致的
工作态度

□ 任务引入 □

　　一辆日产天籁轿车，装备无级变速器，该车在加速时车辆颤抖，同时出现异响。根据以往的维修经验，分析该车产生故障的主要原因可能是变速器油压不足或者过高导致链条损坏或者链条打滑。

　　该车故障现象为典型的无级变速器故障。为了正确地判断无级变速器的故障，查明故障原因，汽车维修人员必须全面认识和了解无级变速器，熟悉无级变速器的结构与工作原理，掌握无级变速器的故障检查与维护方法。

□ 相关知识 □

一、无级变速器的基本知识

　　汽车上装配的变速器除了手动变速器（MT）和自动变速器（AT）外，还装有无级变速器（Continuously Variable Transmission，CVT），它应用于雷克萨斯 CT200h、奥迪 A6、斯巴鲁、雅阁、帝豪、比亚迪、思域、长城、旗云、飞度、阳光、天籁、轩逸、逍客、骐达及丰田 RAV4 等众多车型。无级变速器能实现传动比的连续变化，并且比其他两种变速器体积小，结构简单，因此被多种车型采用，成为变速器发展的主流品种。

　　图 1-100 所示为东风日产阳光轿车和斯巴鲁汽车 CVT 实物。

（a）东风日产阳光轿车 CVT 实物　　　　（b）斯巴鲁汽车 CVT 实物

图 1-100　CVT 实物

目前常见的 CVT 是金属带式 CVT 和传动链式 CVT，下面对金属带式 CVT 进行简单介绍。

1. 金属带式 CVT 的优点

（1）结构简单，体积小，大批量生产后的成本低于液力自动变速器。

（2）理论上挡位可以无限多，挡位设定更为自由，工作速比范围宽，容易与发动机形成理想的匹配，从而改善燃烧过程，降低油耗和排放。

（3）具有较高的传动效率，功率损失少，经济性高。

（4）由于没有了一般自动变速器的传动齿轮，也就没有了自动变速器的换挡过程，由此带来的换挡顿挫感也随之消失，因此 CVT 的动力输出是线性的，在实际驾驶中非常平顺。

2. 金属带式 CVT 的缺点

（1）由于金属带所能承受的力量有限，应用范围受限制，故 CVT 一般只能应用在 2.8L 排量或 300N·m 功率以下的发动机上。目前金属带的问题正在逐步得到改善。

（2）相比于传统自动变速器而言，其成本要高，而且若使用操作不当，出现故障的概率更高。

3. 金属带式 CVT 的基本结构

金属带式 CVT 的基本结构如图 1-101 所示，它主要由主动带轮、从动带轮和金属传动带（或传动链）所组成。

金属传动带将动力从主动带轮传送到从动带轮。一般车型（如国产长城汽车）CVT 使用的是宽为 24 mm 的推式金属传动带，它由钢带和钢片组成，如图 1-102 所示。

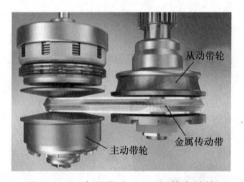

图 1-101　金属带式 CVT 的基本结构

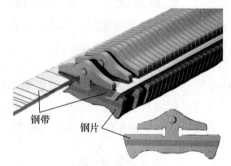

图 1-102　金属传动带

动画

无级变速器工作原理

传动带由 450 片钢片和 24 根钢带固定到一起，每边 12 根钢带。钢带上一般有箭头标记，箭头为传动方向。

4. 金属带式 CVT 的基本工作原理

金属带式 CVT 的工作原理如图 1-103 所示。

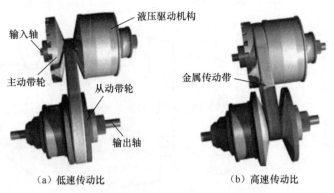

图 1-103　金属带式 CVT 的工作原理

　　变速部分的主动带轮和从动带轮都是由 2 个带有锥面结构的半个带轮组成，其中一个半轮是固定的，称为固定盘，而另一个半轮则可以通过液压控制系统控制其轴向移动，称为可动盘，它们的锥面所形成的 V 形槽与 V 形金属带啮合。

　　由于 2 个带轮之间的中心距是固定的，因此可通过调节主动带轮的可动盘与从动带轮的可动盘的轴向移动（即当其中一个带轮的 V 形槽变窄时，另一个带轮的 V 形槽就会变宽），来改变主动带轮、从动带轮与 V 形传动带啮合的工作半径，从而改变传动比，使之按低速或高速传动比输出动力。

　　由于 2 个带轮的直径可以连续无级变化，所以形成的传动比也是连续无级变化的。

二、典型车型 CVT 的结构与工作原理

　　下面以奥迪 Multitronic CVT（该无级变速器的内部编号为 01J）为例对 CVT 的基本组成和工作过程进行介绍。

1. 基本组成

　　奥迪 01J CVT 主要由缓冲减振装置（飞轮减振装置）、动力连接装置（制动器、离合器、行星齿轮机构等）、速比变换器、传动带、液压控制系统和电子控制系统等组成，如图 1-104 所示。

　　发动机输出扭矩通过飞轮减振装置传递给变速器输入轴，前进挡和倒挡是通过动力连接装置中的前进挡离合器、倒挡制动器和行星齿轮机构实现的。变速器的动力通过动力连接装置中的辅助减速齿轮组传到速比变换系统，并由此传到主减速器、差速器。速比变换系统是变速器的关键部件，它可以实现变速比在允许范围内无级调节，能提供一个合适的传动比，使发动机总是工作在最佳转速范围内，实现汽车动力性和经济性的最优化。液压控制系统和电子控制系统集成一体，位于变速器内部，它们主要用来控制液压系统压力和变速器的速比变化。

文档

奥迪 A6L 轿车
CVT

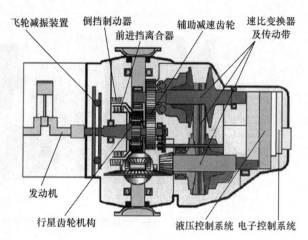

飞轮减振装置　倒挡制动器　辅助减速齿轮　速比变换器及传动带

前进挡离合器

发动机

行星齿轮机构　　　液压控制系统　电子控制系统

图 1-104　奥迪 01J CVT 的基本组成

（1）缓冲减振装置

由于奥迪 01J CVT 取消了变矩器，因此在 CVT 上需要 1 个缓冲减振装置来缓冲飞轮转动的不均匀对变速器所形成的扭转振动。奥迪 V6 2.8L 发动机采用飞轮减振装置，奥迪 A4 1.8L 四缸发动机采用双质量飞轮作为缓冲减振装置。

（2）动力连接装置

动力连接装置包括前进挡离合器、倒挡制动器、行星齿轮机构和辅助减速齿轮，其传动简图如图 1-105 所示。

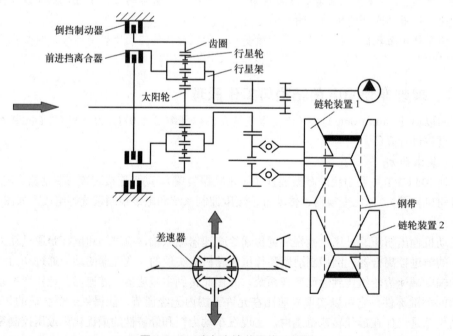

倒挡制动器

前进挡离合器

齿圈

行星轮

行星架

太阳轮

链轮装置1

差速器

钢带

链轮装置2

图 1-105　动力连接装置传动简图

① 前进挡离合器和倒挡制动器。它们是该变速器的起动装置，并与行星齿轮机构一起实现前进挡和倒挡。前进挡离合器用于连接输入轴和行星齿轮机构的行星架，倒挡制动器用于固定行星齿轮机构的齿圈，两者均采用湿式多片式结构，这与前述的自动变速器中的离合器和制动器的结构是相同的。

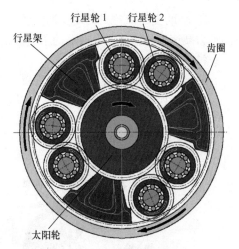

图 1-106　行星齿轮机构简图

② 行星齿轮机构。它由齿圈、2 个行星轮、行星架和太阳轮组成，如图 1-106 所示。当太阳轮顺时针转动时，驱动行星轮 1 逆时针转动，再驱动行星轮 2 顺时针转动，最后驱动齿圈也顺时针转动。

提示

　　作为输入元件的太阳轮与输入轴和前进挡离合器钢片相连接，作为输出元件的行星架与辅助减速齿轮的主动齿轮和前进挡离合器的摩擦片相连接，齿圈和倒挡制动器摩擦片相连接，倒挡制动器钢片和变速器壳体相连接。

　　a. P/N 挡的动力传递路线。换挡杆处于"P"位或"N"位时，前进挡离合器和倒挡制动器都不工作。发动机的扭矩通过与输入轴相连接的太阳轮传到行星齿轮机构并驱动行星轮 1，行星轮 1 再驱动行星轮 2，行星轮 2 与齿圈相啮合。车辆尚未行驶时，作为辅助减速齿轮输入部分的行星架（行星齿轮机构的输出部分）的阻力很大，处于静止状态，齿圈以发动机转速一半的速度怠速运转，旋转方向与发动机相同。

　　b. 前进挡的动力传递路线。换挡杆处于"D"位时，前进挡离合器工作。由于前进挡离合器钢片与太阳轮连接，摩擦片与行星架相连接，此时，太阳轮（变速器输入轴）与行星架（输出部分）连接，行星齿轮机构被锁死成为一体，并与发动机运转方向相同，传动比为 1。

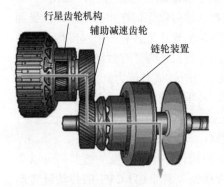

图 1-107　辅助减速齿轮的作用

　　c. 倒挡的动力传递路线。换挡杆处于"R"位时，倒挡制动器工作。由于倒挡制动器摩擦片与齿圈相连接，钢片与变速器壳体相连接，此时，齿圈被固定，太阳轮（输入轴）主动，扭矩传递到行星架，由于是双行星齿轮（其中一个为惰轮），所以行星架就会以与发动机旋转方向相反的方向运转，车辆向后行驶。

　　③ 辅助减速齿轮。如图 1-107 所示，由行星齿轮机构中的行星架输出的动力，经辅助减速齿轮传递到链轮装置，即传到速比变换器。

④ 辅助变速齿轮。辅助变速齿轮是一对普通变速齿轮机构，用于将行星齿轮机构传来的动力减速后传给速比变换器的主动链轮，由于受空间限制，其传动比为 1.109。

（3）速比变换器

速比变换器是 CVT 最重要的装置，其功用是实现无级变速传动。

速比变换器由主动链轮装置、从动链轮装置和传动链等组成，如图 1-108 所示。

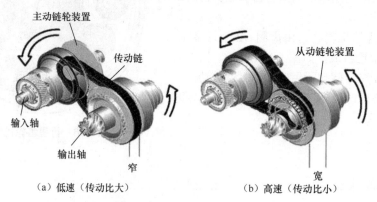

（a）低速（传动比大）　　　　　　　　　　（b）高速（传动比小）

图 1-108　速比变换器的组成

主动链轮由发动机通过辅助减速齿轮驱动，发动机扭矩由传动链传递到从动链轮装置，并由此传给主减速器。

每组链轮装置中的其中 1 个链轮可沿轴向移动，来调整传动链的跨度尺寸，从而连续地改变传动比。

2 组链轮装置必须同步进行，这样才能保证传动链始终处于张紧状态，以保证传动链和链轮之间的有足够的接触压力。

① 传动链轮。速比变换器传动链轮的工作模式是基于双活塞工作原理的，如图 1-109 所示。其特点是利用少量的压力油就可以很快地进行换挡，这可以保证在相对低压时，锥面链轮与传动链之间有足够的接触压力。在链轮装置 1 和链轮装置 2 上各有一个保证传动链轮和传动链之间正常接触压力的压力缸和用于调整变速比的分离缸。为了有效地传递发动机扭矩，锥面链轮和传动链之间需要很高的接触压力，接触压力通过调节压力缸内的油压产生。压力缸表面积很大，能够在低压时提供所需的接触压力。液压系统泄压时，主动链轮膜片弹簧和从动链轮的螺旋弹簧产生一个额定的传动链条基础张紧力（接触压力）。在卸压状态下，速比变换器起动，传动比由从动链轮的螺旋弹簧弹力调整。

② 传动链。如图 1-110 所示，奥迪 01J CVT 的传动链采用了不等长度的链节，可以有效防止共振，并减小运动噪声。与传统的滑动带或 V 带相比，奥迪 01J CVT 的传动链传递扭矩大，传动效率高，很小的跨度半径就可以产生很大范围的传动比变化。

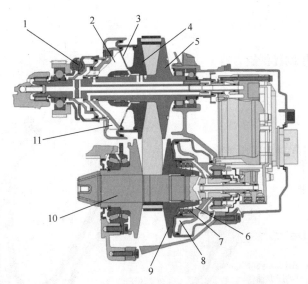

图 1-109　速比变换器传动链轮的工作原理

1—扭矩传感器；2、8—压力缸；3—膜片弹簧；4—锥面链轮1；5—链轮装置1；

6、11—分离缸；7—螺旋弹簧；9—锥面链轮2；10—链轮装置2

（4）液压控制系统

CVT的液压控制系统也像自动变速器的液压控制系统一样，担负着用油元件的供油、系统油压的控制、油路的转换控制以及冷却、润滑控制等功能。

① 供油装置。供油系统的主要部件是油泵，油泵是变速器中消耗动力的主要部件。奥迪01J CVT的供油装置采用的是带月牙形密封的内啮合齿轮泵，它直接装在液压控制单元上，形成一个整体，并直接由输入轴通过直齿轮驱动泵轴转动，减少了压力损失。由于该油泵内部零部件公差要求很高，所以油泵内部密封良好，在发动机低速下仍可产生高压。

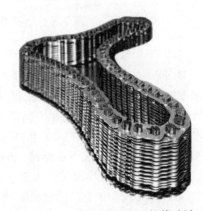

图 1-110　奥迪 01J CVT 的传动链

另外，供油系统为了保证充分冷却离合器和制动器，特别装有吸气喷射泵。吸气喷射泵集成在离合器冷却系统中，以供应冷却离合器所需的润滑油量。吸气喷射泵为塑料结构，并且凸向油底壳深处，其内部结构如图 1-111 所示。

吸气喷射泵是根据文丘里管原理工作的。当离合器需要冷却时，冷却油（ATF）从油泵出来，通过吸气喷射泵进行导流并形成动力喷射流，润滑油流经泵的真空部分产生一定真空。将油从油底壳中吸出，并与动力喷射流一起形成一股大量的油流，在不增加油泵容积的情况下，冷却油量几乎加倍。

② 液压控制单元。液压控制单元与油泵和变速器控制单元集成为一个小型的不可分单元。液压控制单元和变速器控制单元直接插接在一起。液压控制单元由手动换挡阀、9 个液压阀和 3 个电磁控制阀组成，主要完成以下功能。

a. 前进挡离合器 / 倒挡制动器控制。

b. 调节离合器压力。

c. 冷却离合器。

d. 为接触压力控制提供压力油。

e. 传动控制。

f. 为飞溅润滑油罩盖供油。

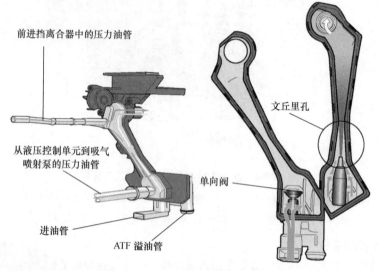

图 1-111　吸气喷射泵的内部结构

③ 液压控制油路。液压控制系统的油路如图 1-112 所示。为防止系统工作压力过高，限压阀将油泵产生的最高压力限制在 0.82MPa，并通过输导控制阀向 3 个压力调节电磁阀提供一个恒定的 0.5MPa 的输导控制压力。压力阀防止起动时油泵吸入空气，当油泵输出功率高时，压力阀打开，允许 ATF 从回油管流到油泵吸入侧，从而提高油泵效率。施压阀控制系统压力，在各种工况下都始终能够提供足够的油压。电磁阀 N88、N215 和 N216 是压力控制阀，它们将控制电流转变为相应的液压控制压力。

④ 冷却系统。来自主动链轮装置 1 的自动变速器油（ATF），最初流经 ATF 散热器（ATF 散热器与发动机散热器集成在一起）之后，在流回液压控制单元前流经 ATF 滤清器，如图 1-113 所示。图中差压阀 DDV1 防止 ATF 冷却器压力过高。当 ATF 温度低时，供油管和回油管建立起的压力有很大不同。达到标定压差，差压阀 DDV1 打开，供油管与回油管直接接通，使 ATF 温度迅速升高。当 ATF 滤清器的流动阻力过高时（如滤芯堵了），差压阀 DDV2 打开，阻止 DDV1 打开。

　　为了保护离合器不暴露在高温之下，离合器由单独的油流来冷却（特别是在苛刻条件下行驶）。

　　为了减少离合器冷却时的动力损失，冷却油流由控制单元控制。

　　冷却油可通过吸气喷射泵来增加，而不必对油泵容量有过高的要求。

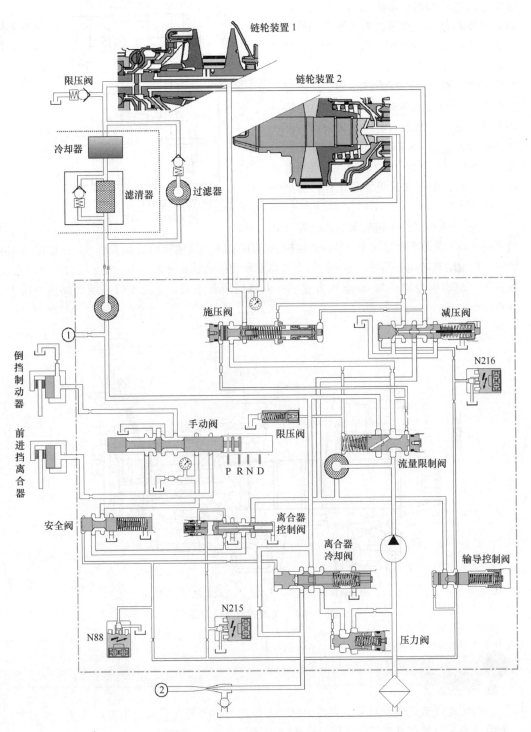

链轮装置 1

链轮装置 2

限压阀

冷却器

滤清器

过滤器

施压阀

减压阀

N216

①

倒挡制动器

前进挡离合器

手动阀

限压阀

流量限制阀

P R N D

安全阀

离合器控制阀

离合器冷却阀

输导控制阀

N88

N215

压力阀

②

图 1-112 液压控制系统的油路

前进挡离合器的冷却油和压力油是通过变速器输入轴的孔道流通的。两油路由钢管将彼此分开，变速器输入轴出油孔上安装有"润滑油分配器"，将润滑油引导到前进挡离合器或倒挡制动器。在离合器工作的同时，离合器冷却系统接通。变速器控制单元向电磁阀 N88 提供一额定电流，该电流产生一控制压力，控制离合器冷却阀（KKV）工作，KKV 将压力从冷却油回油管传到吸气喷射泵（吸气泵），吸气喷射泵（吸气泵）根据文丘里原理工作，对离合器进行冷却。

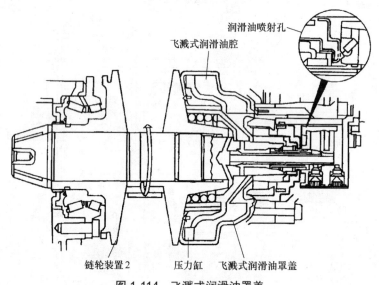

图 1-113　ATF 冷却系统

⑤ 润滑系统。位于链轮装置 2 上的飞溅式润滑油罩盖是变速器又一个独特的结构，它可阻止压力缸建立起动态压力，其结构如图 1-114 所示。在发动机转速很高时，压力缸内变速器油承受很高的旋转离心力，使其压力上升，此过程称为"动态压力建立"。动态压力建立并非我们所希望的，它能不恰当地提高接触压力，并对传动控制产生有害的影响。

图 1-114　飞溅式润滑油罩盖

　　封闭在飞溅式润滑油罩盖内的油承受与压力缸内油相同的动态压力，这样，压力缸内的动态压力得到补偿。

飞溅式润滑油腔通过燃油喷射孔直接从液压控制单元处获得润滑油，通过此孔，润滑油连续喷入飞溅润滑油腔入口。

飞溅式润滑油腔容积减少（当改变传动比时）使润滑油从供油口排出。

（5）电子控制系统

奥迪 01J CVT 的电子控制系统的组成如图 1-115 所示，它主要由 ECU、输入装置（传感器、开关）和输出装置（电磁阀）3 部分组成。其特点是 ECU 集成在速比变换器内，ECU 直接用螺栓紧固在液压控制单元上。3 个压力调节阀与 ECU 间直接通过坚固的插头连接（S 形接头），没有连接线。ECU 用一个 25 针脚的小型插头与汽车线束相连。电子控制系统更具特点的是集成在 ECU 内的传感器技术，壳体容纳全部的传感器，因此不再需要线束和插头，这种结构大大提高了工作效率和可靠性。另外将发动机转速传感器和多功能开关设计成霍尔传感器，霍尔传感器没有机械磨损，信号不受电磁干扰，这使其可靠性进一步提高。

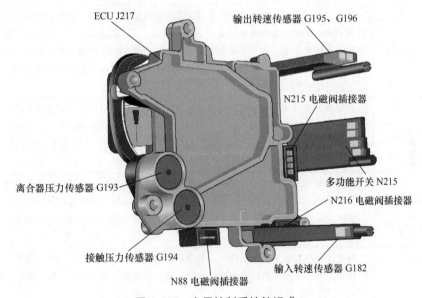

图 1-115　电子控制系统的组成

传感器为 ECU 的集成部件，若某个传感器损坏，必须更换 ECU。

① ECU。ECU J217 的主要功能如表 1-26 所示。

表1-26   ECU J217 的主要功能

功能	说明
微量打滑控制	微量打滑控制功能是针对离合器进行控制，它能减缓发动机产生的扭转振动，在部分负荷下，离合器特性被调整到发动机输出扭矩为160N·m时的状态。 当发动机转速上升到大约1 800r/min时，发动机输出扭矩达到220N·m左右，此时离合器进入"微量打滑"模式下工作。在此工作模式下，变速器输入轴和主动链轮装置之间的打滑率保持在5～20r/min
动态换挡控制程序	ECU J217有1个动态换挡控制程序（DRP），用于计算变速器目标输入转速。DRP的目标是将操纵性能尽可能与驾驶员输入相适应，使驾驶员有如机械模式下驾驶的感觉。ECU J217接收驾驶员动作、车辆运动状态和路面情况信息，计算加速踏板动作频率和加速踏板角度位置、车速和车辆加速情况等信息，并利用这些信息和逻辑组合，在发动机转速范围内，通过改变传动比，将变速器输出转速设定在最佳动力性和最佳经济性之间，使汽车操作性和驾驶性能与驾驶员输入信号尽可能匹配
离合器与制动器的控制	ECU J217通过接收发动机转速、变速器输入转速、加速踏板位置、发动机扭矩、制动力、ATF温度等信号，计算出离合器（制动器）所需的额定压力，对离合器压力和传递的扭矩进行精确地控制
离合器匹配控制	离合器匹配控制功能的作用是保持恒定的离合器控制质量，控制适合的离合器压力，提高效率。因离合器的摩擦因数受变速器油质、变速器油温、离合器温度、离合器打滑率等许多因素影响，并且不断变化，为了补偿这些影响，使离合器在任何工作状态下和其寿命内保持控制的舒适性能不变，控制电流及离合器扭矩之间的关系必须不断优化，以达到最佳的匹配状态
过载保护控制	变速器控制单元计算出离合器打滑温度，若测得的离合器温度因离合器过载而超出标定界线，将减小发动机输出扭矩。当发动机扭矩被减小到发动机怠速上限时，在一段时间内，发动机对加速踏板信号无反应，同时离合器冷却系统确保短时间内使离合器降温，此后又迅速重新提供发动机最大扭矩
依据行驶阻力自适应控制	控制单元通过计算汽车行驶阻力的变化（如上坡、下坡、车辆处于被牵引状态等），并与在平路上行驶时的牵引阻力做比较，以控制发动机的功率输出。例如在上坡或牵引车辆时，需要加大扭矩。在这种情况下ECU J217使变速控制向减速方向调节，通过减挡来增加发动机扭矩
爬坡控制功能	爬坡控制的特点是当车辆静止、制动起作用时，减小爬坡扭矩，发动机不必产生很大的扭矩，降低了发动机的怠速运转噪声，驾驶员只需稍加制动即可停住汽车，因而改善了燃油经济性和舒适性。 若汽车停于坡道上，制动压力不足，车辆回溜时，离合器压力将增大，使汽车停住（"坡道停住"功能）。该功能是通过两个变速器输出转速传感器G195和G196区分汽车是向前行驶还是向后行驶来实现的
强制降挡功能	驾驶员通过把加速踏板踩到底，激活接通强制降挡开关，告知自动变速器控制单元，现在需要最大加速度，为此，发动机转速被调整到最大功率处的转速，直到加速踏板角度减小为止
故障自诊断功能	ECU J217与其他自动变速器控制单元一样，具有故障自诊断功能，将检测到的故障以故障码的形式存储在故障存储器中，并通过仪表板上的换挡杆位置指示灯显示给驾驶员
升级程序	ECU可以通过软件进行升级。ECU的程序、特性参数和数据以及计算出的输出信号值，都永久性地存储于"Flash EEPROM"电子可编程储存器中，可采用V.A.S 5051设备进行升级

② 输入装置。输入装置主要由各种传感器和开关信号组成，如表 1-27 所示。

表 1-27 输入装置的组成

传感器和开关信号	说明
变速器输入转速传感器G182	该传感器用于检测主动链轮的转速，提供实际的变速器输入转速。它与发动机转速一起用于离合器控制和作为变速控制的输入变化参考量。 如果G182损坏，电控单元将以发动机转速作为替代值，无故障码指示，起步加速过程可利用电控单元内部设定的固定参数完成。这时微量滑转控制和离合器匹配控制功能失效
变速器输出转速传感器G195和G196	2个传感器用于检测从动链轮装置的转速，它们安装在传感器轮背面，其安装相位角差为25%，通过它们的信号识别变速器输出转速和行驶方向，该传感器主要用于变速控制、爬坡控制、坡道停车功能和为仪表板组件提供车速信号。其中来自G195的信号用于监测转速，来自G196的信号用来区别旋转的方向。 如果G195损坏，变速器输出转速可用G196的信号替代，但坡道停车功能失效。如果G196损坏，坡道停车功能失效。如果G195和G196两个传感器都损坏，将用ABS的轮速传感器信号作为替代值（通过CAN总线），坡道停车功能失效
ATF油压传感器 G193	该传感器用于检测前进挡和倒挡制动器压力，是进行离合器控制的重要信号。离合器压力监控有高优先权，因此多数情况下，G193失效都会使安全阀被激活
ATF油压传感器 G194	该传感器用于检测链轮与链条间的接触压力，接触压力由扭矩传感器调节，因为接触压力总是与实际变速器输入扭矩成比例，利用G194的信号可以十分准确地计算出变速器输入扭矩
ATF温度传感器 G93	该传感器用于集成在变速器ECU电子器件中，用于检测变速器ECU ATF温度。ATF温度将影响离合器控制和变速器输入转速控制。 为了保护变速器部件，若ATF温度超过约145℃，发动机输出功率下降。若ATF温度继续升高，发动机输出功率逐渐减小，若有必要，直至发动机以怠速运转。 若G93损坏，ECU利用发动机温度计算出1个替代值。匹配功能和某些控制功能失效。故障灯显示为"倒置"
强制降挡信号	强制降挡信号不需要单独的开关，由加速踏板组件传感器G79和G185提供信号，当驾驶员激活强制降挡功能时，传感器G79和G185信号电压值超过强制降挡点相对应的电压值时，发动机ECU通过CAN总线向变速器ECU发出一个强制降挡信号，此时ECU将选择最大加速的最大动力控制参数
多功能开关F125	多功能开关F125由4个霍尔传感器组成，用于检测换挡杆位置信息。每个霍尔传感器均有2种状态：高电位和低电位，用二进制1和0表示，因此4个霍尔传感器能产生16种不同的组合，其中4个组合用于识别换挡杆的"P"位、"R"位、"N"位和"D"位，2个组合用于监测中间位置（P—R，R—N—D），10个组合用于故障分析。 ECU根据换挡杆位置信息，完成起动机锁止控制、倒车灯控制、P/N内部锁控制、离合器控制、倒车锁止变速比等功能。 F125出现故障时，车辆有时不能行驶，故障指示灯将闪烁
Tiptronic开关F189	Tiptronic开关F189集成在换挡杆下面的鱼鳞板中，它由3个霍尔传感器组成，霍尔传感器由位于鱼鳞板上的电磁阀激活。 鱼鳞板上有7个LED指示灯，4个用于换挡杆位置显示，1个用于"制动动作"信号，其余2个用于Tiptronic护板上的"+"和"−"信号

③ 执行机构。01J CVT 的执行机构主要是电磁阀 N88、N215 和 N216，它们接受自动变速器控制单元的指令，实现控制换挡和油压调节等功能。N88 用于控制离合器冷却阀和溢流阀，N215 用于离合器控制，N216 用于速比变换器控制。

三、维修实例

（1）故障现象

一辆奥迪 A6 轿车，装配 01J CVT，行驶 8 万千米，该车在行驶过程中，车身有抖动的感觉。

（2）故障诊断与排除

通过路试，发现该车以不同的车速行驶时，都不同程度地出现车身抖动的现象，尤其是车速在 20km/h、40km/h 时，车辆抖动更加明显。

① 首先利用故障诊断仪 V.A.S 5051 对变速器控制系统进行检测，但没有发现故障码，读取变速器相关的数据流也未发现异常。

② 根据该车的故障现象，怀疑液压控制系统故障的可能性较大，于是对变速器进行解体检查。

③ 在检查的过程中，发现从动锥轮的 2 个锥面和链条已有不同程度的磨损，且磨损的部位主要是从动锥轮的下锥面，因此判定故障是由于锥面和链条间的压力不够，变速器在工作中造成打滑。

④ 经过分解变速器进行检查，最终发现油泵磨损严重。更换油泵后故障排除。

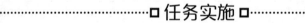
□ 任务实施 □

注意

① 发动机运转时，对车辆进行维修工作前务必将换挡杆挂入"P"位，并拉紧驻车制动器，以防发生事故。

② 不允许用超声波清洗装置来清洁液压控制单元和电子控制单元。

操作一 检查 ATF 油位

ATF 油位检查的前提条件如下。

① 变速器不允许处于紧急运转状态。

② 车辆必须处于水平位置。

③ 连接故障诊断仪 V.A.S 5051，然后选择车辆自诊断和车辆系统"02—变速器电气设备"。

④ 发动机必须处于怠速运转。

⑤ 必须关掉空调和暖风。

⑥ 开始检查前，ATF 的温度不允许超过 30℃，必要时先冷却变速器。

步骤一 在故障诊断仪 V.A.S 5051 上读取 ATF 温度，变速器温度在 30～35℃时进行操作。

步骤二 发动机处于怠速运转，踩下制动器，在所有挡位（P、R、N、D）上停留一遍，并且在每一个位置上发动机怠速运转约 2s，最后将换挡杆置于"P"位。

步骤三 举升车辆，拧下变速器壳体上的检查螺栓，检查有无 ATF 从检查孔溢出，如果没有需加注 ATF，直到 ATF 从检查孔溢出为止。

操作二 更换 ATF

步骤一 打开变速器底部放油螺栓，将旧的 ATF 排出。然后再拧紧放油螺栓。

步骤二 将变速器底部的 ATF 加注螺栓拆下来，用专用 ATF 加注器将新的 ATF 加入变速器内部。

步骤三 检查 ATF 油面高度，直到符合标准为止。

操作三 CVT 检修方法

步骤一 故障诊断

通过询问车主，可以帮助诊断故障信息的来源，确认故障发生时间、故障症状等，这是故障维修的第一步。

步骤二 基本检查

基本检查主要是一些外围的检查，它包括发动机怠速检查、ATF 液面高度检查、油质检查、换挡操纵机构的检查等。

步骤三 自诊断检查

无级变速器电子控制系统具有故障自诊断功能，可通过故障指示灯的闪烁来指示故障，并将故障存储在电子控制单元内。通过故障指示灯的情况进行初步诊断，如果有故障存储，则用故障诊断仪读取故障码，并按维修提示进行维修。

步骤四 液压控制系统和电子控制系统的检修

有些 CVT 的液压控制系统可以直接通过油压试验来检查故障原因。而大多数 CVT 的液压控制系统是通过油压传感器来反映变速器内部工作油压的，因此必须使用专用检测仪器通过读取汽车运行状态下的动态数据来进一步确认故障信息。对于液压控制元件（阀体）和液压执行元件（离合器或制动器）可进行液压测试和解体检查。

对于 CVT 电子控制系统的故障检修与其他电子控制自动变速器的故障检修几乎是一样的，可通过专用检测仪器的故障引导功能对故障码的分析、动态数据流的分析、波形分析、ECU 电路和网络数据通信的分析以及对电子元件（传感器、开关、电磁阀）的测试和更换等，进行故障排除。

步骤五 机械元件的检修

对于 CVT 机械元件的检修，只能做解体检查，对故障部位进行修理或更换新件。

任务三 双离合器自动变速器的检修

-------------------- ▫ 学习目标 ▫ --------------------

（1）熟悉双离合器自动变速器的基本组成与工作原理。

（2）熟悉典型车型双离合器自动变速器的结构与工作原理。

（3）掌握双离合器自动变速器的检查方法与维护方法。

（4）培养安全生产意识。

····················· □任务引入□ ·····················

一辆大众迈腾轿车，装备 DSG 双离合器自动变速器，该车在起步时偶尔会出现加油发动机空转，车辆无法行驶的故障现象。根据以往的维修经验，分析该车产生故障的主要原因可能是变速器的电子控制系统有故障。

该车的故障现象是典型的双离合器自动变速器故障。为了查明故障原因，正确地判断双离合器自动变速器的故障，汽车维修人员必须全面认识和了解双离合器自动变速器，熟悉双离合器自动变速器的结构与工作原理，掌握双离合器自动变速器的故障检查与维护方法。

····················· □相关知识□ ·····················

一、双离合器自动变速器的基本知识

双离合器自动变速器是基于手动变速器发展而来的，并且综合了手动变速器与自动变速器的优点。双离合器自动变速器（Dual Clutch Transmission，DCT）也称直接换挡变速器（Direct Shift Gearbox，DSG）。

1. DCT 的优点

① 传动效率高，油耗低。

② 换挡时没有动力中断，换挡平稳。

③ 能跳过 1 个挡。

④ 具有良好的驾驶舒适性、动力性和操控性。

文档

安全意识靠培养

2. DCT 的结构特点

① 有 2 根输入轴，挡位按奇偶数分开布置在 2 根输入轴上。

② 换挡方式及换挡齿轮基本结构与手动变速器一样。

③ 有 2 个离合器进行换挡控制。

④ 离合器的切换和挡位变换由控制单元和执行机构进行自动控制。

3. DCT 的基本工作原理

双离合器自动变速器的工作原理如图 1-116 所示。它是通过将变速器挡位按奇偶数分开布置，形成 2 个彼此独立的传动机构。

提示

每个传动机构的结构都与 1 个手动变速器相同，每个传动机构都配有 1 个湿式多片离合器，传动机构 1 通过湿式多片离合器 K1 来选择 1 挡、3 挡、5 挡和倒挡，传动机构 2 通过湿式多片离合器 K2 来选择 2 挡、4 挡、6 挡，因此，只需通过切换 2 个离合器的工作状态就可以完成换挡操作。

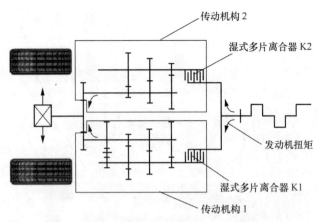

图 1-116　双离合器自动变速器工作原理图

文档

大众 DQ380 DSG
工作原理

文档

奥迪 A6L 轿车
DSG 结构

二、典型车型 DCT 的结构与工作原理

一汽大众公司的 02E DCT 主要由机械传动机构、电子控制系统、液压控制系统等几部分组成，其内部结构如图 1-117 所示。

1. 机械传动机构

机械传动机构的组成如图 1-118 所示，它主要由双质量飞轮、2 个多片离合器、输入轴及齿轮、输出轴及齿轮等组成。

（1）双质量飞轮

双质量飞轮的结构如图 1-119 所示。由于在 DSG 中没有使用液力变矩器等可以吸收系统振动的元件，所以需要采用扭转减振器来吸收系统的扭转振动，采用这种带有双质量飞轮式的扭转减振器，可以非常有效地控制汽车动力传动系统的扭转振动及噪声，提高整车的舒适性。

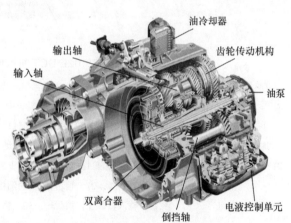

图 1-117　02E DCT 的内部结构

提示

双质量飞轮有 2 个质量，即初级质量和次级质量，初级质量与发动机曲轴相连，起到原来普通飞轮的作用，次级质量与变速器相连，用于提高变速器的扭转惯量，初级质量和次级质量之间通过扭转减振器相连。

双质量飞轮内有 2 个内花键，外侧内花键与离合器外花键毂相连，内侧内花键与油泵驱动轴相连。

文档

大众 DQ380 DSG
机械传动机构

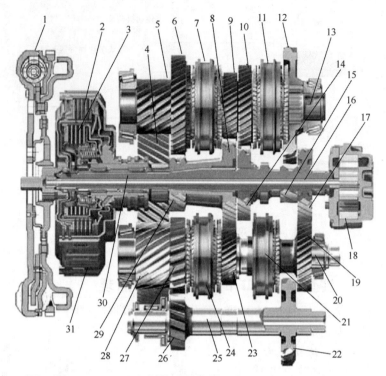

图 1-118　02E DCT 机械传动机构的组成

1—双质量飞轮；2—离合器K1；3—离合器K2；4—差速器输入齿轮；5—输出轴1上的输出齿轮；6—输出轴1上的2挡
齿轮；7—2挡、4挡接合套；8—输入轴2上的4挡、6挡齿轮；9—输出轴1上的4挡齿轮；10—输出轴1上的3挡齿轮；
11—1挡、3挡接合套；12—输出轴1上的1挡齿轮；13—输出轴1；14—输入轴1上的3挡齿轮；15—输入轴1上的1挡、
倒挡齿轮；16—油泵轴；17—输入轴1上的5挡齿轮；18—油泵；19—输出轴2上的5挡齿轮；20—输出轴2；
21—5挡接合套；22—倒挡轴上的倒挡齿轮1；23—输出轴2上的6挡齿轮；24—倒挡、6挡接合套；25—倒挡轴；
26—倒挡轴上的倒挡齿轮2；27—输出轴2上的倒挡齿轮；28—输出轴2上的输出齿轮；
29—输入轴2上的2挡齿轮；30—输入轴2；31—双离合器

图 1-119　双质量飞轮

1—初级质量；2—次级质量；3—减振器；4—与离合器外花键毂相连的内花键；
5—与油泵驱动轴相连的内花键

（2）多片离合器

离合器采用湿式多片离合器，其内部组成结构如图 1-120 所示。

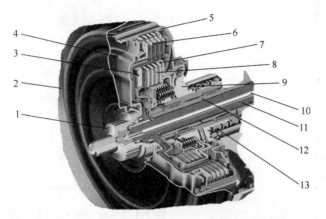

文档

大众 DQ380 DSG
双离合器

图 1-120 多片离合器结构

1—离合器外花键毂；2—离合器外壳；3—离合器K1内片支架；4—离合器驱动盘；5—离合器K1外片支架；

6—离合器K1；7—离合器K2外片支架；8—离合器K2；9—齿毂；10—油泵驱动轴；11—输入轴1；

12—输入轴2；13—旋转进油口

提示

离合器的外花键毂与双质量飞轮的内花键相连，2个离合器的外片支架与离合器的花键毂相连，内片支架与输入轴 1 和输入轴 2 相连，当离合器接合时，便可将发动机的动力传递给变速器输入轴。

① 离合器 K1 的工作过程。如图 1-121 所示，K1 是外离合器，离合器外片支架与离合器外花键毂连接，内片支架与输入轴 1 连接，用于连接发动机与输入轴 1，可将扭矩传递到与输入轴 1 相连的 1 挡、3 挡、5 挡和倒挡齿轮。

提示

当液压油进入离合器的压力腔时，离合器的活塞 1 沿轴向移动，使离合器片组压在一起，发动机扭矩便可传给输入轴 1，并且带动 1 挡、3 挡、5 挡和倒挡齿轮。

当压力腔没有压力油时，由膜片弹簧将活塞推回到离合器分离位置，使离合器分离。

② 离合器 K2 的工作过程。如图 1-122 所示，K2 是内离合器，离合器外片支架与离合器 K1 外片支架相连，离合器内片支架与输入轴 2 连接，用于连接发动机与输入轴 2，可将扭矩传递到与输入轴 2 相连的 2 挡、4 挡、6 挡齿轮。

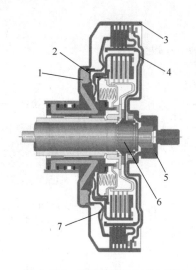

图 1-121　离合器 K1 工作过程

1—K1 压力腔；2—K1 活塞；3—K1 外片支架；

4—K1 内片支架；5—离合器花键毂；6—输入轴 1；

7—膜片弹簧

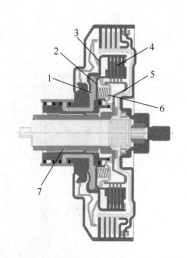

图 1-122　离合器 K2 工作过程

1—K2 压力腔；2—K2 活塞；3—K2 外片支架；

4—K2 离合器片；5—K2 内片支架；6—K2 复位弹簧；

7—输入轴 2

> **提示**
>
> 当液压油进入到离合器的压力腔时，离合器的活塞 1 沿轴向移动，使离合器片组压在一起，发动机扭矩便可传给输入轴 2，并且带动 1 挡、3 挡、5 挡和倒挡齿轮。
>
> 当压力腔没有压力油时，由螺旋复位弹簧将活塞推回到离合器分离位置，使离合器分离。

（3）输入轴及齿轮

输入轴及齿轮结构如图 1-123 所示。

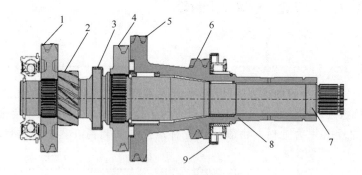

图 1-123　输入轴及齿轮结构

1—输入轴1上的5挡齿轮；2—输入轴1上的1挡、倒挡齿轮；3—输入轴1转速传感器信号转子；4—输入轴1上的3挡齿轮；

5—输入轴2上的4挡、6挡齿轮；6—输入轴2上的2挡齿轮；7—输入轴1；8—输入轴2；9—输入轴2转速传感器信号转子

输入轴 1 与离合器的内片支架相连，在输入轴 1 上有 1 挡、倒挡共用斜齿轮，3 挡斜齿轮，5 挡斜齿轮以及输入轴 1 转速传感器信号转子。

输入轴 2 与离合器的内片支架相连，在输入轴 2 上有 2 挡斜齿轮，4 挡、6 挡共用斜齿轮，以及输入轴 2 转速传感器信号转子。

（4）输出轴及齿轮

① 输出轴 1 及齿轮。其结构如图 1-124 所示，输出轴 1 上有 1 挡、2 挡、3 挡、4 挡换挡齿轮和各挡同步器组件，还有与差速器相连的输出齿轮。其中 1 挡、2 挡、3 挡使用三件式同步器，4 挡使用单件式同步器。

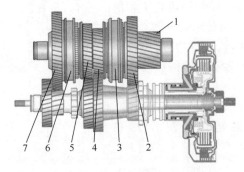

图 1-124　输出轴 1 及齿轮结构

1—输出轴1上的输出齿轮；2—输出轴1上的2挡齿轮；3—2挡、4挡接合套；4—输出轴1上的4挡齿轮；
5—输出轴1上的3挡齿轮；6—1挡、3挡接合套；7—输出轴1上的1挡齿轮

② 输出轴 2 及齿轮。其结构如图 1-125 所示，输出轴 2 上有 5 挡、6 挡和倒挡换挡齿轮，与差速器相连的输出齿轮，以及变速器输出转速传感器信号转子。其中，5 挡、6 挡使用单件式同步器，倒挡使用三件式同步器。

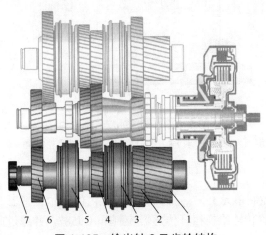

图 1-125　输出轴 2 及齿轮结构

1—输出轴2上的输出齿轮；2—输出轴2上的倒挡齿轮；3—倒挡、6挡接合套；4—输出轴2上的6挡齿轮；
5—5挡接合套；6—输出轴2上的5挡齿轮；7—输出转速传感器的信号转子

③ 三件式同步器。其结构如图 1-126 所示，带有钼涂层的黄铜同步环是转速同步的基础。

提示

三件式同步器与单件式同步器相比，所提供的摩擦面积要大得多，因此可提高同步效率。

（5）倒挡轴及齿轮

倒挡轴及齿轮用于改变输出轴 2 的旋转方向，倒挡轴上有 2 个齿轮，即倒挡齿轮 1 和倒挡齿轮 2，2 个齿轮均与倒挡轴制成一体，倒挡齿轮 1 与输入轴 1 上的 1 挡、倒挡共用齿轮相啮合，倒挡齿轮 2 与输出轴 2 上的倒挡齿轮相啮合，如图 1-127 所示。

（6）换挡机构

换挡杆外形及内部结构如图 1-128 和图 1-129 所示。

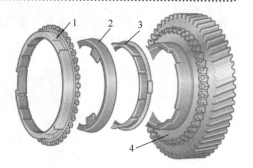

图 1-126　三件式同步器结构

1—外环；2—中间环；3—内环；4—摩擦锥面

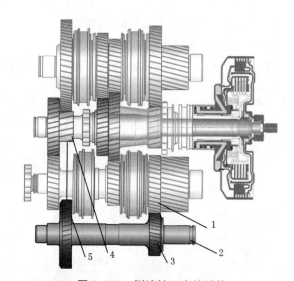

图 1-127　倒挡轴及齿轮结构

1—输出轴2上的倒挡齿轮；2—倒挡轴；3—倒挡轴上的倒挡齿轮2；4—输入轴1上的1挡、
倒挡齿轮；5—倒挡轴上的倒挡齿轮1

① 换挡杆传感器控制单元 J587。换挡杆固定架内的霍尔传感器探测换挡杆位置，并通过 CAN 总线将这些位置传输给换挡杆传感器控制单元 J587，并通过此信号来控制换挡杆锁电磁阀 N110 工作。

② 换挡杆锁电磁阀 N110。电磁阀用于将换挡杆保持在"P"位和"N"位，电磁阀由传感器控制单元 J587 控制工作。

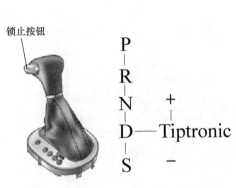

锁止按钮

P
R
N — Tiptronic
D
S

图 1-128 换挡杆外形及挡位情况

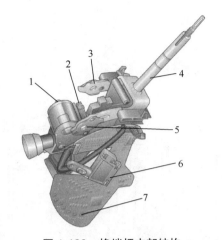

图 1-129 换挡杆内部结构

1—换挡杆锁电磁阀N110；2—换挡位置开关F319；

3—锁销孔"P"；4—换挡杆；5—锁销孔"N"；

6—换挡杆传感器控制单元J587；7—换挡杆位置传感器

③ 换挡杆"P"位锁止开关 F319。如果换挡杆位于"P"位，换挡杆"P"位锁止开关 F319 则向传感器控制单元 J587 发送一个信号，J587 利用这个信号来控制点火钥匙是否允许拔出点火开关。

④ 换挡杆锁止在"P"位时的工作情况。当换挡杆在"P"位时，锁销插在"P"位锁销孔内，从而将换挡杆锁止在"P"位，可避免换挡杆被随意移动到其他位置，如图 1-130（a）所示。此时如果想移动换挡杆至其他位置，需打开点火开关，踩下制动踏板，并按下换挡杆上的锁止按钮，传感器控制单元 J587 将向电磁阀 N110 供电，将锁销从锁销孔中拔出，换挡杆便可移动，如图 1-130（b）所示。

⑤ 换挡杆锁止在"N"位时的工作情况。如果换挡杆位于"N"位的时间超过 2s，传感器控制单元 J587 将向电磁阀 N110 供电，将锁销插入"N"位锁孔内，如图 1-131 所示。

提示

只有在踩下制动踏板时，锁销才会自动松开，换挡杆才可以移动到其他位置。

⑥ 应急开锁。如果出现故障使换挡杆锁电磁阀 N110 供电中断，则将导致换挡杆无法移动，因为此时换挡杆锁保持启用状态。

提示

在紧急情况下，将一个较薄的物体压入锁销内，即可松开换挡杆锁，如图 1-132 所示。

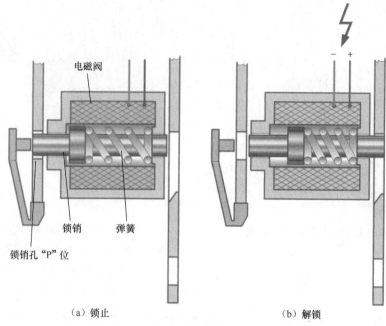

电磁阀

锁销　弹簧

锁销孔"P"位

（a）锁止　　　　　　　　　　　　　　（b）解锁

图 1-130　换挡杆在"P"位锁止与解锁

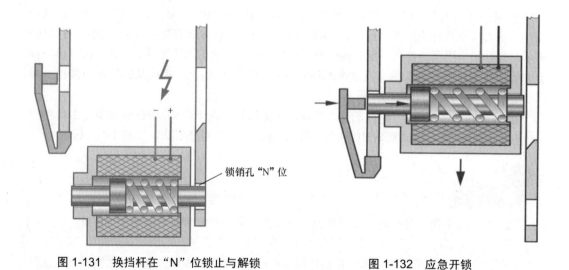

锁销孔"N"位

图 1-131　换挡杆在"N"位锁止与解锁　　　　　图 1-132　应急开锁

（7）点火钥匙防拔出锁

点火钥匙防拔出锁可以防止驻车锁未锁止时，点火钥匙转到拔出位置。该锁采用电控机械原理，由转向柱控制单元 J527 控制。若换挡杆置于"P"位，点火开关已关闭，换挡杆位置开关 F319 打开，J527 探测到此信号，则停止供电，电磁阀内的弹簧将锁销推到开锁位置，如图 1-133 所示。

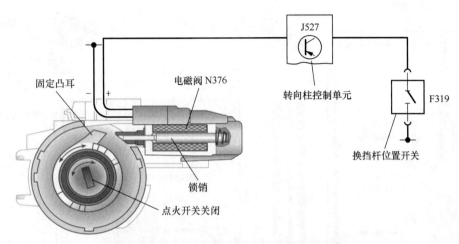

图 1-133　点火钥匙防拔出锁开锁工作原理

点火开关打开，F319 闭合，控制单元 J527 向电磁阀 N376 供电。电磁阀克服弹簧力将锁销推到锁止位置，此时锁销可以防止点火钥匙转回和拔下，如图 1-134 所示。

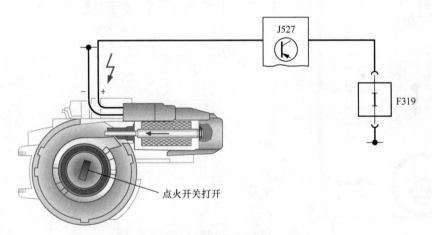

图 1-134　点火钥匙防拔出锁锁止工作原理

2. 电子控制系统

电子控制系统的组成如图 1-135 所示，它主要由输入装置（传感器和开关信号）、电子控制单元和执行器组成。

（1）输入装置

输入装置主要包括各种传感器和开关信号，主要功能如表 1-28 所示。

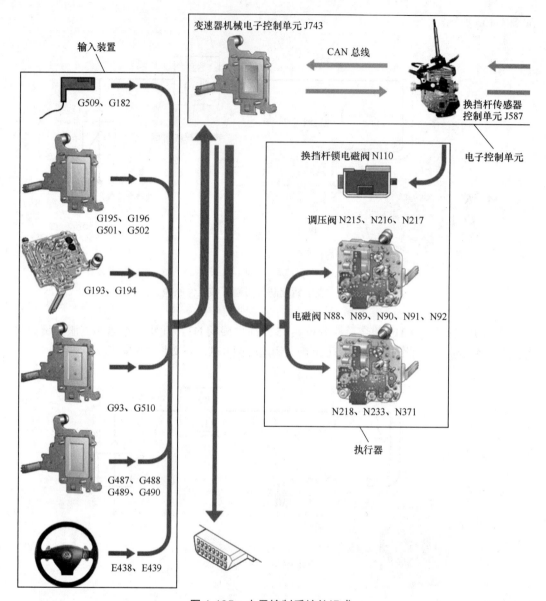

图 1-135　电子控制系统的组成

表 1-28　　　　　　　　　　　　　　　　　输入装置传感器和开关信号的功能

传感器和开关信号	功能
变速器输入轴转速 传感器G182	该传感器用于计算变速器输入轴转速信号，ECU通过此信号并根据变速器输入轴1和输入轴2转速传感器G501和G502的信号计算出多片离合器K1和K2的滑转率，ECU可以借助离合器滑转率数据更精确地控制离合器的分离和接合。 如果该信号中断，ECU将利用来自CAN总线的发动机转速信号作为替代信号

续表

传感器和开关信号	功能
输入轴1转速传感器G501和输入轴2转速传感器G502	2个传感器分别用于计算输入轴1和输入轴2的转速信号，ECU可通过此信号确定多片离合器K1和K2的输出转速，并根据变速器输入转速信号计算出离合器K1和K2的滑转率，ECU根据滑转率可识别离合器的接合和分离的状况，从而对其实现精确控制。另外，ECU可根据此信号和变速器输出转速信号判定是否已挂入正确挡位。 如果该信号中断，变速器的相应部分被切断，其中G501损坏，汽车只能以2挡行驶，G502损坏，汽车只能以1挡和3挡行驶
变速器输出轴传感器G195、G196	2个传感器都装在机械电子装置上，与ECU始终连接在一起，用来检测输出轴的转速，根据此信号，ECU可以识别车速和行驶方向。2个传感器以错开方式安装在1个壳体内，由1个信号转子驱动，如果改变行驶方向，信号则以相反顺序到达ECU。 如果该信号中断，控制单元将利用来自ABS ECU的车速信号和转速信号作为替代信号
液压压力传感器G193和G194	2个传感器分别用于检测多片离合器K1和K2的液压压力，电子控制单元可通过此信号得知K1和K2处的液压压力，以实现对离合器K1和K2压力的精确调节。 当中断信号或无压力时，相关变速器部分将从整个系统中脱开。车辆只能以1挡和3挡或者2挡行驶
多片离合器油温度传感器G509	该传感器装在变速器输入轴转速传感器G182的壳体里，用于快速精确地检测离合器出口处的自动变速器油的温度。其工作温度范围为-55～180℃。ECU通过此信号调节离合器冷却油的流量并采取其他措施来保护变速器。 如果该信号中断，ECU将利用G93和G510的信号作为替代信号
齿轮油温度传感器G93和控制单元温度传感器G510	2个传感器的信号用于检测机械电子单元的温度。此外，这些传感器信号还用于起动暖机程序。2个传感器彼此检查是否存在故障。2个传感器直接测量处于危险状态的组件的温度。这样可以及时采取措施降低油温，以避免机械电子单元过热。 当温度超过138℃时，机械电子单元将减小发动机的扭矩输出；当温度超过145℃时，将不再向离合器供油，离合器保持分离状态
换挡执行机构行程传感器G487、G488、G489、G490	4个传感器用于检测换挡执行机构所处的挡位，ECU根据准确的位置将压力油输送给换挡执行机构，以进行换挡。如果某一行程传感器无法发送信号，受影响的变速器部分将从整个系统中脱开，变速器将无法挂入相应挡位。 G487用于1/3挡，G488用于2/4挡，G489用于6/R挡，G490用于5/N挡

（2）ECU

提示

ECU与电动液压控制单元集成在一起，装在变速器内部，并浸在变速器油中，它是变速器控制的核心，所有的传感器信号和来自其他控制单元的信号都由ECU接收并进行监控。

ECU 具有以下功能。

① 能够根据需求情况调整液压系统压力。

② 精确控制双离合器的压力和流量。

③ 对离合器进行冷却控制。

④ 根据传感器信号进行换挡点选择。

⑤ 和其他控制单元进行信息交换。

⑥ 激活应急模式。

⑦ 进行故障自诊断。

⑧ 同时可根据发动机扭矩、离合器控制压力、离合器温度等信号对离合器进行过载保护和安全切断。

⑨ 电子控制单元会不断检测离合器控制和离合器输出扭矩之间出现的轻微打滑，对离合器进行匹配控制。

（3）执行元件

电子控制装置里的执行元件主要是各种电磁阀，可分为占空比式电磁阀和开关式电磁阀两类。各执行元件电磁阀的功能如表 1-29 所示。

表 1-29　　　　　　　　　　　　执行元件电磁阀的功能

电磁阀	功能
主调压阀N217	该阀位于机械电子单元的电液控制单元内，它是1个占空比式电磁阀。其作用是用来调节机械电子液压系统内的压力。计算主压力时最重要的因素是离合器实际压力，该压力取决于发动机扭矩。发动机温度和发动机转速用于校正主压力。控制单元不断调整主压力，以满足当前工作条件的要求
离合器调压阀N215、N216	这2个阀也都是占空比式电磁阀，用于产生控制多片离合器的压力。调压阀N215控制多片离合器K1的压力，调压阀N216控制多片离合器K2的压力。离合器压力计算的基础是当前发动机扭矩。控制单元根据多片离合器摩擦力的变化调节离合器压力
冷却油流量调节阀N218	该阀位于电液控制单元内，它是1个占空比式电磁阀，它通过1个液压滑阀控制冷却油流量。控制单元使用多片离合器油温度传感器G509的信号来对其进行控制。 如果N218失效，冷却油将以最大流量到多片离合器，外界环境温度较低时，可能会造成换挡困难及耗油量明显提高
换挡电磁阀N88、N89、N90、N91	这4个电磁阀都位于机械电子单元的电液控制单元内，它们是开关式电磁阀，电磁阀通过多路转换滑阀控制至所有换挡执行机构的油压，不通电时电磁阀处于闭合位置，压力油无法到达换挡执行机构。其中电磁阀N88控制1挡和5挡的换挡油压，电磁阀N89控制3挡和空挡的换挡油压，电磁阀N90控制2挡和6挡的换挡油压，电磁阀N91控制4挡和倒挡的换挡油压
多路转换控制阀N92	该阀位于机械电子单元的电液控制单元内，它也是开关式电磁阀，用于控制液压控制单元内的多路转换器。电磁阀接通，可以选择2挡、4挡、6挡。电磁阀断开，可以选择1挡、3挡、5挡和倒挡
调压阀N233和N371	调压阀N233和N371位于机械电子单元的液压模块内，它们是占空比式电磁阀。这2个调压阀用于控制机械电子单元阀箱内的安全滑阀。当变速器部分出现与安全有关的故障时，安全滑阀使该部分内的液压压力与系统隔开

3. 液压控制系统

液压控制系统以 ATF 为介质，其主要的功用是根据需求调整液压系统压力，并对双离合器和换挡调节器进行控制，对离合器进行冷却控制，为整个齿轮机构提供可靠的冷却和润滑。

液压控制系统主要由 ATF、供油装置、冷却装置、过滤装置、电液控制装置和油路组成。液压控制系统主要零部件包括机油冷却器、机油压力过滤器、机油喷管、油泵、滑阀箱等，如图 1-136 所示。

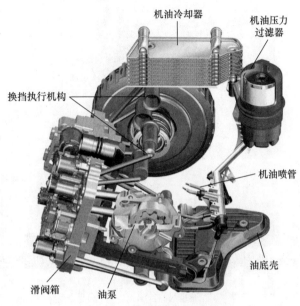

图 1-136 液压控制系统组成

（1）ATF

变速器油是变速器中的传力介质，用于驱动离合器和换挡执行元件工作，并承担着润滑和冷却整个系统的重要作用。

提示

变速器油，必须满足以下要求。
确保离合器的调节和液压控制。
整个温度范围内黏度稳定。
可以抵抗高的机械压力，能承受高机械负荷。
不起泡沫。

（2）供油装置

油泵是供油装置的主要部件，油泵的作用是为整个系统提供压力油，该变速器采用的是月牙形内啮合齿轮泵，其结构和工作原理如图 1-137 所示。油泵由油泵轴驱动，油泵轴位于输入轴 1 和输入轴 2 的内部，由发动机飞轮驱动，以发动机转速运转，其最大输出量为

100L/min，最大供油压力为 20MPa。

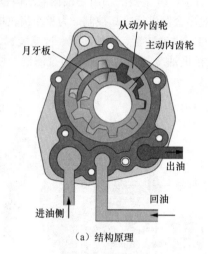

（a）结构原理

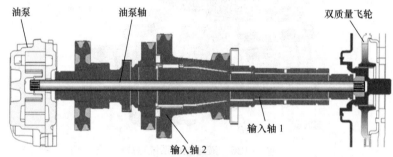

（b）油泵的驱动

图 1-137　油泵结构及工作原理

（3）冷却装置

变速器油冷却装置安装在发动机冷却系统里，由发动机冷却液进行冷却，可将油温冷却到 135℃以下，以保证变速器正常工作。

（4）电动液压控制单元

电动液压控制单元如图 1-138 所示，其上装有电磁阀、压力调节阀、各种液压滑阀、多路转换阀、泄压阀和印制电路板等，主要作用是通过压力调节阀和换挡滑阀来控制 2 个离合器和挡位调节器中自动变速器油的流量和压力，以实现平稳换挡。

（5）油路

液压控制系统中的油路如图 1-139 所示。

机油泵经吸滤器从油底壳中吸入机油，并将机油加压后输送到主压力滑阀，主压力滑阀下有一油道，机油通过该油道回流至机油泵吸油侧。主压力滑阀由主调压阀 N217 控制，用于调节变速器系统液压油的工作压力。

图 1-138 电动液压控制单元的结构

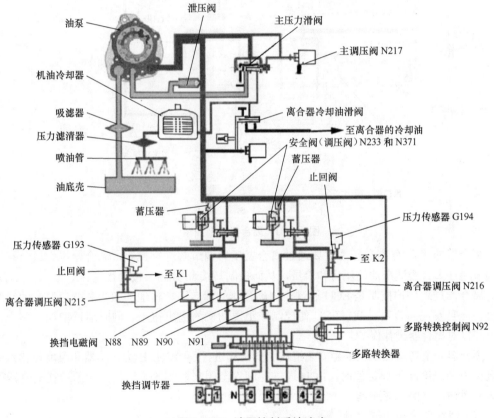

图 1-139 液压控制系统油路

经主压力滑阀的油路分为 2 条：一条将机油送到机油冷却器，再经压力滤清器流回油底壳；另一条将机油送至离合器冷却油滑阀，对离合器进行冷却。

经调节后的工作油压直接被送往安全阀，并经安全阀送至离合器调压阀和换挡电磁阀，进行离合器控制和换挡控制。当离合器的实际工作压力超过规定值时，安全阀就会切断离合器的工作油路，使其迅速脱开，以保护离合器。送至换挡电磁阀的液压油再经过多路转换器来控制换挡调节器的工作状况，以实现挡位的切换，多路转换器由多路转换阀 N92 进行控制。

（6）离合器工作控制

离合器工作控制包括离合器的接合/分离控制、离合器压力控制、离合器过载保护控制和离合器安全切断控制，离合器控制油路如图 1-140 所示。

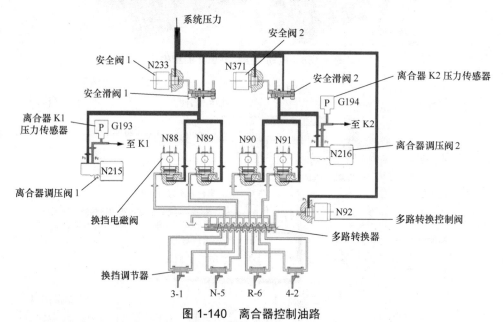

图 1-140　离合器控制油路

离合器的接合/分离和压力主要通过离合器压力调节阀进行控制，离合器压力调节阀可以调节通往离合器液压油的压力和流量，从而控制其接合/分离及接合程度。

离合器过载保护控制是 ECU 通过检测离合器的滑转率、传递的扭矩和变速器的油温等信号，一旦发现离合器过载，ECU 便控制减小发动机的输出扭矩，同时通过增加对离合器的冷却以对离合器进行保护。

离合器安全切断控制主要由安全滑阀和安全阀进行，当液压压力传感器和温度传感器检测到压力和温度高于规定值时，ECU 通过控制安全阀来控制安全滑阀，切断通往离合器的液压油通路，以保护变速器。

（7）离合器冷却润滑控制

离合器内部的机械摩擦会导致离合器温度上升，为防止离合器过热，必须对其进行冷却，液压控制系统设有单独的离合器冷却润滑控制油路，如图 1-141 所示。冷却油路由离合器冷却油流量调节阀 N218 及离合器冷却油滑阀进行控制。ECU 根据多片离合器油温传感器 G509 测得的油温来控制离合器冷却油流量调节阀 N218，以提高或降低离合器冷却油滑阀处的油压，冷却油滑阀再根据油压打开或关闭通向多片离合器的油道。冷却油最大流量为 20L/min，冷却油最大压力为 200kPa。

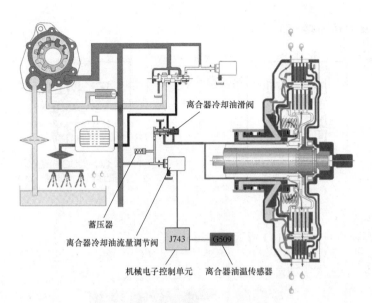

图 1-141　离合器冷却润滑控制油路

（8）换挡机构控制

与手动变速器一样，DSG 变速器挡位变换也是通过拨叉来实现的，一个拨叉控制 2 个挡位，但与手动变速器的操作方式不同，拨叉的动作是通过液压方式驱动的，液压通过驱动换挡调节器来驱动拨叉动作换入相应的挡位，其结构和工作原理如图 1-142 所示。

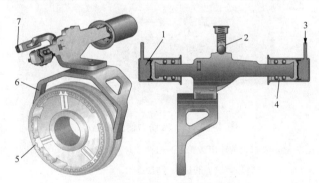

图 1-142　换挡执行机构的结构

1—液压缸活塞；2—锁紧套；3—来自机械电子控制单元的压力油；4—液压缸；5—接合套；

6—换挡拨叉；7—行程传感器

换挡时，ECU 将压力油引入换挡调节器的一侧，而另一侧无压力，换挡拨叉在压力的作用下移动到无压力侧，从而挂上相应的挡位，一旦挂入挡位，通过换挡齿轮的倒角和换挡拨叉的锁止机构将挡位保持在该位置。

每个拨叉上都有拨叉位置传感器，用于识别换挡拨叉的准确位置。

4. 各挡动力传递路线

动画

大众 6-DSG 自动
变速器工作原理

动画

大众 7-DSG 自动
变速器工作原理

（1）1 挡动力传递路线

1 挡动力传递路线如图 1-143 所示。

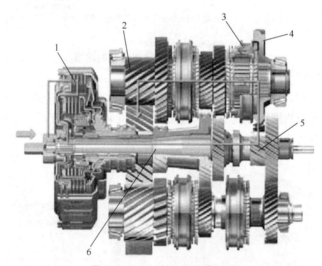

图 1-143　1 挡动力传递路线

1—离合器 K1；2—输出轴 1 上的输出齿轮；3—1 挡、3 挡接合套；4—输出轴 1 上的 1 挡齿轮；
5—输入轴 1 上的 1 挡、倒挡齿轮；6—输入轴 1

发动机动力经离合器 K1 →输入轴 1 →输入轴 1 上的 1 挡齿轮→输出轴 1 上的 1 挡齿轮→1 挡、3 挡接合套→输出轴 1 →输出轴 1 上的输出齿轮→差速器。

（2）2 挡动力传递路线

2 挡动力传递路线如图 1-144 所示。

发动机动力经离合器 K2 →输入轴 2 →输入轴 2 上的 2 挡齿轮→输出轴 1 上的 2 挡齿轮→2 挡、4 挡接合套→输出轴 1 →输出轴 1 上的输出齿轮→差速器。

（3）3 挡动力传递路线

3 挡动力传递路线如图 1-145 所示。

发动机动力经离合器 K1 →输入轴 1 →输入轴 1 上的 3 挡齿轮→输出轴 1 上的 3 挡齿轮→1 挡、3 挡接合套→输出轴 1 →输出轴 1 上的输出齿轮→差速器。

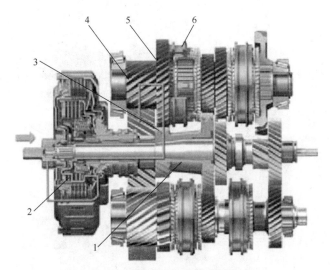

图 1-144　2 挡动力传递路线

1—输入轴2；2—离合器K2；3—输入轴2上的2挡齿轮；4—输出轴1上的输出齿轮；

5—输出轴1上的2挡齿轮；6—2挡、4挡接合套

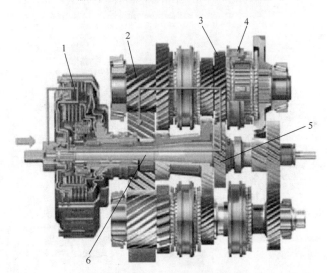

图 1-145　3 挡动力传递路线

1—离合器K1；2—输出轴1上的输出齿轮；3—输出轴1上的3挡齿轮；4—1挡、3挡接合套；

5—输入轴1上的3挡齿轮；6—输入轴1

（4）4 挡动力传递路线

4 挡动力传递路线如图 1-146 所示。

发动机动力经离合器 K2 →输入轴 2 →输入轴 2 上的 4 挡、6 挡齿轮→输出轴 1 上的 4 挡齿轮→ 2 挡、4 挡接合套→输出轴 1 →输出轴 1 上的输出齿轮→差速器。

（5）5 挡动力传递路线

5 挡动力传递路线如图 1-147 所示。

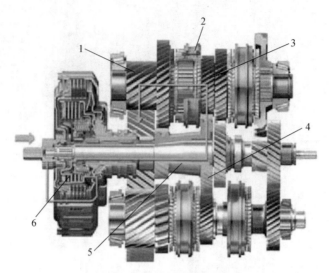

图 1-146　4 挡动力传递路线

1—输出轴1上的输出齿轮；2—2挡、4挡接合套；3—输出轴1上的4挡齿轮；

4—输入轴2上的4挡、6挡齿轮；5—输入轴2；6—离合器K2

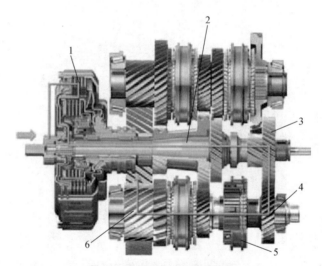

图 1-147　5 挡动力传递路线

1—离合器K1；2—输入轴1；3—输入轴1上的5挡齿轮；4—输出轴2上的5挡齿轮；

5—5挡接合套；6—输出轴2上的输出齿轮

　　发动机动力经离合器 K1 →输入轴 1 →输入轴 1 上的 5 挡齿轮→输出轴 2 上的 5 挡齿轮→ 5 挡接合套→输出轴 2 →输出轴 2 上的输出齿轮→差速器。

　　（6）6 挡动力传递路线

　　6 挡动力传递路线如图 1-148 所示。

　　发动机动力经离合器 K2 →输入轴 2 →输入轴 2 上的 4 挡、6 挡齿轮→输出轴 2 上的 6 挡齿轮→ 6 挡、倒挡接合套→输出轴 2 →输出轴 2 上的输出齿轮→差速器。

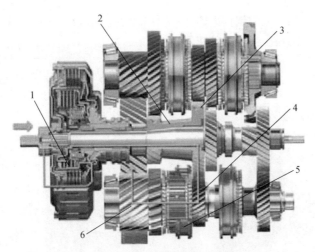

图 1-148 6 挡动力传递路线

1—离合器K2；2—输入轴2；3—输入轴2上的4挡、6挡齿轮；4—输出轴2上的6挡齿轮；

5—4挡、6挡拨叉；6—输出轴2上的输出齿轮

（7）倒挡动力传递路线

倒挡动力传递路线如图 1-149 所示。

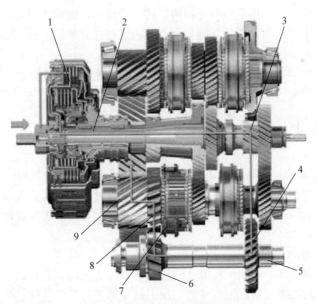

图 1-149 倒挡动力传递路线

1—离合器K1；2—输入轴1；3—输入轴1上的1挡、倒挡齿轮；4—倒挡轴上的倒挡齿轮1；5—倒挡轴；

6—倒挡轴上的倒挡齿轮2；7—6挡、倒挡接合套；8—输出轴2上的倒挡齿轮；9—输出轴2上的输出齿轮

发动机动力经离合器 K1 →输入轴 1 →输入轴 1 上的 1 挡、倒挡齿轮→倒挡轴上的倒挡

齿轮1→倒挡轴→倒挡轴上的倒挡齿轮2→输出轴2上的倒挡齿轮→6挡、倒挡接合套→输出轴2→输出轴2上的输出齿轮→差速器。

（8）P挡

换挡杆移动到"P"位时，驻车锁锁止，止动爪卡入驻车锁齿轮的轮齿内，驻车锁结构如图1-150所示。

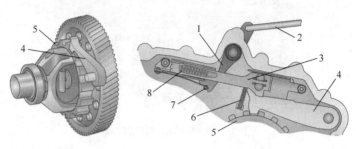

（a）驻车锁锁止　　　　　　　（b）驻车锁控制装置

图1-150　驻车锁结构

1—连杆；2—连接至换挡杆的拉线；3—滑板；4—止动爪；5—驻车锁齿轮；

6—弹簧2；7—锁止弹簧；8—弹簧1

如果驻车锁锁止，止动爪卡入驻车锁齿轮的一个齿内，弹簧1拉紧，锁止弹簧卡入连杆内并使止动爪保持不动，如果车辆开始移动，就会通过松开弹簧1将止动爪推到驻车锁齿轮上的下一个空隙处。

换挡杆移出"P"位时，驻车锁松开。滑板向右后侧退回到其初始位置，弹簧2将止动爪从驻车锁齿轮的空隙中推出。

三、维修实例

1. 故障现象

一辆大众迈腾轿车，装备DSG双离合器自动变速器，驾驶员反映，该车起步时偶尔会出现加油发动机空转不走车的现象，有时在等待交通信号灯之后起步时故障会出现，有时在正常行驶中加速时故障会出现，故障出现得没有规律，出现故障时仪表板上的挡位指示灯全部变红且闪烁报警。

2. 故障诊断与排除

（1）首先使用故障诊断仪V.A.S 5051进行自诊断，无故障码存储。

（2）结合该车的故障现象，判断可能的原因是变速器离合器进行了保护性切断，或离合器本身有机械故障。

（3）通过读取数据流02-08-64组1区提供的对离合器切断数据的监控，发现离合器切断动力传递次数为52次，而正常值应为0，这显然说明离合器进行了保护性切断。

（4）根据离合器的保护性切断，分析原因为油温传感器有故障，通过读取油温传感器数据，发现G509信号有异常。

（5）更换离合器温度传感器 G509 后，反复路试，故障现象消失，故障排除。

◻任务实施◻

① 发动机运转时，应将换挡杆挂入"P"位，并拉紧驻车制动器，然后方可对车辆进行维修，以防发生事故。

② 当需要对装有电控双离合器自动变速器的车辆进行牵引时，应将驱动轮支起离开地面，以免损坏变速器。

③ 不允许用超声波清洗装置来清洁液压控制单元和 ECU。

④ 当需要对自动变速器进行解体修复时，一定要注意零件的装配标记，并注意保护零件及管路的清洁，否则会影响自动变速器的性能。

操作一 ATF 的检查

ATF 检查的前提条件如下。

◆变速器不允许处于运转状态。

◆车辆必须处于水平位置。

◆连接故障诊断仪 V.A.S5051。

◆发动机必须处于怠速运转，必须关掉空调和暖风。

◆开始检查前，ATF 的温度不允许超过 30℃。

步骤一　用故障诊断仪 V.A.S 5051 读取 ATF 温度，注意使 ATF 温度在 30～35℃时进行操作。

步骤二　起动发动机，使发动机处于怠速运转。

步骤三　踩下制动器，在所有挡位（P、R、N、D）上停留一遍，并且在每一个位置上发动机怠速运转约 2s，最后将换挡杆置于"P"位。

步骤四　通过油面高度检查孔检查是否有 ATF 溢出，如果没有，应添加 ATF。

操作二 更换 ATF

步骤一　将发动机熄火，将接油盘放到变速器下面。

步骤二　拧下滤清器壳体。取下壳体前轻轻敲击壳体，以使壳体内的油流回变速器，更换滤芯后拧紧壳体。

步骤三 拧下放油螺栓及放油孔内的溢流管，排放掉旧的 ATF，并拧回溢流管。

步骤四 将 ATF 专用加注器连接到加注口，加注 ATF，并接上 V.A.S 5051，读取 ATF 温度。

步骤五 起动发动机，踩下制动踏板，试挂所有挡位，每个挡位停留 2s，最后将换挡杆置入 P 挡。

步骤六 当 ATF 温度达到 35 ～ 45℃时，检查是否有 ATF 从检查孔流出，当 ATF 开始滴出时，拧上放油螺栓，则加注完成。

小　结

本项目主要介绍了自动变速器的液力变矩器、齿轮变速机构和液压控制机构的结构及检修方面的相关知识，介绍了自动变速器的初步检查和性能试验，介绍了 CVT 和 DCT 相关的结构与维修方面的知识，并对几种自动变速器的常见故障进行了分析。

练习思考题

1. 自动变速器的基本组成及各部分的功用有哪些？
2. 液力变矩器的结构、功用及工作原理是怎样的？
3. 说明单排行星齿轮机构的组成、连接关系和运动规律。
4. 照图说明典型 4 挡辛普森式行星齿轮变速器各挡动力传递路线。
5. 如何检修、调整离合器和制动器？
6. 照图说明 4 挡拉维娜式行星齿轮变速器各挡动力传递路线。
7. 简述自动变速器在不同工况时对油压的要求。
8. 简述自动变速器信号输入装置的组成及功用。
9. 简述自动变速器 ECU 的功能。
10. 如何检测开关式电磁阀和占空比式电磁阀？
11. 如何读取、清除 01N 自动变速器的故障码？
12. 简述自动变速器油质的检查方法。
13. 如何判断锁止离合器的工作情况？
14. 简述失速试验的操作方法，并对试验结果进行分析。
15. 分析自动变速器打滑的故障现象及原因。
16. 简述 CVT 的特点。
17. 简述 01J CVT 的基本组成及各部分的作用。
18. 照图说明 01J CVT 的动力传递过程。
19. 简述 01J CVT 速比变换的控制过程。
20. 简述 01J CVT 接触压力的控制过程。
21. 简述 DCT 的基本组成及工作过程。

22．简述 DCT 的结构特点及优点。

23．DCT 的 ECU 具有哪些功能？

24．DCT 的液压控制系统具有哪些功能？

25．照图说明 DCT 的各挡位动力传递路线。

任务一 电控防抱死制动系统的检修

□ 学习目标 □

（1）熟悉电控防抱死制动系统的基本组成与工作原理。
（2）熟悉电控防抱死制动系统主要部件的结构、工作过程和检修方法。
（3）掌握电控防抱死制动系统的检查方法、电控防抱死制动系统的正确使用与维护方法。
（4）熟悉电控防抱死制动系统常见故障的检修方法。
（5）培养遵守车辆维修规范、规程和标准的习惯。

□ 任务引入 □

一辆装配手动变速器的大众 Polo 轿车，行驶里程约 11.3 万千米。驾驶员反映该车仪表盘上的 ABS 灯常亮，制动警告灯也闪烁不停。

该车的故障现象是典型的电控防抱死制动系统（ABS）的故障。为了查明故障原因，正确地判断电控防抱死制动系统的故障，汽车维修人员必须全面认识电控防抱死制动系统，熟悉电控防抱死制动系统的结构与工作原理，了解电控防抱死制动系统分类、组成等相关的基础知识，为排除电控防抱死制动系统的故障打下基础。

文档

遵守车辆维修
操作规程

□ 相关知识 □

一、ABS 的基本知识

汽车电控防抱死制动系统（Anti-locked Braking System，ABS）是一种安全控制制动系统，目前已经成为轿车的标准配置。ABS 既有普通制动系统的制动功能，又能防止车轮制动抱死，保证汽车制动时的方向稳定性，防止产生侧滑和跑偏，使车辆可以获得良好的制动性能、操纵性能和稳定性能，是汽车安全控制的一项重要内容。

图 2-1 所示为 ABS 工作示意图。直线行驶的车辆，如果有 ABS，则制动时车轮不抱死，车辆的方向稳定性好，能够躲开障碍物，如图 2-1（a）所示；若没有 ABS，则制动时车轮抱死，车辆出现制动跑偏或甩尾侧滑的现象，会碰到障碍物，如图 2-1（b）所示。

1. 汽车制动性

制动性能是汽车的主要性能之一。评价制动性能的指标主要有制动效能和制动稳定性。

（1）制动效能

制动效能，即制动距离、制动时间和制动减速度。由汽车理论可知，制动效能主要取决于制动力的大小和车轮与地面的纵向附着力的制约。

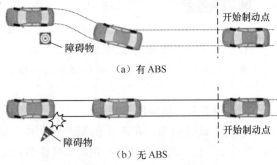

（2）制动稳定性

制动时汽车的方向稳定性是指汽车在制动时仍能按指定方向的轨迹行驶，即不发生跑偏、侧滑或失去转向能力。汽车制动时的方向稳定性主要受车轮和地面间的横向附着力制约。

图 2-1　ABS 工作示意图

2．**制动时车轮的受力**

汽车制动时的制动力主要是由地面提供的，称之为地面制动力。地面制动力越大，制动减速度越大，制动距离也越短，所以地面制动力对汽车制动性能具有决定性影响。

在制动过程中，车轮的运动只有减速滚动和抱死滑移 2 种状态。当制动摩擦力矩较小时，车轮只做减速滚动，并且随着摩擦力矩的增加，制动器制动力和地面制动力也随之增长，且在车轮未抱死时地面制动力始终等于制动器的制动力。此时，制动器制动力可全部转化为地面制动力。地面制动力不可能超过地面附着力，当地面制动力达到附着力时，即地面制动力达到最大值。此时，车轮即开始抱死不转而出现拖滑的现象。当再加大制动器摩擦力矩时，制动器制动力仍按直线关系继续上升，但是，地面制动力已不再随制动器制动力的增加而增加，车轮即出现纯滑移状态。

要想获得良好的制动效果，必须同时具备 2 个条件，即汽车具有足够的制动器制动力，同时又要有附着系数较高的路面提供足够的地面制动力。

3．**滑移率**

（1）滑移率定义

滑移率是指在制动过程中车速与车轮速度之差与车速的比值，用百分比来表示。

其定义表达式为

$$S=(v-\omega r)/v\times100\%$$

式中：S——车轮的滑移率；

　　　r——车轮的滚动半径；

　　　ω——车轮的转动角速度；

　　　v——车轮中心的纵向速度。

由上式可知，当车轮为纯滚动时，汽车的实际车速与车轮滚动时的圆周速度相等，滑移率为零；当车轮边滚动边滑动时，滑移率为 0～100%；当车轮处于抱死状态，而车身又具有一定的速度时，则滑移率为 100%。

（2）附着系数与滑移率的关系

大量的试验证明，在汽车的制动过程中，附着系数的大小随着滑移率的变化而变化。图 2-2 所示为在干路面上时附着系数与滑移率的关系。对于纵向附着，随着滑移率的迅速增加，并在 $S=20\%$ 左右时，纵向附着系数最大；然后随着滑移率的进一步增加，当 $S=100\%$，即车轮抱死时，纵向附着系数有所下降，制动距离会增加，制动效能下降。对于横向附着，$S=0$ 时，横向附着系数最大；然后随着滑移率的增加，横向附着系数逐渐下降，并在 $S=100\%$，即车轮抱死时，横向附着系数几乎降为零。此时车轮将完全丧失抵抗外界侧向作用力的能力。稍有侧向力干扰（如路面不平产生的侧向力、汽车重力的侧向分力、侧向风力等），汽车就会产生侧滑而失去稳定性。因此，车轮抱死将导致制动时汽车的方向稳定性变差。

从以上分析可知，如果制动时将车轮的滑移率 S 控制在 15%～30%，即图 2-2 所示的 S_{opt} 处，则此时纵向附着系数最大，可得到最好的制动效能；同时横向附着系数也保持较大值，使汽车也具有较好的制动方向稳定性。

路面性质不同，附着系数不同，干燥路面附着系数大，潮湿路面附着系数小，冰雪路面附着系数更小。

图 2-3 所示为不同路面条件时，附着系数与滑移率的变化关系。

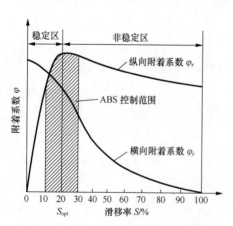

图 2-2　附着系数与滑移率的关系曲线

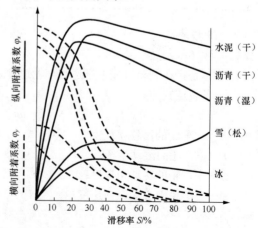

图 2-3　不同路面条件时附着系数与滑移率的变化关系

4. ABS 的功用

> **提示**
>
> 由上述可知，若在汽车的制动过程中，将滑移率控制在最大附着系数所对应的滑移率范围，则汽车将处于最佳制动状态。

ABS 的功用就是通过对作用于制动轮缸内的制动液压力进行瞬时的自动控制（每秒约 10 次），从而控制制动车轮上的制动器压力，使制动车轮尽可能保持在最佳的滑移率范围内运动，从而使汽车的实际制动过程接近于最佳制动过程。

5. ABS 的特点

（1）ABS 的优点

① 缩短制动距离。ABS 可以将滑移率控制在最大附着系数范围内，从而可获得最大的纵向制动力，使制动距离缩短。

ABS 的优点

② 延长轮胎的使用寿命。ABS 可以防止车轮抱死，从而避免了因制动车轮抱死造成的轮胎局部异常磨损，改善了轮胎的磨损状况，延长了轮胎的使用寿命。

③ 提高汽车制动时安全稳定性。ABS 可防止车轮在制动时完全抱死，能将车轮侧向附着系数控制在较大的范围内，使车轮具有较强的承受侧向力的能力，增强了转向控制能力，提高了汽车制动时的安全稳定性。

④ 使用方便、工作可靠。ABS 的运用与常规制动系统的运用几乎没有区别，制动时驾驶员踩下制动踏板，ABS 就根据车轮的实际转速自动进入工作状态，使车轮保持在最佳工作状态。

（2）ABS 的缺点

ABS 的缺点主要体现在以下 2 种特殊路面的情况下，此时 ABS 不能提供最短的制动距离。

① 在松散的砾石路面、松土路面或积雪很深的路面上制动。在这些路面上制动时，车轮抱死将更有利于汽车制动，因为在这些路面上，车轮抱死时将在汽车轮胎前形成楔形物，有助于汽车的制动，如图 2-4 所示。而 ABS 则会阻止这种楔形物的形成。

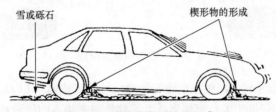

图 2-4　轮胎前楔形物的形成

② 在平滑的干路面上制动。在平滑的干路面上，熟练驾驶员会比 ABS 更能使轮胎在逐步接近理想的滑移率范围内进行制动，如图 2-5 所示。但对于一般的驾驶员，或在不太理想的路况下，ABS 总是能使汽车在较短的距离内进行制动。

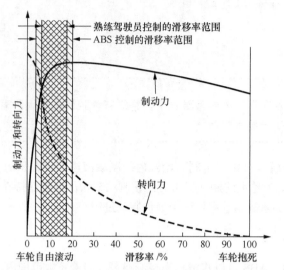

图2-5　在平滑的干路面上，熟练驾驶员与ABS控制的滑移率范围的比较

二、ABS 的基本组成与基本工作原理

1. ABS 的基本组成

如图2-6所示，ABS通常由轮速传感器、制动压力调节器、电子控制单元（ABS ECU）和ABS警告灯等组成。

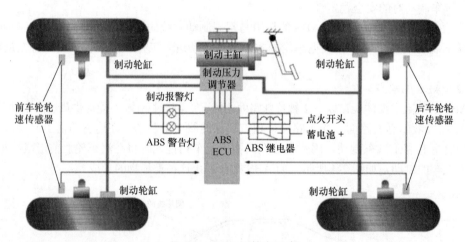

图2-6　ABS 的基本组成

①轮速传感器是信号装置，将各车轮的转速信号及时地输入ECU。

②ECU是ABS的控制中心，它根据各个轮速传感器输入的信号对各个车轮的运动状态进行监测和判断，并发出控制指令对制动压力调节器进行控制。

③制动压力调节器是ABS的执行器，它由调压电磁阀总成、电动泵总成和储液室等组成，并通过制动管路与制动主缸和各制动轮缸相连，可以对各制动轮缸的制动压力进行调节。

④ABS警告灯一般为黄色，由ABS ECU控制，通常用"ABS"作标识。

2. ABS 的基本工作原理

在制动时，ABS 根据每个轮速传感器传来的速度信号，可迅速判断出车轮的抱死状态，关闭开始抱死车轮上面的常开输入调压电磁阀，让制动力不变，如果车轮继续抱死，则打开常闭输出调压电磁阀，这个车轮上的制动压力由于出现直通制动液储液室的管路而迅速下降，防止了因制动力过大而将车轮完全抱死。让制动状态始终处于最佳点（滑移率 S 为 20%），制动效果达到最好，行车最安全。

动画

ABS 的控制原理

三、ABS 的分类

目前，汽车上使用的 ABS 有不同的结构形式，可以按照以下方式进行分类。

1. 按控制参数不同进行分类

（1）以车轮滑移率 S 为控制参数的 ABS

对于这种类型的 ABS，ECU 将轮速传感器的信号计算得到车轮的滑移率作为控制制动力的依据。当计算滑移率 S 超出设定值时，ECU 就会输出减小制动力的信号，通过制动压力调节器减小制动压力，使车轮不被完全抱死；当滑移率低于设定值时，ECU 输出增大制动力的信号，制动压力调节器使制动力增大。通过这样不断地调整制动压力，控制车轮的滑移率在设定的最佳范围。

这种直接以滑移率为控制参数的 ABS，需要得到准确的车身相对于地面的移动速度信号和车轮转速信号。车轮转速信号容易得到，但取得车身移动速度信号则较难。个别车型有用多普勒（Doppler）雷达测量车速的 ABS。

（2）以车轮角加速度为控制参数的 ABS

对于这种类型的 ABS，ECU 将轮速传感器信号计算得到的车轮角加速度作为控制制动力的依据。制动时，当车轮角减速度达到限定值时，ECU 输出减小制动力的信号；当车轮转速升高至角加速度限定值时，ECU 输出增加制动力的信号。如此不断地调整制动压力，使车轮不被抱死，处于边滚动边滑动的状态。

目前汽车上使用的 ABS 基本上都是此种形式。

2. 按控制方式进行分类

控制方式主要是指控制通道的控制方式和传感器数目。控制通道是指能够独立进行制动压力调节的制动管路。如果 1 个车轮的制动压力占用 1 个控制通道，可以进行单独调节，称为独立控制。如果 2 个车轮的制动压力是一同调节的，称为一同控制。2 个车轮一同控制时有 2 种方式：一种是低选原则一同控制，即按照保证附着系数较小车轮不发生抱死为原则进行制动压力调节控制；另一种是高选原则一同控制，即按照保证附着系数较大、车轮不发生抱死为原则进行制动压力调节控制，其中按低选原则一同控制较常见。

因此，ABS 根据控制通道的控制方式和传感器数目的不同会有多种组合类型，主要有四传感器四通道 / 四轮独立控制、四传感器四通道 / 前轮独立 - 后轮选择控制、四传感器三通道 / 前轮独立 - 后轮低选择控制、三传感器三通道 / 前轮独立 - 后轮低选择控制、四传感器二通道 / 前轮独立控制、四传感器二通道 / 前轮独立 - 后轮低选择控制、一传感器一通道 / 后轮近似低选择控制等类型。

（1）四传感器四通道 / 四轮独立控制方式

四传感器四通道 / 四轮独立控制方式如图 2-7 所示。此控制方式是通过各轮速传感器的信号分别对各车轮制动压力进行单独控制，制动距离和操纵性最好，但在附着系数不对称路面上制动时的方向稳定性较差，其原因是此时同一轴上左右车轮的制动力不同，使汽车产生较大偏转力矩而产生制动跑偏。

（2）四传感器四通道 / 前轮独立 - 后轮选择控制方式

四传感器四通道 / 前轮独立 - 后轮选择控制方式如图 2-8 所示，该系统前轮独立控制，而后轮选择控制，一般采用低选择控制，即以易抱死车轮为标准。给两后轮施加相等的制动压力控制车轮转动。此种控制方式用于 X 形制动管路的 ABS 控制系统，因为左右后轮不是同一制动管路，因此需要采用 4 个通道。此种形式的操纵性、稳定性较好，但制动效能稍差。

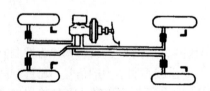

图 2-7　四传感器四通道 / 四轮独立控制方式

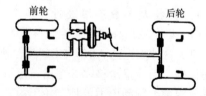

图 2-8　四传感器四通道 / 前轮独立 -
后轮选择控制方式

（3）四传感器三通道 / 前轮独立 - 后轮低选择控制方式

四传感器三通道 / 前轮独立 - 后轮低选择控制方式如图 2-9 所示，该系统用于制动管路前后布置形式的后轮驱动汽车。由于采用 4 个轮速传感器，检测左右后驱动轮的轮速，实现低选择控制方式，因此其性能与第（2）种控制方式相同，操纵性、稳定性较好，但制动性能稍差。

（4）三传感器三通道 / 前轮独立 - 后轮低选择控制方式

三传感器三通道 / 前轮独立 - 后轮低选择控制方式如图 2-10 所示。该系统用于制动管路前后布置后轮驱动的汽车，前轮各有 1 个轮速传感器，独立控制。而后轮轮速则由装于差速器上的 1 个轮速传感器检测，按低选择的控制方式用 1 条制动管路对后轮进行制动控制，其性能与第（3）种控制方式相近。

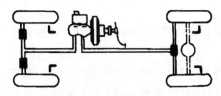

图 2-9　四传感器三通道 / 前轮独立 -
后轮低选择控制系统

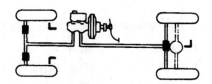

图 2-10　三传感器三通道 / 前轮独立 -
后轮低选择控制系统

（5）四传感器二通道 / 前轮独立控制方式

四传感器二通道 / 前轮独立控制方式如图 2-11 所示，该控制方式多用于 X 形制动管路汽车的简易控制系统。前轮独立控制，制动液通过比例阀（PV 阀）按一定比例减压后传至对角后轮。与三通道、四通道的控制系统相比，其后轮制动力稍有降低，制动效能稍有下降，但后轮侧滑较小。

（6）四传感器二通道 / 前轮独立 - 后轮低选择控制方式

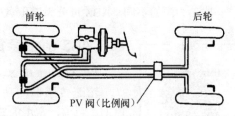

图 2-11　四传感器二通道 / 前轮独立控制系统

四传感器二通道 / 前轮独立 - 后轮低选择控制方式如图 2-12 所示，该系统在通往后轮的两通道上增设一个低选择阀（SLV 阀）。此种控制方式更接近三通道或四通道的控制效果。

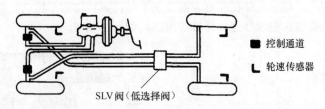

图 2-12　四传感器二通道 / 前轮独立 - 后轮低选择控制系统

（7）一传感器一通道 / 后轮近似低选择控制方式

一传感器一通道 / 后轮近似低选择控制方式如图 2-13 所示，该控制方式用于制动管路前后布置的汽车，只对后轮进行控制。1 个传感器装于后桥差速器上，只对后轮采用近似低选择的控制方式。由于前轮无控制，故易抱死，转向操纵性差，制动距离较长。

目前汽车上应用较多的为四传感器三通道（前轮独立控制 - 后轮低选择控制）式、三传感器三通道式和四传感器四通道式。

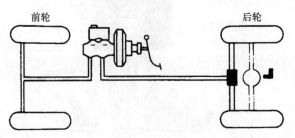

图 2-13　一传感器一通道 / 后轮近似低选择控制方式

3. 按动力系统结构分类

（1）整体式 ABS

整体式 ABS 是将制动总泵与制动压力调节器装在一起，组合为一个整体，这种结构应用较为广泛。

（2）非整体式 ABS

非整体式 ABS 是将制动总泵与制动压力调节器分开布置，两者之间通过液压管路进行连接。

4. 按主要生产厂家分类

按主要生产厂家不同，ABS 可分为德国的博世（BOSCH）ABS、戴维斯（TEVES）ABS，美国的邦迪克斯（BENDIX）ABS、达科（DELCO）ABS 和日本的 OEM ABS 等。其中，博世（BOSCH）ABS 和戴维斯（TEVES）ABS 是目前汽车采用最多的 ABS。

5. 按制动压力调节器的调压方式分类

按制动压力调节器的调压方式不同，ABS 可分为循环式 ABS 和可变容积式 ABS。

6. 按动力源的不同分类

按动力源的不同，ABS 可分为液压 ABS、气压 ABS 和气液混合 ABS 等。

四、ABS 的主要部件

动画

电磁式轮速传感器
工作原理

1. 轮速传感器

轮速传感器的功用是检测车轮的旋转速度，并将速度信号输入 ECU。目前，常用的轮速传感器主要有电磁式和霍尔式两种。

（1）电磁式轮速传感器

电磁式轮速传感器主要由传感器头和齿圈 2 部分组成，如图 2-14 所示。

齿圈随车轮或传动轴一起转动，通常用磁阻很小的铁磁材料制成。传感器头是静止部件，对应安装在靠近齿圈而又不随齿圈转动的车轮的托架上。电磁式轮速传感器通常由永久磁铁、电磁线圈和极轴等组成，如图 2-15 所示。

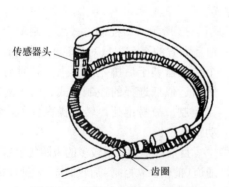

图 2-14　电磁式轮速传感器外形

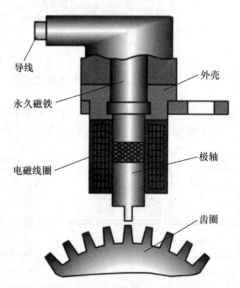

图 2-15　电磁式轮速传感器的结构

提示

传感器头与齿圈的端面有一空气间隙，此间隙一般为 1mm，通常可通过移动传感器头的位置来调整间隙。

传感器要求安装牢固，只有这样才能确保汽车在制动过程中产生的振动不会干扰或影响传感信号正确无误地输出。

为了避免灰尘与飞溅的水、泥土等对传感器工作的影响，在安装前需将传感器加注润滑脂。图 2-16 所示为轮速传感器在车轮处的安装位置。

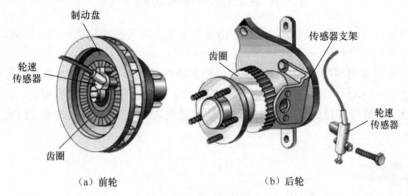

（a）前轮　　　　　　　　　　（b）后轮

图 2-16　轮速传感器在车轮处的安装位置

电磁式轮速传感器的工作原理如图 2-17 所示。传感器齿圈随车轮旋转的同时，还与传感器头极轴做相对运动。当传感器头的极轴与齿圈的齿隙相对时，极轴与齿圈之间的空气间隙最大，即磁阻最大。传感器头的磁极磁力线只有少量通过齿圈而构成回路，在电磁线圈周围的磁场较弱，如图 2-17（a）所示；当传感器头的极轴与齿圈的齿顶相对时，两者之间的空隙较小，即磁阻最小。传感器头的磁极磁力线通过齿圈的数量增多，在电磁线圈周围的磁场较强，如图 2-17（b）所示。

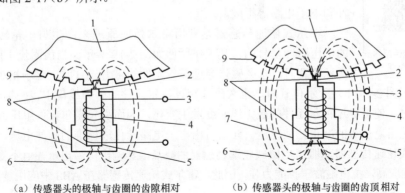

（a）传感器头的极轴与齿圈的齿隙相对　　（b）传感器头的极轴与齿圈的齿顶相对

图 2-17　电磁式轮速传感器的工作原理

1—齿圈；2—极轴；3—电磁线圈引线；4—电磁线圈；5—永久磁体；6—磁力线；

7—电磁式传感器；8—磁极；9—齿圈齿顶

齿圈随车轮不停地旋转就使传感器头电磁线圈周围的磁场经强—弱—强—弱……周期性地变化，因此电磁线圈就感应出交变电压信号，即轮速信号，如图 2-18 所示。

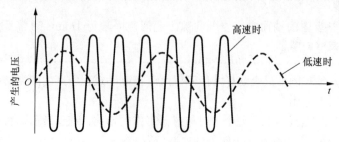

图 2-18　电磁式轮速传感器输出电压信号

交变电压信号的频率与齿圈的齿数和转速成正比，因齿圈的齿数一定，因而轮速传感器输出的交流电压信号频率只与相应的车轮转速成正比。

轮速传感器由电磁线圈引出 2 根导线，将其速度变化产生的交变电压信号送至 ABS 的电子控制单元（ECU）。为防止外部电磁波对速度信号的干扰，传感器的引出线采用屏蔽线，以保证反映车轮速度变化的交变电压信号准确地送至 ABS 的电子控制单元（ECU）。

提示

电磁式轮速传感器结构简单，成本低，但存在以下缺点：当车速很低时，传感器输出的电压信号较弱；传感器频率响应较低，当车速过高时，传感器的频率响应跟不上，容易产生错误信号；传感器的抗电磁波干扰能力较差。

动画

霍尔式轮速传感器
的工作原理

（2）霍尔式轮速传感器

霍尔式轮速传感器也是由传感器头、齿圈组成的。其齿圈的结构及安装方式与电磁式轮速传感器的齿圈相同，传感器头由永磁体、霍尔元件和电子电路等组成。

霍尔式轮速传感器是利用霍尔效应原理来产生与车轮转速相对应的电压脉冲信号的，其工作原理如图 2-19 所示。当齿圈位于图 2-19（a）所示位置时，永久磁体穿过霍尔元件的磁力线分散，磁场相对较弱；而当齿圈位于图 2-19（b）所示位置时，永久磁体穿过霍尔元件的磁力线集中，磁场相对较强。齿圈转动时，使得穿过霍尔元件的磁力线密度发生变化，因而引起霍尔元件电压的变化，霍尔元件将输出毫伏级的准正弦波电压。此信号由电子电路转化成标准的脉冲电压。

霍尔式轮速传感器克服了电磁式轮速传感器的缺点，其输出信号电压幅值不受转速的影响，频率响应高，抗电磁波干扰能力强，因此，霍尔式轮速传感器在 ABS 中应用越来越广泛。

2. 电子控制单元

电子控制单元（ECU）是 ABS 的控制中枢，其主要作用是接收传感器信号，并对这些输入信号进行测量、比较、分析、放大和判别处理，通过精确计算，得出制动时车轮的滑移率、车轮的减速度，以判断车轮是否有抱死趋势，然后向制动压力调节器发出控制指令，去执行压力调节任务。

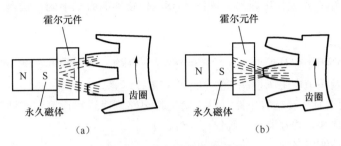

图 2-19　霍尔式轮速传感器

ECU 还具有监控和保护功能，当系统出现故障时，能及时转换成常规制动，并以故障灯点亮的形式警告驾驶员，同时将检测到的故障以故障码的形式储存在存储器中。

ECU 内部电路通常包括传感器输入电路、运算电路、电磁阀控制电路和安全保护电路。常见的四传感器四通道 ABS 的 ECU 电路连接方式如图 2-20 所示。

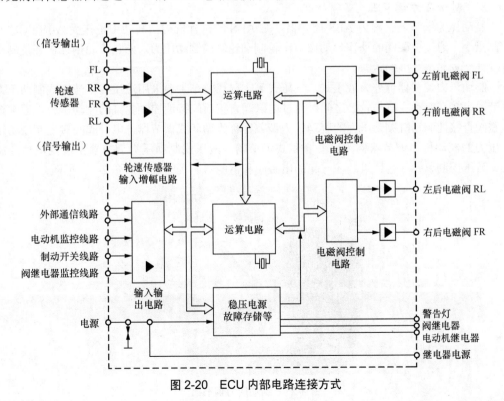

图 2-20　ECU 内部电路连接方式

（1）传感器输入电路

传感器输入电路的功用是将轮速传感器、减速度传感器及各种开关信号进行预处理和模/数转换等，然后输入到运算电路。不同的 ABS，传感器的数量不同，输入级放大电路的个数也不同。

（2）运算电路

运算电路的功用主要是根据输入信号进行车轮线速度、初始速度、滑移率、加速度和减速度的运算，以及调节电磁阀控制参数的运算和监控运算。

ECU 中一般设有 2 套运算电路，这 2 套运算电路同时进行运算和传递数据，利用各自的运算结果相互比较、相互监视，确保可靠性。

（3）电磁阀控制电路

电磁阀控制电路的功用是接收运算电路输入的电磁阀控制参数信号，通过控制大功率三极管，向电磁阀提供控制电流。

（4）安全保护电路

安全保护电路包括稳压电源、电源监控电路、故障反馈电路和继电器驱动电路等。其主要作用是将汽车电源提供的 12V 电压变为 ECU 内部所需的 5V 标准稳定电压，监控 12V 和 5V 电压是否在规定范围内，并对输入电路、运算电路和电磁阀控制电路的反馈信号进行监视。当监测到 ABS 出现故障时，关闭各电磁阀，停止 ABS 工作，返回常规制动状态，同时点亮仪表板上的 ABS 警告灯，提醒驾驶员注意 ABS 的故障，并将故障信息以故障码的形式储存在存储器中，以便诊断时调取。

3. 制动压力调节器

制动压力调节器又称为 ABS 控制器，是 ABS 的执行机构，其功用是接受 ABS ECU 的控制指令，通过电磁阀的动作自动调节车轮制动轮缸的制动压力，防止车轮抱死，并使制动过程处于理想滑移率的状态。

制动压力调节器可分为液压式、气压式等，现代轿车主要采用液压式。液压式制动压力调节器串接在制动主缸与轮缸之间，通过电磁阀直接或间接地控制轮缸的制动压力。通常把电磁阀直接控制轮缸制动压力的制动压力调节器称为循环式调节器，电磁阀间接控制制动轮缸压力的制动压力调节器称为可变容积式调节器。液压式制动压力调节器主要由电动液压泵、液压控制单元（包括组装在一起的电磁阀和蓄能器）等组成，如图 2-21 所示。

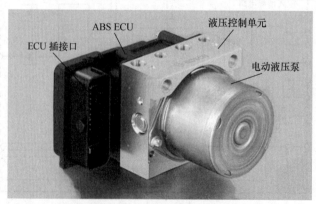

图 2-21　制动压力调节器

（1）电动液压泵

ABS 所用的电动液压泵多为柱塞式液压泵，它由直流电动机、柱塞、进出油阀等组成，如图 2-22 所示。在 ABS 运行时，电动液压泵根据 ECU 的信号确定是否工作，当 ECU 控制接通电动机电路时，电动机便会驱动电动液压泵工作，从而起到循环制动液或提高制动液油压的作用。

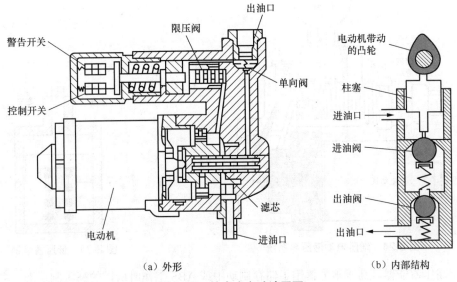

（a）外形　　　　　　　　　（b）内部结构

图 2-22　柱塞式电动液压泵

电动液压泵根据其作用的不同可分为回油电动液压泵与增压电动液压泵。

回油电动液压泵与低压蓄能器和制动主缸相连，在 ABS 工作时，可将轮缸及低压蓄能器制动液压泵回制动主缸，如图 2-23 所示，它用于循环式制动压力调节器系统。

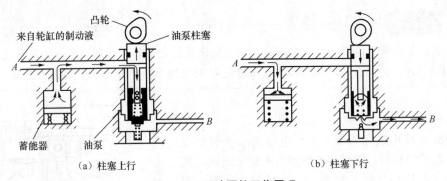

（a）柱塞上行　　　　　　　　　（b）柱塞下行

图 2-23　回油泵的工作原理

增压电动液压泵与储液室和高压蓄能器相连，用于产生增压控制压力。图 2-24 所示为用于可变容积式制动压力调节器系统的增压电动液压泵系统。

（2）蓄能器

蓄能器根据其作用不同可以分为低压蓄能器和高压储能器 2 种。

① 低压蓄能器。低压蓄能器位于电磁阀与回油泵之间，用来容纳 ABS 减压过程中从制动分泵回流的制动液，同时还对回流制动液的压力波动具有一定的衰减作用。其结构为一

个内装活塞和弹簧的油缸，如图 2-25 所示。ABS 在减压时，由轮缸来的液压油进入蓄能器，进而压缩弹簧使蓄能器液压腔容积变大，以暂时储存制动液。

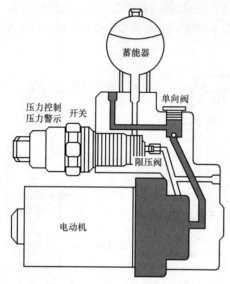

图 2-24　增压电动液压泵系统

图 2-25　低压蓄能器

② 高压蓄能器。高压蓄能器用于储存制动中或 ABS 工作时所需的高压制动液，多采用气囊式蓄能器，其结构如图 2-26 所示。高压蓄能器的气囊体被 1 个膜片分隔成 2 个互不相通的腔室。上腔为气室，其内充满了高压氮气，可使制动液保持在较高的压力（14 ～ 18 MPa）。下腔为液室，与电动增压泵出液口相通，其内盛装由电动增压泵泵入的制动液。

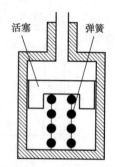

提示

　　高压蓄能器上装有压力控制开关，用于检测高压蓄能器下腔制动液压力。压力低于 15MPa 时，开关闭合，增压泵工作。压力达到 18MPa 时，开关打开，增压泵停止工作。

（3）电磁阀

　　ABS 系统中通常有 4 ～ 8 个电磁阀，分别对应控制前后轮的制动。常用的电磁阀为三位三通阀，其结构和工作过程如图 2-27 所示。电磁阀由线圈、固定铁心和可动铁心组成，阀上有 3 个孔分别通制动主缸、制动轮缸和蓄能器。电磁阀线圈受 ECU 控制，改变电磁线圈的电流可以改变柱塞的位置，以实现改变 3 个阀口之间通路的改变。根据电流的大小，可将柱塞控制在"升压""保压""减压" 3 种位置。

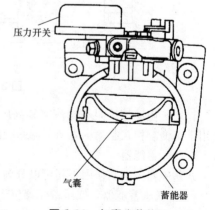

图 2-26　气囊式蓄能器

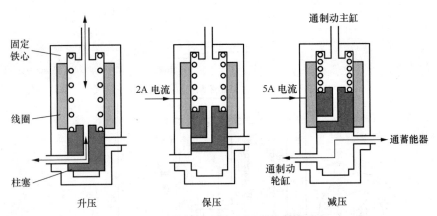

图 2-27　三位三通电磁阀的工作原理

（4）循环式制动压力调节器

循环式制动压力调节器在制动主缸与轮缸之间串联一电磁阀，直接控制轮缸的制动压力。其基本结构如图 2-28 所示，它主要由制动踏板机构、制动主缸、回油泵、蓄能器、电磁阀、制动轮缸等组成。其中，回油泵的作用是当电磁阀在"减压"过程中，将从制动轮缸流出的制动液经蓄能器泵回制动主缸；蓄能器的作用是当电磁阀在"减压"过程中，将从制动轮缸流出的制动液由蓄能器暂时储存，然后由回油泵泵回制动主缸。

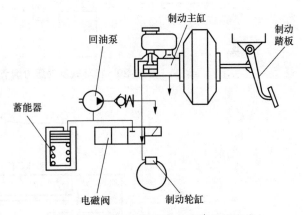

图 2-28　循环式制动压力调节器的组成

循环式制动压力调节器式 ABS 系统在汽车制动过程中，根据 ECU 控制流经制动压力调节器电磁线圈电流的大小，可使 ABS 系统处于"升压""保压""减压"和"增压"4 种状态。

① 升压（常规制动）状态。如图 2-29 所示，在常规制动过程中，ABS 不工作，电磁线圈中无电流通过，电磁阀柱塞在复位弹簧的作用下处于"下端"（升压）位置。此时制动主缸与轮缸相通，制动主缸内的制动液直接进入轮缸，轮缸压力随主缸压力的升高而升高。

② 保压状态。如图 2-30 所示，在保压制动过程中，ECU 向电磁线圈输入一个较小的电流时（约为最大电流的 1/2），电磁线圈产生较小的电磁力，使柱塞处于"中间"（保压）位置。此时制动主缸、制动轮缸和回油孔相互隔离，轮缸中的制动压力保持一定。

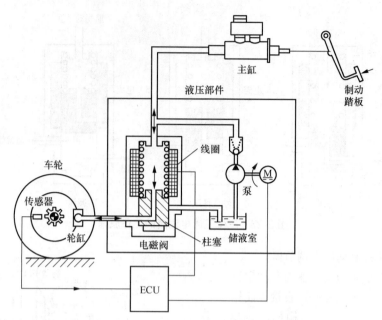

图 2-29　循环式制动压力调节器常规制动过程

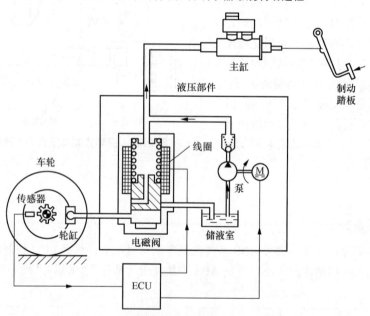

图 2-30　循环式制动压力调节器保压制动过程

　　③ 减压状态。如图 2-31 所示，在减压制动过程中，ECU 向电磁线圈输入 1 个最大电流时，电磁线圈产生更大的电磁力，使柱塞处于"上端"（减压）位置。此时电磁阀柱塞将轮缸与回油通道或蓄能器接通，轮缸中的制动液经电磁阀流入储液室，轮缸压力下降。与此同时，电动液压泵工作，将流回储液室的制动液输送回主缸，为下一个制动周期做好准备。

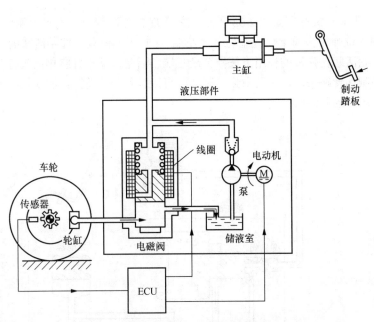

图 2-31 循环式制动压力调节器减压制动过程

④ 增压状态。在制动压力下降，车轮的转速增加后，当 ECU 检测到车轮转速增加太快时，便切断通往电磁阀的电流，使制动主缸与制动轮缸再次相通，制动主缸的高压制动液再次进入制动轮缸，制动力增加。

（5）可变容积式制动压力调节器

可变容积式制动压力调节器主要由电磁阀、控制活塞、液压泵、蓄能器等组成，如图 2-32 所示。该系统是在汽车原有制动管路上增加一套液压控制装置，用它控制制动管路中制动液容积的增减，从而控制制动压力的变化，其特点是制动压力油路和 ABS 控制压力油路是相互隔开的。

可变容积式制动压力调节器式 ABS 系统的工作过程同样可以分为"升压""保压""减压"和"增压" 4 种状态，其具体工作过程如下。

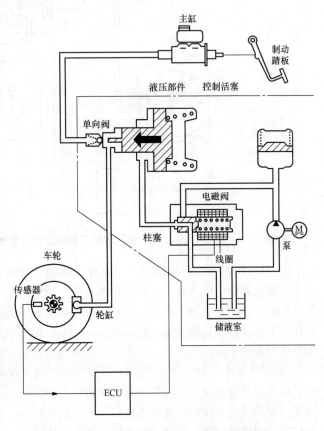

图 2-32 可变容积式制动压力调节器系统组成

① 常规（升压）状态。如图 2-33 所示，在常规制动过程中，电磁线圈中无电流通过，电磁阀柱塞在复位弹簧作用下使柱塞处于"左端"（升压）位置，控制活塞的工作腔与回油管路接通，控制活塞在弹簧的作用下被推至最左端，活塞顶端推杆将单向阀打开，制动主缸与制动轮缸的制动管路接通，制动主缸的制动液直接进入制动轮缸，制动轮缸内制动液的压力随制动主缸压力的升高而升高。

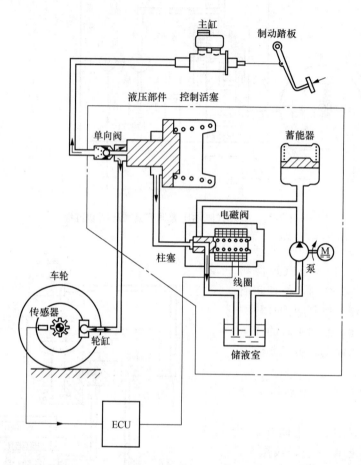

图 2-33　可变容积式制动压力调节器常规制动过程

② 保压状态。如图 2-34 所示，在保压制动过程中，ECU 向电磁线圈输入一小电流时，由于电磁线圈的电磁力减小，柱塞在弹簧弹力的作用下左移，将蓄能器、回油管及控制活塞的工作腔管路相互关闭。此时，控制活塞左侧的油压保持一定，控制活塞在油压和弹簧的共同作用下保持在一定的位置，而此时单向阀仍处于关闭状态，制动轮缸的容积也不发生变化，制动压力保持一定。

③ 减压状态。如图 2-35 所示，在减压制动过程中，ECU 向电磁线圈输入一大电流时，电磁阀内的柱塞在电磁力作用下克服弹簧弹力移到右边，将蓄能器与控制活塞的工作腔管路接通，制动液进入控制活塞的工作腔，推动活塞右移，单向阀关闭，制动主缸与制动轮缸之间的制动管路被切断。同时，由于控制活塞右移使制动轮缸侧容积增大，制动压力减小。

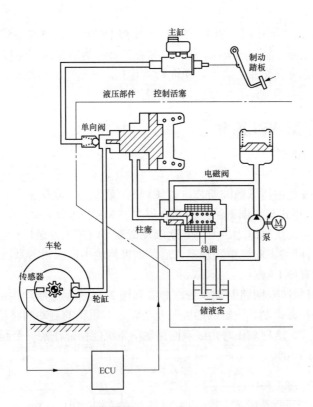

图 2-34 可变容积式制动压力调节器的保压制动过程

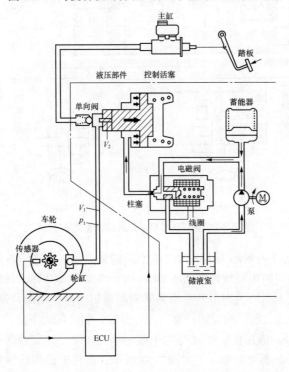

图 2-35 可变容积式制动压力调节器的减压制动过程

④ 增压状态。需要增压时，ECU 切断电磁线圈中的电流，使控制活塞工作腔与回油管路接通，控制活塞左侧控制油压解除，控制活塞在弹簧弹力的作用下左移，轮缸侧容积减小，压力升高。当控制活塞移至最左端时，单向阀被打开，制动轮缸与制动主缸油路接通，制动轮缸内的制动液压力将随制动主缸压力的增加而增大。

五、典型车型 ABS 简介

1. 大众车型 ABS

（1）基本特点

MK20-Ⅰ型 ABS 是由德国戴维斯公司（TEVES）研制的。我国上海汽车制动系统有限公司已于 1997 年 2 月正式与德国戴维斯公司合资生产 MK20-Ⅰ型 ABS。该系统在上海大众桑塔纳 2000GSi、一汽大众的捷达、上海赛欧以及奇瑞等汽车上安装应用。它采用四传感器 /三通道的 ABS 调节回路，前轮单独调节，后轮则以两轮中地面附着系数低的一侧为依据统一调节。该系统具有如下特点。

① 采用液压对角线双回路制动系统，布置如图 2-36 所示。制动主缸的前腔与右前轮、左后轮的制动回路相通，制动主缸的后腔与左前轮、右后轮的制动回路相通，2 个制动回路呈交叉型对角线布置。这种液压对角线双回路制动系统能保证在某一个回路出现故障时，仍能得到总制动效率的 50%。

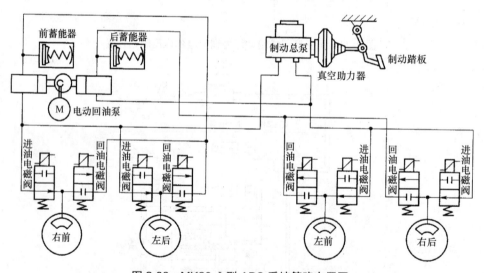

图 2-36 MK20-Ⅰ型 ABS 系统管路布置图

② 每个车轮制动器的制动力由一组二位二通的常开阀（进液电磁阀）和常闭阀（出液电磁阀）控制，电磁阀的电磁线圈集成于 ECU 内。当常开阀打开、常闭阀关闭时，车轮制动压力随着制动踏板力的增大而上升；当常开阀和常闭阀都关闭时，即使制动踏板力增大，制动压力仍保持不变；当常开阀关闭、常闭阀打开时，制动压力下降，如图 2-37 所示。

③ 将电动液压泵、液压控制单元与电子控制单元（ECU）集成在一起，形成整体式模块结构，简称为液压电子控制单元，如图 2-38 所示。并将电磁阀线圈集成于电子控制单元（ECU）内部，采用大功率集成电路直接驱动电磁阀及泵电动机，省去了电磁阀线圈与控制

器之间的连接导线及电磁继电器。

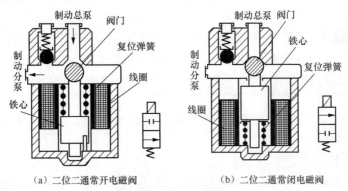

（a）二位二通常开电磁阀　　　　　（b）二位二通常闭电磁阀

图 2-37　二位二通电磁阀

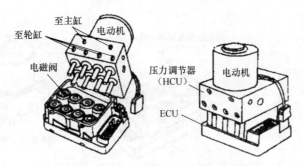

图 2-38　MK20-Ⅰ型 ABS 系统模块式结构

④ 采用 C 语言编写的控制软件程序以模块方式加密固化在 ECU 中，具有制动力分配控制功能（EBD），能够自动调节前、后轴的制动力分配比例，提高制动效能（在一定程度上可以缩短制动距离），提高制动稳定性，如图 2-39 所示。

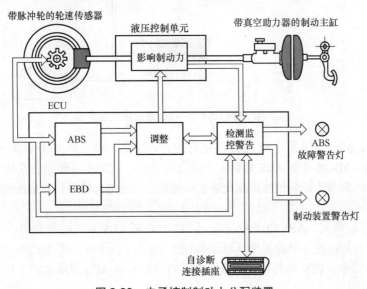

图 2-39　电子控制制动力分配装置

　　EBD 能够通过快速计算，识别出 4 个轮胎附着系数的变化，然后调整制动装置，使其按照设定的程序在运动中高速调整，达到制动力与摩擦力的匹配，以保证车辆的平稳和安全。

　　⑤ 具有自诊断功能。ECU 中有故障存储器，有故障诊断接口，借助专用仪器（V.A.G1551）可方便地进行故障诊断。

　　（2）系统组成

　　MK20-Ⅰ型 ABS 主要由 4 个轮速传感器、ABS 控制器（包括 ECU、液压控制单元、液压泵等）、ABS 故障警告灯、制动警告灯等组成，如图 2-40 所示，其在车上的布置如图 2-41 所示。

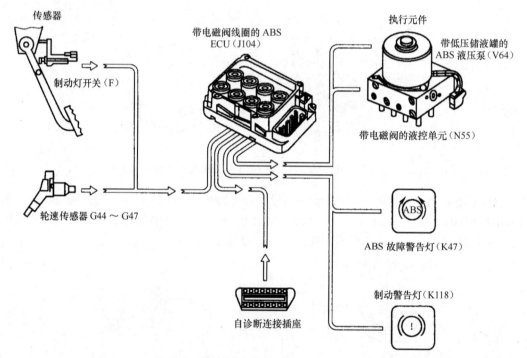

图 2-40　MK20-Ⅰ型 ABS 系统组成示意图

　　① 轮速传感器。MK20-Ⅰ型 ABS 是磁脉冲式传感器，桑塔纳 2000 轿车 ABS 采用电磁式轮速传感器。MK20-Ⅰ型 ABS 共有 4 个轮速传感器，前轮的齿圈安装在传动轴上，轮速传感器安装在转向节上；后轮的齿圈安装在后轮毂上，轮速传感器则安装在固定支架上，如图 2-42 所示。

　　② 电子控制单元。ABS 电子控制单元（ECU）是 ABS 系统的控制中心，ECU 的主要任务是连续监测和接收 4 个轮速传感器送来的脉冲信号，分析 4 个车轮的制动情况，向液压控制单元发出指令，控制制动轮缸油路上电磁阀的通断和 ABS 液压泵的工作来调节制动压力，防止车轮抱死。

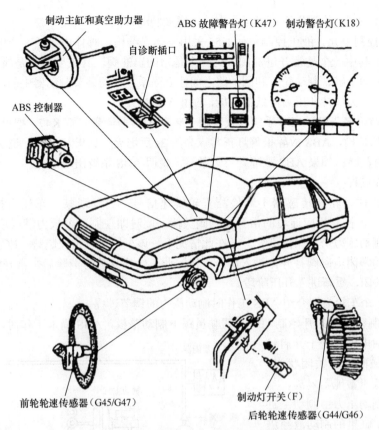

制动主缸和真空助力器

ABS 故障警告灯（K47）　制动警告灯（K18）

自诊断插口

ABS 控制器

前轮轮速传感器（G45/G47）

制动灯开关（F）

后轮轮速传感器（G44/G46）

图 2-41　MK20-Ⅰ型 ABS 元件在车上的安装位置

提示

　　前轮 2 个传感器不能互换，后轮 2 个传感器能互换。如果单个传感器失灵，ABS
功能中断，EBD 电子制动力分配仍保持工作，ABS 故障警告灯亮；若 2 个以上传感器
失灵，则 ABS/EBD 功能中断，ABS 故障警告灯亮。

　　③ ABS 液压泵和低压蓄能器。ABS
液压泵与低压蓄能器合为一体装于液
压控制单元上。低压蓄能器用于暂时
储存从轮缸中流出的制动液，以缓和
制动液从制动轮缸中流出时产生的脉
冲。ABS 液压泵的作用是将在制动压
力阶段流入低压蓄能器中的制动液及
时送至制动主缸，同时在施加压力阶
段，从低压蓄能器中吸取剩余制动力，

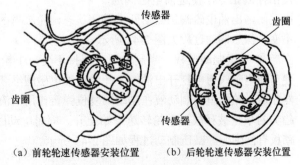

传感器

齿圈

齿圈

传感器

（a）前轮轮速传感器安装位置　（b）后轮轮速传感器安装位置

图 2-42　轮速传感器安装位置

泵入制动循环系统，给液压系统以压力支持，增加制动效能。

④ 液压控制单元。液压控制单元 N55 采用整体式结构，阀体内包括 8 个电磁阀，每个回路各一对，其中一个是常开进油阀，另一个是常闭出油阀。其主要任务是执行 ABS ECU 的指令，在制动主缸、制动轮缸和回油路之间建立联系，自动调节制动器中的液压压力，实现压力升高、压力保持和压力降低的功能，防止车轮抱死。

⑤ ABS 故障警告灯。ABS 系统在仪表板上装有 ABS 故障警告灯 K47。把点火开关打开，ABS 系统开始自检，ABS 故障报警灯正常点亮约 2s 后熄灭。如果灯不亮，说明故障警告灯本身或线路有故障；如果 ABS 故障警告灯常亮，说明 ABS 系统出现故障。

（3）工作过程

ABS 工作时，轮速传感器不断检测车轮转速信号，当发现某一车轮有抱死趋势时，ECU 发出指令，控制相应通道的常开电磁阀关闭，此时即使制动踏板力继续增大，该车轮制动器上的制动压力仍将保持不变。若在此情况下，该车轮仍有抱死趋势，ECU 发出指令，控制该通道的常闭电磁阀打开，进入降压阶段。此车轮抱死趋势消除后，常开电磁阀打开，常闭电磁阀关闭，重新进入升压阶段。

下面以一个车轮为例介绍 ABS 工作时制动压力的调节过程。

① 常规制动过程。开始制动时，驾驶员踩下制动踏板，ABS 尚未工作时，2 电磁阀均不通电，进油电磁阀处于开启状态，出油电磁阀处于关闭状态，制动轮缸与低压蓄能器隔离，与主缸相通。制动压力由制动主缸产生，制动主缸里的制动液经进油阀作用到车轮制动轮缸上，使车轮产生制动。常规制动过程如图 2-43 所示。

② 保压制动过程。当驾驶员继续踩制动踏板，制动油压继续升高，当 ABS 的 ECU 通过轮速传感器检测到车轮的减速度达到设定值，车轮出现抱死趋势时，发出控制指令，使进油电磁阀通

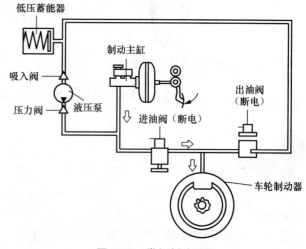

图 2-43　常规制动过程

电关闭，出油电磁阀仍处于断电关闭状态，轮缸里的制动液处于不流通状态，系统油压保持不变。保压制动过程如图 2-44 所示。

③ 减压制动过程。当制动压力保持不变，车轮仍有抱死趋势时，ABS ECU 发出指令，使出油电磁阀通电打开出油阀，此时进油电磁阀继续通电保持关闭状态，使轮缸与低压蓄能器相通，轮缸里的制动液在制动蹄复位弹簧作用下流到低压蓄能器，制动压力减小，有抱死趋势的车轮被释放，车轮转速开始上升。同时电动回油泵通电工作及时将制动液泵回主缸，踏板有回弹感。减压制动过程如图 2-45 所示。

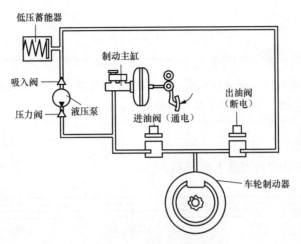

图 2-44　保压制动过程

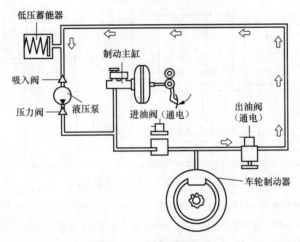

图 2-45　减压制动过程

④ 增压制动过程。当 ABS ECU 通过轮速传感器检测到车轮的加速度达到设定值时，进、出油电磁阀均断电，进油阀开启，出油阀关闭，同时回油泵通电，将低压蓄能器里的制动液泵到轮缸，制动压力增高。增压制动过程如图 2-46 所示。

随着制动压力的增加，车轮转速又开始下降。ABS 就是这样以 5 ～ 6 次 /s 的频率按上述"常规制动—保压制动—减压制动—增压制动"的循环对制动压力进行调节，将车轮的滑移率始终控制在 20% 左右，直到停车。

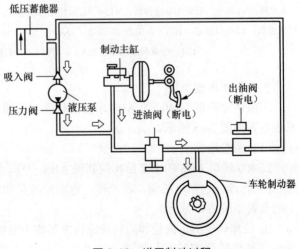

图 2-46　增压制动过程

如果 ABS 出现故障，进油阀始终常开，出油阀始终常闭，使常规液压制动系统继续工作而 ABS 不工作，直到 ABS 故障排除为止。

（4）ABS 的电路

MK20-Ⅰ型 ABS 的电路如图 2-47 所示。

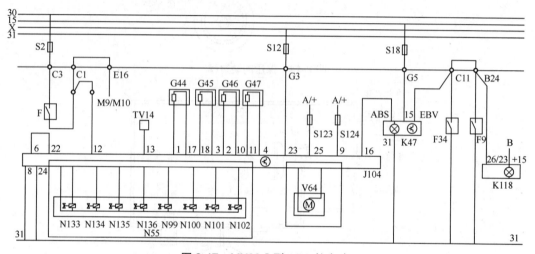

图 2-47　MK20-Ⅰ型 ABS 的电路

A—蓄电池；B—在仪表内（+15）；F—制动灯开关；F9—驻车制动开关；F34—制动液液面开关；G44—右后轮轮速传感器；G45—右前轮轮速传感器；G46—左后轮轮速传感器；G47—左前轮轮速传感器；J104—ABS ECU；K47—ABS 故障警告灯；K118—制动警告灯；M9—左制动灯；M10—右制动灯；N55—液压控制单元（HCU）；N99—右前轮 ABS 进油阀；N100—右前轮 ABS 出油阀；N101—左前轮 ABS 进油阀；N102—左前轮 ABS 出油阀；N133—右后轮 ABS 进油阀；N134—右后轮 ABS 出油阀；N135—左后轮 ABS 进油阀；N136—左后轮 ABS 出油阀；S2—熔断器（10A）；S12—熔断器（15A）；S18—熔断器（10A）；S123—液压泵熔断器（30A）；S124—电磁阀熔断器（30A）；TV14—诊断插口；V64—ABS 电动液压泵

2. 丰田车型 ABS

丰田雷克萨斯 LS400 的 ABS 采用四传感器三通道 / 前轮独立控制 - 后轮选择控制方式，系统布置如图 2-48 所示。

（1）系统组成

LS400 轿车 ABS 的主要结构同其他 ABS 一样，也是由传感器、ECU、制动压力调节器（又称执行器，包括电磁阀、蓄能器、电动液压泵和单向阀等）和继电器等组成的。其在车上的布置如图 2-49 所示。

① 轮速传感器。前轮和后轮轮速传感器均为电磁式，前轮轮速传感器安装在转向节上，后轮轮速传感器安装在后桥壳上。若轮速传感器损坏，ABS 系统将停止工作，同时点亮

ABS 故障警告灯。

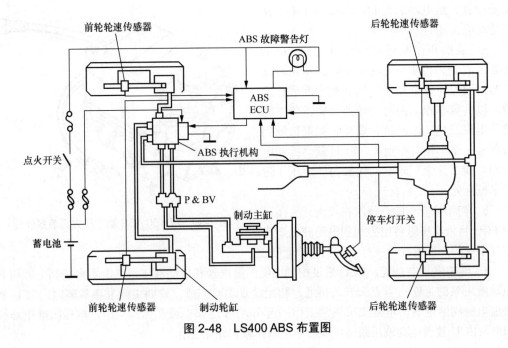

图 2-48 LS400 ABS 布置图

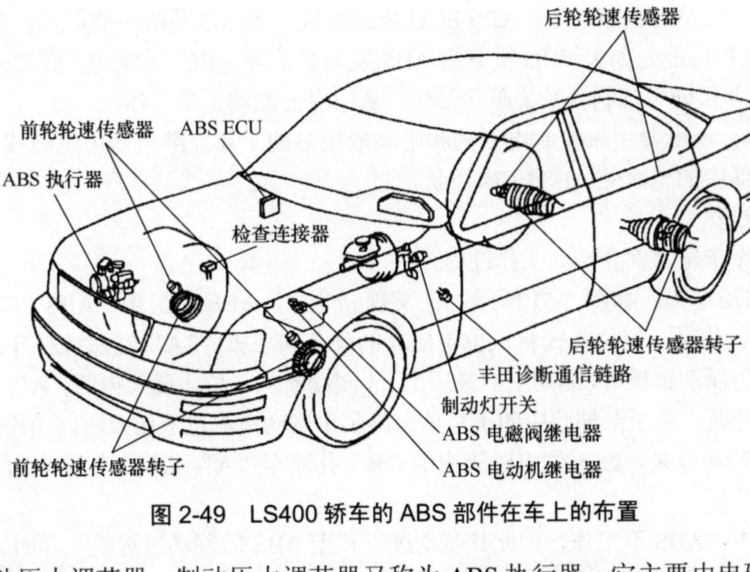

图 2-49 LS400 轿车的 ABS 部件在车上的布置

　　② 制动压力调节器。制动压力调节器又称为 ABS 执行器，它主要由电磁阀、蓄能器、电动液压泵和单向阀等构成，其外形如图 2-50 所示。阀体上有 3 个管插头，管路 A 来自制动主缸，管路 B 通往轮缸，管路 C 通往蓄能器。电磁阀采用三位三通电磁阀，可通过控制电磁阀线圈电流的大小，使三位阀处"升压""保压"和"减压"3 种位置，以控制 3 条通道的连通状态。电动液压泵用来使从制动轮缸流回到储液室的制动液泵回到制动主缸。电磁阀和电动泵的工作由 ECU 通过继电器来控制。

③ 电子控制单元。LS400 ABS 电子控制单元（ECU）具有轮速传感器的监控和控制、初始检查、继电器的控制、自诊断和失效保护等功能。

　　a. 监控和控制轮速传感器功能。ECU 不断地收到来自 4 个轮速传感器的车轮转速信号，通过对每个车轮转速和减速度进行运算，以估算车速，同时对轮速传感器传来的信号电压及电压波动进行监控。如果检测到有任何一个车轮将要抱死，ECU 就会控制电磁阀，调节这个车轮制动轮缸内的液压，防止车轮抱死。

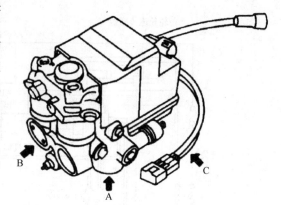

图 2-50　LS400 ABS 制动压力调节器外形

　　b. 初始检查功能。每次在点火开关接通时 ECU 将依次操纵各电磁阀和电动液压泵等电气系统的工作情况，执行一次初始检查功能。

　　c. 继电器控制功能。ECU 通过控制电磁阀继电器和电动液压泵继电器来控制电磁阀和电动液压泵的工作。当点火开关接通，初始检查功能完成，诊断中未发现故障时，ECU 就接通电磁阀继电器，电磁阀可正常工作；当在 ABS 运作中或初始检查中，电磁阀继电器接通时，ECU 接通电动液压泵继电器，电动液压泵可正常工作。

　　d. 自诊断功能。当 ABS ECU 检测到系统发生故障时，会点亮组合仪表内的 ABS 故障警告灯，警告驾驶员有故障发生。ABS ECU 也会将这一故障以故障码的形式存储起来。

　　e. 失效保护功能。如果 ECU 检测到 ABS 发动机故障，ECU 会停止执行器的工作，使 ABS 不工作，并保证常规制动系统照常工作，从而保证制动正常工作。

④ 继电器。继电器用来控制电磁阀和电动液压泵的工作，继电器由电磁线圈和触点组成，其电磁线圈中的电流受 ABS ECU 控制。

（2）工作过程

下面以一个车轮为例介绍其工作过程。

① 常规制动过程。如图 2-51 所示，在常规制动中，ABS 不工作，ABS ECU 没有电流送至电磁线圈。此时，复位弹簧将三位电磁阀的阀芯向下推，"A" 孔保持打开，"C" 孔保持关闭。当踩下制动踏板时，制动主缸液压上升，制动液从三位电磁阀内的 "A" 孔流至 "B" 孔，送至制动分泵。位于泵油路中的 1 号单向阀阻止制动液流进液压泵内。当松开制动踏板时，制动液从制动分泵，经三位电磁阀内的 "B" 孔流至 "A" 孔和 3 号单向阀，流回制动主缸。

常规制动中，ABS 不工作，因此其制动过程和无 ABS 的制动过程是一样的。

② 减压制动过程。如图 2-52 所示，当车轮将要抱死时，ECU 电磁线圈提供 5A 的电流，产生较强的磁力。三位电磁阀的阀芯向上移动，使得 "C" 孔打开而 "A" 孔关闭。制动液从制动分泵经三位电磁阀内的 "B" 孔及 "C" 孔流入储液室。同时，ECU 将液压泵电动机电路接通，制动液被从储液室泵回到主缸。由于 "A" 孔以及 1 号和 3 号单向阀阻止来自主缸的制动液流入三位电磁阀。结果，制动分泵内的液压降低，阻止车轮被抱死。

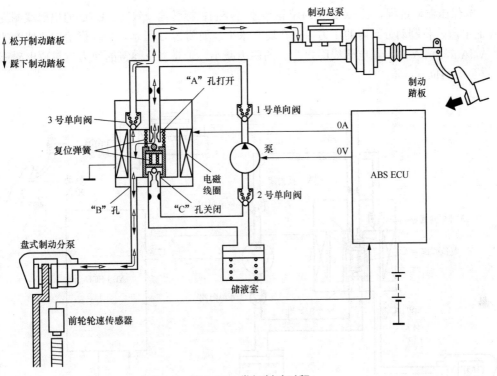

图 2-51 常规制动过程

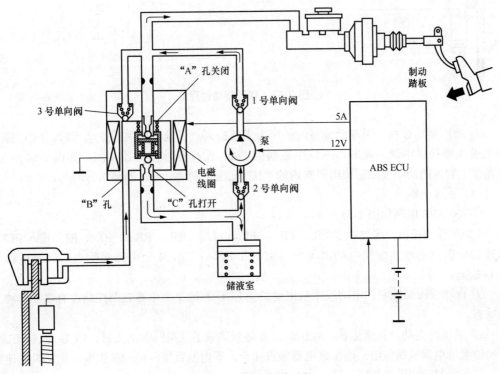

图 2-52 减压制动过程

③ 保压制动过程。当 ECU 判断车轮转速与控制目标转速一致时，ECU 向电磁线圈提供 2A 的电流，将制动分泵内的压力保持在现有水平。如图 2-53 所示，当提供给电磁线圈的电流从 5A 降至 2A 时，在电磁线圈内产生的磁力减小，于是复位弹簧的弹力将三位电磁阀向下推至中间位置，将"C"孔关闭。

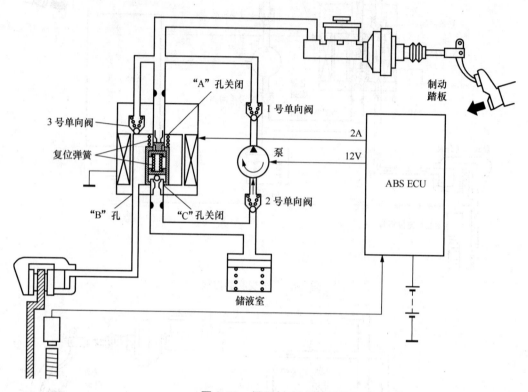

图 2-53　保压制动过程

④ 增压制动过程。当制动分泵内的压力需要提高，以施加更大的制动力时，ECU 停止向电磁线圈提供电流，此时，三位电磁阀的"A"孔打开，"C"孔关闭，如图 2-54 所示。从而使主缸内的制动液经三位电磁阀内的"B"孔流至制动分泵，制动压力增加。

（3）系统电路

LS400 ABS 电路如图 2-55 所示。

4 个车轮转速信号通过端子 FR+、FR−、FL+、FL−、RR+、RR−、RL+、RL−输入 ECU，执行器中的电动液压泵受电动液压泵继电器和 ECU 控制，4 个电磁阀受电磁阀继电器和 ECU 控制。

① 电动液压泵控制。电动液压泵电动机受 ECU 和油泵继电器共同控制，有以下 2 种工作状态。

a. 减压时电动机高速运转。减压时，为将制动液迅速泵回制动主缸，ECU 通过 MR 端子向油泵继电器线圈供电，油泵继电器触点闭合，蓄电池直接向电动机供电，电动机高速旋转，以便将制动液迅速泵回主缸。

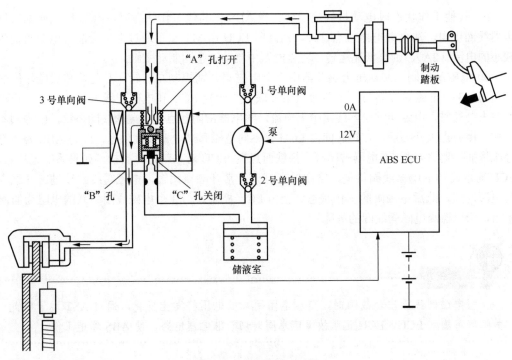

图 2-54　增压制动过程

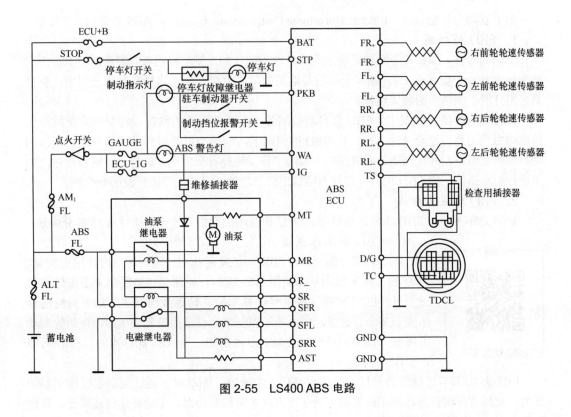

图 2-55　LS400 ABS 电路

b．其他工作状态时电动机低速运转。当 ABS 在其他工作状态时，ECU 停止向油泵继电器线圈供电，油泵继电器触点打开，而此时 ECU 由 MT 端子通过电阻向油泵电动机提供较小的电流（2A），油泵低速运转，将蓄能器中制动液泵回制动主缸。

② 电磁阀控制。制动压力调节器中 3 个电磁阀分别控制左前轮、右前轮和后轮轮缸制动压力。3 个电磁阀线圈与一个监测电阻并联，共同受 ECU 和电磁阀继电器的控制。点火开关未接通时，电磁阀继电器线圈中无电流，继电器常闭触点使电磁阀线圈搭铁，电磁阀不工作。接通点火开关后，在短时间内 ECU 仍不向电磁阀继电器线圈供电，此时 ABS 警告灯经维修插接器、电磁阀继电器常闭触点搭铁而点亮，ECU 对系统进行自检。如果系统无故障，ECU 向电磁阀继电器线圈供电，常闭触点打开，常开触点闭合，电磁阀线圈经过常开触点与电源连通，此后电磁阀的工作状态完全由 ECU 控制。与 3 个电磁线圈并联的电阻为监测电阻，用以监测电磁阀线圈的故障。

当电磁阀线圈出现故障时，监测电阻两端的电压将发生变化，通过 AST 端子将此故障信息输入 ECU，ECU 记录故障信息同时切断继电器电路，使 ABS 停止工作。

六、电子制动力分配系统

电子制动力分配系统（Electric Brakeforce Distribution，EBD）是 ABS 功能的一个扩展。

1．EBD 的功用

车辆制动时，如果 4 个车轮附着地面的条件不同（如左侧车轮附着在湿滑路面上，而右侧车轮附着在干燥路面上），则 4 个车轮与地面的附着力会不同。这样在制动过程中，将容易产生打滑、倾斜和侧翻等现象。

为避免这种情况的发生，EBD 会自动检测各个车轮的附着力状况，将制动系统所产生的制动力适当地分配至 4 个车轮。在 EBD 的辅助下，制动力可以得到最佳的分配，使得制动距离明显缩短，并在制动的同时保持车辆的平稳，提高行车安全。此外，车辆转弯时，如果进行制动操作，则 EBD 也具有维持车辆稳定性的功能，以增加弯道行驶的安全性。

2．EBD 的基本组成

如图 2-56 所示，EBD 由轮速传感器、ECU 和液压控制单元（液压执行器）3 部分组成。

3．EBD 的工作原理

动画

EBD 模拟演示

在车轮部分制动时，EBD 功能就起作用，车辆转弯时作用更明显，EBD 的工作区域示意图如图 2-57 所示。轮速传感器发出 4 个车轮的转速信号，ECU 根据这些信号计算车轮的转速及滑移率。如果后轮滑移率大于某个设定值，则由液压控制单元调节后轮制动压力，使后轮制动力降低，以保证后轮不会先于前轮抱死。当 ABS 起作用时，EBD 即停止工作。

EBD 压力调节过程分为升压、保压和减压 3 个阶段。制动时，通过制动主缸建立制动压力，此时常开阀打开，常闭阀关闭，制动压力进入车轮制动器，车轮转速迅速降低，直到电子控制器识别出车轮有抱死趋势为止。EBD 的升压及保压与 ABS 工作过程完全一样，但减压控制则有所不同。

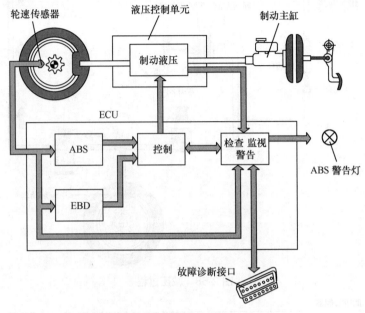

图 2-56　EBD 的基本组成

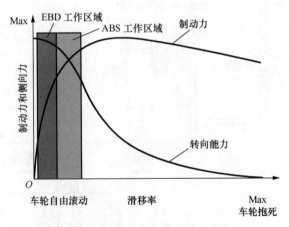

图 2-57　EBD 的工作区域示意图

① 减压过程。当后轮有抱死倾向时，后轮的常开阀关闭、常闭阀打开，车轮压力降低，减压过程如图 2-58 所示。与 ABS 的减压过程不同的是：此时液压泵不工作，降压所排放出的制动液暂时存放在低压蓄能器中。

② 低压蓄能器工作过程。如图 2-59 所示，当制动结束后，制动踏板松开，总泵内的制动压力为零，此时再次打开常闭阀，低压蓄能器中的制动液经常闭阀、常开阀返回总泵，低压蓄能器排空，为下一次 ABS 或 EBD 做好准备。

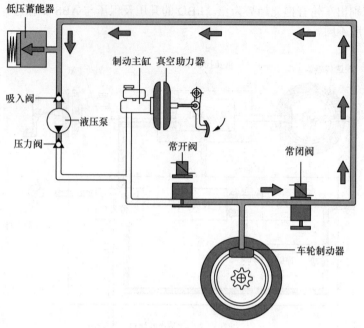

图 2-58　减压过程

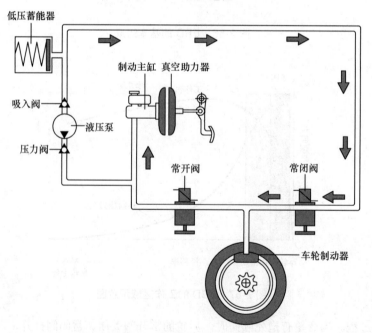

图 2-59　低压蓄能器工作过程

七、ABS 的检修与维护

1. ABS 检修注意事项

（1）ABS ECU 对过电压、静电非常敏感，维修中稍有不慎就会损坏 ECU 中的芯片，造成整个 ABS 的损坏。因此，在点火开关接通时，不要插拔 ABS 的连接器；插拔 ECU 上的连接器应做好防静电措施；一定要先断开 ECU 连接器，再在车上进行焊接操作。

（2）维修 ABS 液压控制装置（如制动压力调节器的各部件、制动分泵、蓄能器、电动液压泵、制动液管路等）时，一定要按规定程序释放 ABS 的压力（蓄能器可能存储了高达 18 000kPa 的压力），然后再按规定进行修理，以免高压制动液喷出伤人。

卸压的方法：关掉点火开关，然后反复踩制动踏板 20 次以上，直到感觉踩制动踏板力明显增加（无液压助力）时为止。

（3）液压制动系统维修作业完成后，应使用专用制动液充放机和故障诊断仪配合，对系统进行加液和排气。

（4）拆卸时注意不要碰伤传感器头，不允许敲击轮速传感器的齿圈，不要将传感器齿圈当作撬面，否则会损坏齿圈或影响轮速信号的精度；安装时应先涂覆防锈油，并且只能压装，不可敲击或用蛮力，以免损坏传感器。

（5）更换元件时，应使用原厂配件，安装时再从包内取出配件；更换 ECU 或制动压力调节器后，应使用故障诊断仪对 ECU 进行编码，否则 ABS 警告灯将点亮，系统不能正常工作。

（6）ABS 与普通制动系统是不可分的，普通制动系统一出现问题，ABS 系统就不能正常工作。因此，要将两者视为整体进行维修，不能只把注意力集中于传感器、ECU 和液压调节器上。

（7）在进行 ABS 诊断、检查时，只要能正确使用检测仪等专业工具，按照维修手册中给出的故障诊断图表准确地找出故障点即可，可不必拘于检查的形式和步骤。

2. ABS 检修的基本方法

ABS 的故障大致可分为以下几种情况：①紧急制动时，车轮被抱死；②制动效果不良；③警告灯亮起；④ ABS 出现不正常现象。对于不同车型，其诊断与检查的方法和程序都会有所不同，但是 ABS 的基本诊断与检查方法的内容是不变的，它们一般包括听取用户反馈、初步检查、自诊断检查、线路检查、元件检查等几项内容，其检查流程如图 2-60 所示。

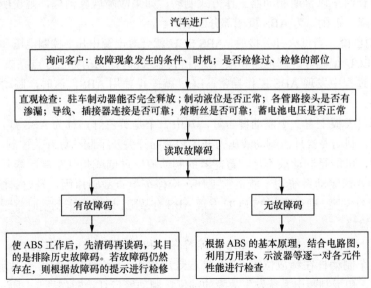

图 2-60　ABS 故障检查与诊断流程图

（1）听取用户反馈

通过用户的反馈意见，可以了解防抱死制动系统是否真的存在故障、在什么情况下发生故障、故障发生的现象等与故障相关的具体的重要信息，以帮助了解、分析和判断故障的部位，确定诊断应该从哪里开始。防抱死制动系统是较新的汽车电控技术，有时用户的反馈可能属于正常的工作情况，例如，紧急制动时踏板颤动，在制动或者启动 ABS 自检系统时发出声音等。

（2）初步检查

在听取用户的反馈后，应对系统进行初步检查。初步检查是对容易出现的故障且检查方法又很简单的部位先行检查，确定无异常时，再做系统检查，对迅速排除故障有利。

① 检查储液室是否液面过低、液压装置是否外部泄漏及制动主缸工作是否正常。

② 检查驻车制动器是否完全放松以及驻车开关功能是否正常，视具体情况进行维修或调整。

③ 检查 ABS 熔断丝是否熔断，找出熔断丝烧坏的原因，并更换熔断丝。

④ 检查导线及连接器是否有破损或连接器松动现象，若有更换导线和插好各连接器。

⑤ 检查所有的继电器、熔断器是否完好，插接是否牢固。

⑥ 检查蓄电池电压是否在规定的范围内，检查蓄电池正、负极导线的连接是否牢靠，连接处是否清洁。

⑦ 检查 ABS 控制单元、液压控制装置等的搭铁端是否接触良好。

⑧ 检查车轮胎面纹槽的深度是否符合规定。

（3）自诊断检查

如果通过初步检查不能确定故障位置，就可转入故障自诊断进行故障检查。在进行自诊断前可通过初步路试来判断是常规制动系统故障还是 ABS 故障。其方法是：拆下 ABS 继电器线束插接器或 ABS 制动压力调节器电磁阀线束插接器，使 ABS 制动压力调节器电磁阀不能通电工作，让汽车以普通制动器工作方式制动，如果故障现象消失，则说明是 ABS 电子控制系统有故障，否则，为 ABS 机械部分的故障。

① ABS 的自检。当点火开关接通，ABS ECU 就会对电源电压、控制电压和电磁阀线圈、轮速传感器、ECU 编码等外部电路和项目进行自检。此时，制动警告灯点亮 2s 后自动熄灭。如果上述自检过程中发现 ABS 工作异常，ECU 就停止使用 ABS，这时，制动警告灯亮起，并储存故障码。

现在汽车仪表板上有 2 个制动警告灯，其中一个是黄色灯，称为 ABS 灯，另一个为红色制动警告灯。制动警告灯由制动液压力开关和液面开关及手制动灯开关控制。当红色制动警告灯亮起时，可能是制动液不足、蓄能器的制动液压过低或是驻车制动器开关有问题等。这时，ABS 和普通制动系统均不能正常工作，应停车检查故障原因，及时排除故障。如果只是黄色 ABS 灯常亮，则说明 ABS ECU 发现 ABS 有故障，这时汽车制动时将无防抱死功能，因此也要及时检修。

正常情况下，点火开关打开，ABS 故障警告灯和制动警告灯应闪亮约 2s，一旦发动机运转起来，驻车制动杆在释放位置，2 个警告灯应熄灭，否则说明 ABS 有故障。可利用两灯的闪亮规律，初步判断出系统发生故障的部位。制动警告灯诊断如表 2-1 所示。

表 2-1 　　　　　　　　　　　　　　　　制动警告灯诊断表

警告灯	故障现象	可能原因
ABS故障警告灯亮	ABS不起作用	（1）轮速传感器不起作用 （2）液压控制单元工作不良 （3）ABS ECU不良
ABS故障警告灯不亮	踩制动踏板时，踏板振动强烈	（1）制动开关失效或调整不当 （2）制动开关线路或插接件脱落 （3）制动毂（盘）变形 （4）轮速传感器信号不良 （5）液压控制单元工作不良
ABS故障警告灯偶尔或间歇点亮	ABS作用正常，只要点火开关关闭后再打开，ABS故障警告灯即会熄灭	（1）ABS ECU插接器松动 （2）轮速传感器导线受干扰 （3）轮速传感器内部工作不良 （4）车轮轮毂轴承松旷 （5）制动管路中有空气 （6）制动轮缸工作不良 （7）制动蹄衬片不良
制动警告灯亮	制动液缺乏或驻车制动拖滞	（1）驻车制动器调整不当 （2）制动油管或制动轮缸漏油 （3）制动警告灯搭铁
ABS故障警告灯和制动警告灯亮	ABS不起作用	（1）2个以上轮速传感器故障 （2）ABS ECU故障 （3）液压控制单元工作不良

②　故障码诊断。ABS 具有诊断功能，当 ABS ECU 发现系统有故障时，会将故障以故障码的形式储存在 ECU 的存储器里，以便得到故障部位的准确提示，迅速排除故障。同时点亮 ABS 故障警告灯，提示驾驶员 ABS 故障。车型不同，故障码的显示方式也不同，可通过 ABS 故障警告灯或 ABS ECU 上的发光二极管（LED）闪烁显示故障码；也可采用专用的故障检测仪器读取故障码，目前多采用后一种方法。

③　故障码的读取与清除。将故障诊断仪与车辆上的故障自诊断插接口相连，根据提示操作故障诊断仪，通过显示屏来读取故障码。故障码能够显示故障的性质和范围，维修人员可根据故障码的提示，迅速、准确地确定故障的性质和部位，有针对性地检查有关部位、元件和线路，将故障排除。表 2-2 所示为大众桑塔纳轿车 ABS 故障码的内容。

表 2-2 　　　　　　　　　　　　　　　大众桑塔纳轿车 ABS 故障码

V.A.G1552显示屏显示	可能的故障原因	故障排除方法
00668 汽车30号线终端电压信号超差	电压供应线路、连接插头、熔断丝故障	检查ECU供电线路、熔断丝和连接插头

续表

V.A.G1552显示屏显示	可能的故障原因	故障排除方法
01276 ABS液压泵（V64）信号超差	电动机与ECU连接线路对正极或对地短路、断路；液压泵电动机故障	检查线路，进行执行元件诊断
65535 ECU	ECU故障	更换ECU
01044 ECU编码不正确	ECU 25针插头端子6和22之间断路或短路	检查线路、线束的插头
01130 ABS工作信号超差	与外界干涉信号源发生电气干涉（高频发射），如非绝缘的点火电缆线	（1）检查所有线路连接对正极或对地是否短路 （2）清除故障码 （3）在车速大于20km/h时，进行紧急制动试车 （4）再次查询故障码
00283、00285、00287、00290 左前轮轮速传感器（G47） 右前轮轮速传感器（G45） 右后轮轮速传感器（G44） 左后轮轮速传感器（G46）	轮速传感器导线、传感器线圈、传感器的线路短路或断路；连接插头松动；传感器和齿圈的间隙超差	（1）检查轮速传感器与ECU的线路和连接插头 （2）检查传感器和齿圈的安装间隙 （3）读取数据流

（4）线路检查

如果自诊断系统给出故障来源，则只进行相应线路检测；如果自诊断系统没给出故障来源，则需要按故障诊断仪进行相应线路检测。在进行线路检测时，应保证熔断器完好，并且关闭所有用电设备。

下面以MK20-Ⅰ型ABS为例介绍线路检测的具体方法。

① 拔下ABS ECU线束插头，使其与检测箱V.A.G 1598/21的插座相连接，如图2-61所示。

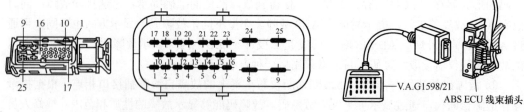

（a）ABS ECU 插接器及测试盒的端子示意图　　　（b）连接检测箱 V.A.G1598/21

图 2-61　连接检测箱 V.A.G 1598/21 与 ABS ECU 插接器

表 2-3 列出了 ABS 线束各端子连接的元件。

② 根据各端子的功能，用万用表对各端子进行测量，测量项目和方法如表2-4所示。当测得的数值稍微偏离额定值时，应清洁插头和插座端子，再重新测试。更换相应部件前，再次检查导线及连接，尤其是额定值小于10Ω的部件更应进行此项检查。如果测得的数值仍偏离额定值，应按电气检测表故障排除提示再进行检测。如果测得的数值达到额定值，还

应附带检查线路的电源或搭铁是否正常。

表 2-3 　　　　　　　　　ABS 线束各端子连接元件

端子号	连接元件	端子号	连接元件
1	右后轮轮速传感器G44	12	制动灯开关F
2	左后轮轮速传感器G46	13	诊断插口K线
3	右前轮轮速传感器G45	14、15	空
4	左前轮轮速传感器G47	16	ABS故障警告灯K47
5	空	17	右后轮轮速传感器G44
6	ECU端子22	18	右前轮轮速传感器G45
7	空	19～21	空
8	蓄电池负极	22	ECU端子6
9	蓄电池正极	23	中央线路板接头G3
10	左后轮轮速传感器G46	24	蓄电池负极
11	左前轮轮速传感器G47	25	蓄电池正极

表 2-4 　　　　　　　　　ABS 线路检测项目和方法

V.A.G 1598/21插孔	测试内容	万用表挡位	测试条件	规定值	偏离规定值时的检查方法
3与18	右前轮轮速传感器G45电阻	20kΩ	点火开关关闭	1.0～1.3kΩ	①检查插头 ②检查通向轮速传感器的导线（应拉动导线，可能端子有松动）
4与11	左前轮轮速传感器G47电阻	20kΩ	点火开关关闭	1.0～1.3kΩ	①检查插头 ②检查通向轮速传感器的导线（应拉动导线，可能端子有松动）
1与17	右后轮轮速传感器G44电阻	20kΩ	点火开关关闭	1.0～1.3kΩ	①检查插头 ②检查通向轮速传感器的导线（应拉动导线，可能端子有松动）
2与10	左后轮轮速传感器G46电阻	20kΩ	点火开关关闭	1.0～1.3kΩ	①检查插头 ②检查通向轮速传感器的导线（应拉动导线，可能端子有松动）
3与18	右前轮轮速传感器G45的电压信号	交流2V	车已举起，点火开关关闭。以1r/s的速度转动右前轮	最低为65mV的交流电压	①检查轮速传感器和齿圈的安装 ②检查轮速传感器的互换性

V.A.G 1598/21插孔	测试内容	万用表挡位	测试条件	规定值	偏离规定值时的检查方法
4与11	左前轮轮速传感器G47的电压信号	交流2V	车已举起，点火开关关闭。以1r/s的速度转动左前轮	最低为65mV的交流电压	① 检查轮速传感器和齿圈的安装 ② 检查轮速传感器的互换性
1与17	右后轮轮速传感器G44的电压信号	交流2V	车已举起，点火开关关闭。以1r/s的速度转动右后轮	190~1140mV的交流电压	① 检查轮速传感器和齿圈的安装 ② 检查轮速传感器的互换性
2与10	左后轮轮速传感器G46的电压信号	交流2V	车已举起，点火开关关闭。以1r/s的速度转动左后轮	190~1140mV的交流电压	① 检查轮速传感器和齿圈的安装 ② 检查轮速传感器的互换性
8与25	ECU J104对液压泵的供电电压	20V	点火开关关闭	10.0~14.5V	① 检查端子8至搭铁的线路 ② 检查端子25经熔断器S123到蓄电池正极的线路
9与24	ECU J104对电磁阀的供电电压	直流20V	点火开关关闭	10.0~14.5V	① 检查端子24至搭铁的线路 ② 检查端子9经熔断器S124到蓄电池正极的线路
8与23	ECU J104的供电电压	20V	点火开关打开	10.0~14.5V	① 检查端子8至搭铁的线路 ② 检查端子23到中央线路板接头G3的线路
8与12	制动灯开关F功能	直流20V	点火开关关闭 （不踩踏板） （踩踏板）	0.0~0.5V 10.0~14.5V	① 检查熔断器S2和制动灯开关F ② 检查端子8至搭铁的线路 ③ 检查端子12到中央线路板接头C1的线路

3. ABS 的使用与维护

（1）装备 ABS 的车辆使用时易出现的一些特殊现象

① 某些装有 ABS 的汽车，在发动机起动时，踩下制动踏板会弹起，而在发动机熄火时，制动踏板会下沉，这属于 ABS 的正常反应，并非故障现象。这是由于 ABS 制动压力调节器与动力转向器共享一个油泵，在发动机起动，动力转向油泵开始工作时，就会使制动踏板上抬；发动机熄火，动力转向油泵停止工作时，则会使制动踏板下沉。

② 制动时，会产生液压工作噪声和制动踏板振颤，这属于正常现象，可以让驾驶员由此而感知到 ABS 正在起作用。在紧急制动时，应直接将加速踏板踩到底，且不放松。

③ 制动时，有时会感到制动踏板有轻微下沉。这是道路路面附着系数变化，ABS 正常反应所引起的，并非故障现象。

④ 制动时，转动转向盘，会感到转向盘有轻微的振动。这也是有的制动压力调节器与动力转向器共享一个油泵所引起的正常反应。

⑤ 高速行驶急转弯或在冰滑路面上行驶时，有时会出现制动警告灯亮起的现象。这是在上述情况中出现了车轮打滑现象，ABS 产生保护动作引起的，并非故障。

⑥ 制动时，ABS 继电器不断地动作，这也是 ABS 起作用的正常现象。

⑦ 装有 ABS 的汽车在制动后期，会有车轮被抱死，地面留下拖滑的印痕。这是因为在车速小于 10km/h 时，ABS 将不起作用，属正常现象。但是，ABS 紧急制动时留下的短而淡淡的印痕与普通制动器紧急制动留下的长拖印是截然不同的。

（2）ABS 使用与维护注意事项

① ABS 对制动液的要求非常高，制动液每隔两年至少要换一次，最好是每年更换一次，更换制动液时，一定要使用厂家规定的品牌。

② 必须使用规定规格的轮胎，所有车轮的半径必须相等且气压符合规定。

③ 更换 ABS 零部件时，一定要选用该车型高质量正品配件。

④ 当驾驶装有 ABS 的汽车时，要保持足够的制动距离，当在良好的路面上行驶时，至少要保证离前面的车辆有 3s 的制动时间；在不好的路面上行驶时，要留更长一些的制动时间。

⑤ 当驾驶装有 ABS 的汽车时，反复踩制动踏板会使 ABS 时断时通而导致制动效能减低和制动距离增加，使用时要始终用脚踩住制动踏板不放松，这样才能保证足够和连续的制动力，使 ABS 有效地发挥作用。

⑥ ABS 为驾驶员提供了转向盘的可控能力，不要忘记转动转向盘，但急转弯和快速变道以及其他急打转向盘的做法也是不适当和不安全的。

⑦ 在行车中应留意仪表板上的 ABS 警告灯情况，如果发现闪烁或长亮，说明已不具备 ABS 功能，但常规制动系统仍起作用，应尽快到修理厂检修。

八、维修实例

1. 实例一　ABS 故障警告灯不亮且无防抱死功能

（1）故障现象

一辆凌志 LS400 轿车，ABS 故障警告灯不亮且没有防抱死功能。

（2）故障诊断与排除

经询问车主得知，该车在跑过一次长途之后出现 ABS 故障警告灯常亮，无防抱死功能后，曾在当地一家修理厂修理过，后来 ABS 灯不再常亮，但制动系统仍不具备防抱死功能。该车已行驶 10 万千米，一直正常保养制动系统。

根据故障现象进行分析，ABS 故障警告灯常亮时制动无防抱死效果且产生制动拖滞现象是正常的。但如果 ABS 灯不再常亮，就不应该产生制动抱死的现象。因此决定先进行自诊断调取故障码。按照正确的方法调取故障码，结果发现 ABS 故障警告灯一直不闪烁。判断可能指示灯线路有故障。

拆下仪表板，检查 ABS 故障警告灯线束，发现线路改过，从而导致 ABS 故障警告灯始终不亮。恢复了 ABS 故障警告灯线路后，再次进行调取故障码操作，故障灯闪出故障码 31，内容提示前轮轮速传感器信号故障。于是支起轿车，拆检右前轮，发现右前轮轮速传感器很脏，导致无信号产生，致使 ABS 起作用。清理右前轮轮速传感器，装复试车，故障排除。

2. 实例二 ABS 故障警告灯亮，ABS 不工作

（1）故障现象

一辆别克（BUICK）轿车，ABS 故障警告灯亮，ABS 不工作。

（2）故障诊断与排除

首先用检测仪器读取 ABS 故障码，发现故障码 41，其提示含义为右前电磁阀线路开路。根据提示检查右前电磁阀线路，测量时发现有 1 个接线端子与其他任何端子都不通，可以判断是此线路有断路故障。修复断路线路后进行检查，结果故障现象消失，故障排除。

□ 任务实施 □

操作一 轮速传感器的检查

轮速传感器可能出现的故障有：感应线圈短路、断路或接触不良等；齿圈脏污或损坏；信号探头部分安装不牢或磁极与齿圈之间有脏污等。具体检查方法如下。

步骤一 检测信号电压及波形。顶起前轮，松开驻车制动器，拆下 ABS 电线束，在线束插接器处测量。当车轮转动时，用电压表交流电压挡测量其信号电压值，电压值应随车轮转速的增加而升高，一般情况下，应达 2V 以上；用示波器检测传感器输出信号电压的波形，正常的信号电压波形应是均匀稳定的正弦电压波形。如果信号电压及波形有异常，应拆下传感器做进一步检查。

步骤二 检查传感器感应线圈的电阻值。用万用表 20kΩ 挡检查传感器电阻值，一般为 1.0～1.3kΩ。如果电阻过大或过小，均说明传感器不良，应更换。

步骤三 检查传感器外观及间隙。检查传感器导线及插接器有无松脱，探头及齿圈有无损坏及脏污，如果有应进行固定、更换或清理；在齿圈上取 4 点检查齿圈与轮速传感器信号探头之间的间隙，标准值为前轮 1.10～1.97mm，后轮 0.42～0.80mm，如果间隙不符合标准，检查传感器探头、齿圈是否松动，车轮轴承是否损坏。

操作二 ABS 制动压力调节器的检查

制动压力调节器可能的故障有制动压力调节器电磁阀线圈不良、制动压力调节器中的阀有泄漏、电动液压泵损坏等，其具体的检查方法如下。

步骤一 电磁阀的检查。用万用表检测电磁阀线圈的电阻，如果电阻无穷大或过小等，均说明其电磁阀有故障；将制动压力调节器电磁阀加上工作电压，检查电磁阀能否正常动作，如果不能正常动作，则说明电磁阀损坏，应更换制动压力调节器。

步骤二 电动液压泵和液压循环检查。如果怀疑是制动压力调节器内部液压循环有问题，则应在制动压力调节器内无高压制动液时，仔细拆开调节器进行检查；也可通过故障诊断仪的"03-执行元件测试"功能检查电动液压泵的工作情况。

操作三 ABS 继电器的检查

继电器的常见故障有触点接触不良、继电器线圈损坏等，其检查方法如下。

步骤一 继电器电阻检查。用万用表电阻挡检测继电器线圈的电阻，电阻值应在正常范

围之内，如果过大或过小，均应更换继电器。

步骤二 继电器触点检查。对继电器施加其正常的工作电压，看继电器能否正常动作；若能正常动作，则用万用表检测继电器触点间的电阻，正常情况下触点闭合时的电阻应小于 0.1Ω，若电阻较大，则说明触点接触不良，应更换继电器。

操作四 ABS ECU 的检查

ABS ECU 常见的故障有线束插接器松动、插口损坏，操作不当等造成 ECU 的内部损坏，其具体检查方法如下。

步骤一 ABS ECU 外部线束检查。先检查 ABS ECU 线束插接器有无松动，插口有无损坏，如果线束松动，则进行紧固，如果插口损坏，则更换 ECU。

步骤二 ABS ECU 自身的检查。如果 ECU 内部损坏，多数可通过其自诊断功能读取到相应的故障码，如果对故障码进行确认后，则更换 ECU；如果没有提示相应的故障码，检查传感器、继电器、电磁阀及其线路均无故障，但怀疑 ABS ECU 可能有故障时，可以用新的 ECU 替代，如果故障现象消失，则说明 ECU 损坏。

操作五 路试

故障检修完成后，应对车辆进行路试，检查故障是否被彻底排除。路试的内容与方法如下。

步骤一 检查制动踏板行程和阻力是否适宜。

步骤二 检查 ABS 故障警告灯和制动故障警告灯的指示情况是否正常。

步骤三 检查 ABS 工作是否正常，在大于 40km 的初始速度下紧急制动，若感觉到制动踏板有轻微的颤动，轮胎与地面基本上无拖痕，说明 ABS 工作正常，否则，说明 ABS 存在故障，ABS 不起作用。

步骤四 检查制动时有没有一些其他不正常的现象，如果路试后一切正常，则说明故障被彻底排除。

操作六 制动液的更换

制动液具有较强的吸湿性，当制动液中含有水分后，其沸点下降，制动时容易产生"气阻"，使制动性能下降，同进其对管路的腐蚀性增大。因此，一般要求每 1～2 年更换一次制动液。

更换制动液的具体步骤如下。

步骤一 先将新制动液加至储液室的最高液位标记处。

步骤二 将点火开关置于"ON"位置，反复踩下和放松制动踏板，直到电动泵开始运转为止。

步骤三 待电动泵停止运转后，再对储液室中的液位进行检查。

步骤四 如果储液室中的制动液液位在最高液位标记以上，先不要泄放过多的制动液，而应重复步骤三和步骤四。

步骤五 如果储液室中的制动液液位在最高液位标记以下，应向储液室再次补充新的制动液，使储液室中的制动液液位达到最高标记处，但切不可将制动液加注到超过储液室的最高标记，否则，当蓄能器中的制动液排出时，制动液可能会溢出储液室。

操作六 ABS 的手动排气

ABS 中的气体是极其有害的，它会破坏系统对制动压力的正常调节，严重时会导致制动力不足，甚至制动失灵。因此，在打开制动管路后或是制动踏板发软及制动效果变差时，必须对 ABS 系统进行排气。

在进行排气操作之前，应检查液压制动系统中的管路及其接头是否破裂或松动；检查储液室的液位是否符合要求。

ABS 的排气有手动排气和仪器排气 2 种方法，应根据不同的车型和条件进行选择。不同形式的 ABS 及排气设备，其排气程序可能会不同，应参照相应的维护保养手册进行排气操作。

步骤一 准备必要的工具、制动液容器、擦布和软管等，仔细阅读对应车型的维修手册中的相关内容。

步骤二 将排气软管装到右后轮排气阀上，将软管的另一端放在装有制动液的清洁容器中。踩下制动踏板并保持一定的踏板力，缓慢拧开排气阀 1/2 ～ 3/4 圈，直到制动液开始流出。关闭该阀后松开制动踏板。重复进行以上步骤，直到流出的制动液内没有气泡为止。

步骤三 拧下储液室盖，检查储液室中的液面高度，必要时，加注到正确液面高度。

步骤四 按规定的排气顺序，在其他车轮上进行排气操作。排气顺序为右后轮→左后轮→右前轮→左前轮。

操作八 ABS 的仪器排气

步骤一 将车辆停放在水平地面上，抵住车轮前后，将自动变速器的换挡杆置于"P"位。

步骤二 松开驻车制动器。

步骤三 安装 ABS 检测仪（具有排气的控制功能）或专用排气仪器的接线端子。

步骤四 将储液室内制动液加注到最高液位标记处。

步骤五 起动发动机并以怠速运转几分钟。

步骤六 稳稳地踩下制动踏板，使检测仪器进入排气程序，并且感到制动踏板有反冲力。

步骤七 按规定顺序打开放气螺钉，直至排净空气，在此过程中需要边排气边向制动总泵储液室添加制动液。

任务二 驱动防滑控制系统的检修

◻学习目标◻

（1）熟悉驱动防滑控制系统的基本组成与工作原理。

（2）熟悉驱动防滑控制系统主要部件的结构、工作过程和检修方法。

（3）掌握驱动防滑控制系统的检查方法、驱动防滑控制系统的正确使用与维护方法。

（4）熟悉驱动防滑控制系统常见故障的检修方法。

□ 任务引入 □

一辆装有驱动防滑控制系统（ASR）的帕萨特 B5 轿车，行驶里程约 13.7 万千米。在正常行驶过程中，仪表板上的 ASR 灯会突然亮起，此时按下 ASR 灯开关（关闭该功能）无效，只有关闭点火开关重新起动发动机后，ASR 灯才能熄灭，恢复正常。

该车的故障现象是典型的驱动防滑控制系统的故障。为了查明故障原因，正确地判断驱动防滑控制系统的故障，汽车维修人员必须熟悉驱动防滑控制系统的结构与工作原理等相关的基础知识，为排除驱动防滑控制系统的故障打下基础。

□ 相关知识 □

一、ASR 的基本知识

驱动防滑控制系统（ Acceleration Slip Regulation，ASR），有的称为牵引力控制系统（Traction Control System，TCS 或 TRC），是继防抱死制动系统（ABS）之后应用于车轮防滑的电子控制系统。

1. ASR 的功用

ASR 的功用是防止汽车在起步、加速和在滑溜路面行驶过程中驱动轮打滑，特别是防止汽车在非对称路面或在转向时驱动轮滑转，以保持汽车行驶方向的操纵稳定性和维持汽车的最佳驱动力以及提高汽车的平顺性。

2. ASR 与 ABS 之间的比较

（1）ASR 与 ABS 的相同之处

① ASR 和 ABS 采用相同的控制技术，都是通过控制车轮和路面的滑移率来实现各自的控制功能。

② ASR 和 ABS 密切相关，通常结合在一起使用，共享许多系统部件来控制车轮的转动，以更好地保证汽车的行驶安全。

（2）ASR 与 ABS 的不同之处

① ABS 可防止制动时车轮抱死滑移，主要用来提高制动效果，确保制动安全；ASR 则可防止驱动车轮的滑转，主要用来提高汽车起步、加速及在滑溜路面行驶时的牵引力，从而提高行驶性能，确保行驶稳定性。

② 在控制其滑移率的过程中，ABS 对前、后车轮都起作用，而 ASR 只对驱动车轮起控制作用。

③ ABS 在制动时工作，在车轮出现抱死趋势时起作用，在车速很低（小于 10km/h）时不起作用；ASR 则是在整个行驶过程中都工作，在车轮出现滑转时起作用，当车速很高（80 ～ 120km/h）时不起作用。

3. 滑转率及其与附着系数的关系

汽车在驱动过程中，驱动车轮可能相对于路面发生滑转。滑转成分在车轮纵向运动中所占的比例（以百分比表示）称为驱动车轮的滑转率，通常用"S_d"表示。

$$S_d = （\omega r - v）/\omega r \times 100\%$$

式中：r——车轮的滚动半径；

ω——车轮的转动角速度；

v——车轮中心的纵向速度。

当车轮在路面上做纯滚动时，车轮中心的纵向速度完全是由于车轮滚动产生的。此时 $v=\omega r$，其滑转率 $S_d=0$；当车轮在路面上完全滑转（即汽车原地不动，而驱动轮转动）时，车轮中心的纵向速度 $v=0$，其滑转率 $S_d=100\%$；当车轮在路面上边滚动边滑转时，$0<S_d<100\%$。

滑转率与附着系数之间存在着密切关系，图 2-62 所示为滑转率与附着系数之间的关系曲线。从图中可以看出：

（1）与汽车在制动过程中的滑移率相同，在汽车的驱动过程中，车轮与路面间的附着系数的大小随着滑转率的变化而变化。

（2）附着系数随路面的不同呈大幅度变化。在干路面或湿路面上，当滑转率为 15% ~ 30% 时，车轮具有最大的附着系数。

上述趋势无论是制动还是驱动都基本相同。因此 ASR 也可以通过控制驱动车轮与路面之间的滑转率来控制其与路面间的附着系数，从而实现汽车在行驶过程中的防滑控制，以保持汽车行驶过程中的操纵稳定性和最佳的驱动性能。

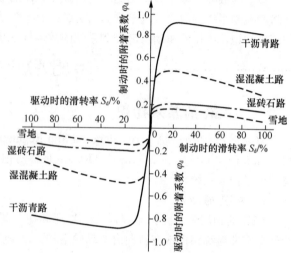

图 2-62　滑转率与附着系数之间的关系

4. ASR 的基本组成及工作原理

ASR 的基本组成及工作原理如图 2-63 所示。

ASR 主要由输入装置（传感器和开关信号等）、电子控制单元（ECU）和执行机构（制动压力调节器、节气门驱动装置等）组成。

ASR 的传感器主要是轮速传感器和节气门位置传感器，轮速传感器与 ABS 共享，而节气门位置传感器则与发动机电子控制系统共享；ASR 的开关信号主要是 ASR 选择开关和转向开关信号，将 ASR 选择开关关闭，ASR 就不起作用。由于 ASR 和 ABS 的一些信号输入和处理都是相同的，因此 ASR ECU 与 ABS ECU 通常组合在一起，只是在通往驱动车轮制动轮缸的制动管路中增设了一个 ASR 执行器（制动压力调节器），在由加速踏板控制的主节气门上方增设了一个由步进电动机控制的副节气门，并在主、副节气门处各设置一个节气门位置传感器。

当驱动防滑系统处于工作状态时，ECU 根据各轮速传感器检测到的转速信号，确定驱动车轮的滑转率和汽车的参考速度。当 ECU 判定驱动车轮的滑转率超过设定的限值时，就使驱动副节气门的步进电动机转动，减小副节气门的开度。此时，即使主节气门的开度不变，发动机的进气量也会因副节气门开度的关小而减小。如果驱动车轮的滑转率仍未降低到设定的控制范围内，ECU 又会控制 ASR 制动压力调节器和 ABS 制动压力调节器，对驱动车轮施加一定的制动压力，则驱动车轮上就会作用一制动力矩，从而使驱动车轮的转速降低。

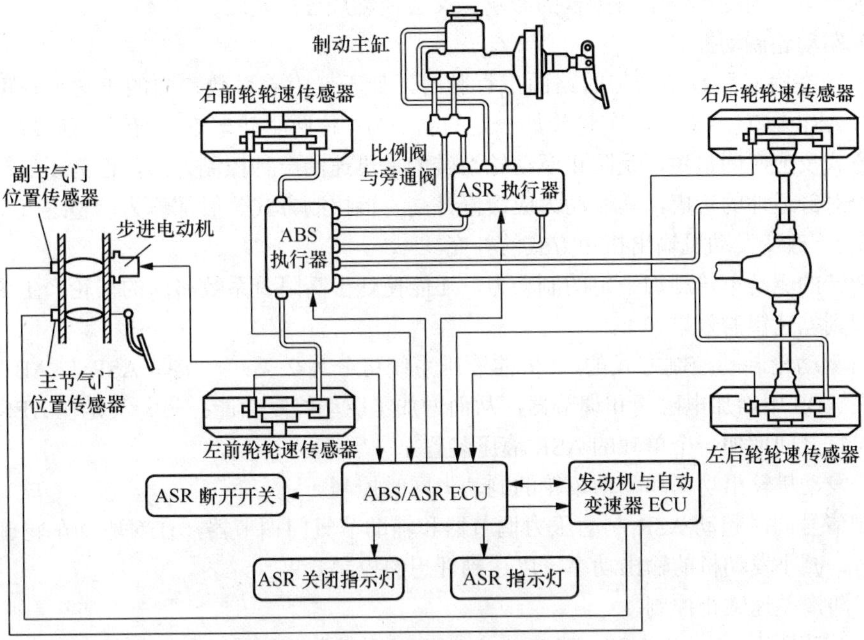

图 2-63 ASR 的基本组成及工作原理

5. ASR 的控制方式

ASR 的控制参数是滑转率 S_d，控制器根据各轮速传感器信号计算 S_d，当 S_d 值超过某一限定值时，控制器就输出控制信号，抑制车轮的滑转，将车轮的滑转率控制在理想的范围内。

ASR 常用的控制方式有以下几种。

（1）发动机输出功率 / 扭矩控制

在汽车起步或加速时，若加速踏板踩得过猛，会因为驱动力过大而出现两边驱动车轮都滑转的情况，这时，ASR 控制器输出控制信号，控制发动机的输出功率，以抑制驱动车轮的滑转，如图 2-64 所示。

发动机输出功率 / 扭矩控制通常有以下几种方法。

① 调节燃油喷射量：减少或中断供油。

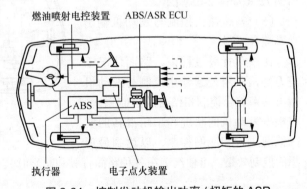

图 2-64 控制发动机输出功率 / 扭矩的 ASR

② 调整点火时间：减小点火提前角或停止点火。

③ 调整进气量：调整节气门的开度和辅助空气装置。

上述 3 种方法中，调整进气量（如调整节气门的开度）最好，但调整节气门反应速度较慢；调整点火时间和燃油喷射量反应速度较快，可补偿调整节气门开度的不足，但推迟点火时间控制不好易造成失火，燃烧不完全，增加排气净化装置中三元催化器的负担。如果只减少燃油喷射量，因受燃烧室内废气的影响，又会使燃烧过程延迟。

（2）驱动轮制动控制

当汽车在附着系数不均匀的路面上行驶时，处于低附着系数路面的驱动车轮可能会滑转，此时 ASR ECU 将对驱动车轮施加一定的制动力，使两驱动车轮向前运动速度趋于一致。该控制方式反应时间最短，是防止驱动轮滑转的最迅速的一种控制方式，但为了制动过程平稳，出于对舒适性的考虑，其制动力应缓慢升高。该控制方式一般都作为调整进气量（如节气门开度），改变发动机输出扭矩方式的补充。

对滑转的驱动车轮施加一定的制动力，还能使处于高附着系数路面的车轮产生更大的驱动力，起到差速锁的效果。

采用驱动轮制动控制方式的 ASR 的液压系统可分为 2 类：一类是 ASR 与 ABS 的组合结构，在 ABS 中增加电磁阀和调节器，从而增加了驱动控制功能；另一类是在 ABS 的液压装置和轮缸之间增加一个单独的 ASR 液压装置。

（3）发动机输出功率和驱动车轮的制动力同时控制

控制信号同时起动 ASR 制动压力调节器和辅助节气门调节器，在对驱动车轮施以制动力的同时，减小发动机的输出功率，以达到理想的控制效果。

（4）防滑差速锁止控制

防滑差速锁止（Limited Slip Differential，LSD）控制装置是一种电子控制可变锁止差速器，它是通过控制多片式防滑差速器离合器的工作液压来实现锁止控制的。这种锁止方式可以使锁止程度逐渐变化，锁止范围为 0～100%。当驱动轮单边滑转时，控制器输出控制信号，使差速器锁止装置和制动压力调节器动作，控制车轮的滑转率，并将压力传感器和驱动轮轮速传感器产生的信号反馈给 ECU，实行反馈控制。它可有效控制驱动车轮的驱动力，从而提高汽车在滑溜路面的起步、加速能力及行驶方向的稳定性。带防滑差速器的 ASR 如图 2-65 所示。

（5）差速锁止控制与发动机输出功率综合控制

在汽车行驶过程中，路面情况千差万别，采用差速锁止控制与发动机输出功率综合控制相结合的控制系统，可根据发动机的状况和车轮滑转的实际情况进行相应的控制，以达到最理

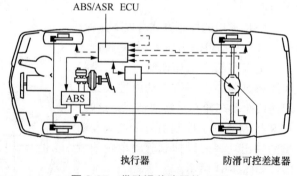

图 2-65 带防滑差速器的 ASR

想的控制效果，可使汽车在各种路面行驶和起步时具有更高的稳定性和可操纵性。

二、ASR 的主要部件

1. 输入装置
输入装置包括轮速传感器、节气门位置传感器及 ASR 选择开关等。

（1）轮速传感器

轮速传感器与 ABS 共享，用来检测每一车轮的运动状态。

（2）节气门位置传感器

在主、副节气门处各设置了一个节气门位置传感器与发动机电控系统共享，用来检测节气门打开的角度及进入发动机气缸的空气量，计算发动机输出扭矩。节气门位置传感器的结构和原理如图 2-66 所示。

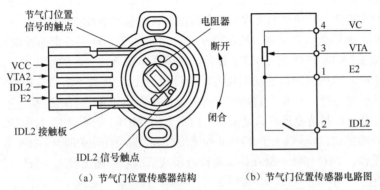

（a）节气门位置传感器结构　　　　（b）节气门位置传感器电路图

图 2-66　节气门位置传感器结构与原理

（3）ASR 选择开关

ASR 选择开关是 ASR 专用的信号输入装置，安装在驾驶员侧车门或仪表板下，ASR 选择开关关闭时，ASR 不起作用，ASR 控制开关指示灯会点亮。

2. ASR ECU

ASR ECU 也是以微处理器为核心，配以输入、输出电路及电源等。ASR 与 ABS 的一些输入信号和处理是相同的，为减少电子器件的应用数量，ASR ECU 与 ABS ECU 常组合在一起。典型的 ABS/ASR ECU 结构示意图如图 2-67 所示。

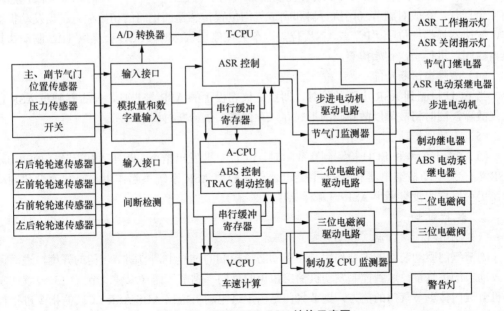

图 2-67　ABS/ASR ECU 结构示意图

ECU 主要完成驱动车轮转速控制、继电器控制、初始检查、故障自诊断和失效保护等功能。

（1）驱动车轮转速控制功能

在汽车起动和突然加速中，若后轮空转，其转速就不会与前轮转速相匹配。ABS/ASR ECU 根据车轮转速信号感知这一情况，当 ABS/ASR ECU 判定驱动车轮的滑转率超过设定值时，便起动 TRC 系统，会发出关闭副节气门信号至副节气门执行器。即使发动机主节气门的位置不发生变化，发动机的进气量也会因副节气门开度的减小而减小，从而使发动机的输出扭矩减小，驱动力随之下降。若驱动车轮的滑移率仍未降到设定的控制范围内，ABS/ASR ECU 会控制 ASR 的制动压力调节装置，对驱动车轮施加一定的制动力，进一步降低驱动车轮的滑移率，以达到防止驱动车轮滑转的目的。在 ASR 处于防滑转控制过程中，驾驶员踩下制动踏板制动时，ASR 会自动退出控制，而不影响正常的制动过程。

驱动车轮转速控制功能只有满足主节气门不全闭（IDL1 应断开），自动变速器换挡杆位于 P 和 N 以外的挡位，车辆以大于 9 km/h 的速度行驶，制动灯开关断开，ASR 选择开关断开，ABS 系统不工作，TRC 系统不处在传感器检查模式或故障码输出模式等条件时才起作用。

（2）继电器控制功能

ECU 根据各传感器和开关的信号，可以通过控制相应继电器电磁线圈的电流回路来控制继电器的工作，进而控制相应的执行器进行工作。如果 ECU 检测到故障，ECU 就断开这些继电器。

例如，当点火开关接通时，ECU 就接通 ASR 主继电器和节气门继电器；当 TRC 主继电器接通、发动机转速超过 500 r/min、自动变速器换挡杆在 P 或 N 挡以外的位置、主节气门没有完全关闭、压力传感开关信号接通时，ECU 接通 ASR 液压电动泵继电器。

（3）初始检查功能

ECU 具有初始检测功能。当汽车处在停止状态，换挡杆处在"P"或"N"位，主节气门全闭而接通点火开关时，ECU 就会控制副节气门执行器，先将副节气门完全关闭，然后再完全打开，完成对副节气门执行器和副节气门位置传感器的电路的初始检查；当发动机工作，变速器换挡杆位于"P"或"N"位，汽车处在停止状态时，ECU 会操纵 TRC 制动执行器电磁阀，进行一次初始检查。

（4）故障自诊断功能

当 ECU 检测到 ASR 出现故障时，即点亮仪表板上的 ASR 警告灯，警告驾驶员 ASR 已出现故障，同时将故障以故障码的形式存入存储器，供诊断时调取显示。

（5）失效保护功能

当 ASR 不工作和 ECU 检测到有故障时，ECU 立即发出指令，断开 ASR 节气门继电器、ASR 液压泵电动机继电器和 ASR 主继电器，从而使 ASR 系统不起作用。而发动机和制动系统仍可以按照没有采用 ASR 时那样工作。

3. 执行机构

（1）副节气门执行器（驱动装置）

副节气门驱动装置的主要作用是在驱动防滑控制的过程中调节副节气门的开度，进而调整发动机的进气量，达到控制发动机输出扭矩的目的。副节气门（或辅助节气门）设置在发动机节气门体主节气门的前方，副节气门是由步进电动机根据 ABS/ASR ECU 的指令进行控制的，其安装位置和结构如图 2-68 所示。

　　副节气门执行器由永磁步进电动机（由永磁体、线圈、转子轴组成）和主动齿轮组成，主动齿轮安装在转子轴上，与步进电动机同步转动。当步进电动机转动时，由主动齿轮带动副节气门轴端的扇形齿轮旋转以控制副节气门的开度。ASR 不工作时，步进电动机不通电，副节气门处于完全打开位置，此时发动机的进气量由主节气门进行控制；ASR 工作时，副节气门的开度由步进电动机根据 ECU 的指令进行控制，使副节气门处于开启一个适当的位置，实现进气量的自动调整，控制发动机的输出功率。节气门体上设有主、副节气门位置传感器，将信号传给发动机的 ECU，发动机的 ECU 再将此信号传递给 ABS/ASR ECU，以实现闭环控制。

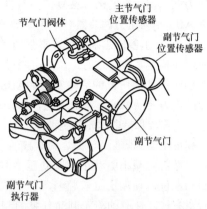

图 2-68　副节气门执行器（驱动装置）

　　（2）ASR 制动压力调节器

　　ASR 制动压力调节器执行 ASR ECU 的指令，对滑转车轮施加制动力和控制制动力的大小，以使滑转车轮的滑转率在目标范围内。ASR 制动压力源是蓄压器，通过电磁阀来调节驱动车轮制动压力的大小。ASR 制动压力调节器的结构形式有单独方式和组合方式两种。

　　① 单独方式 ASR 制动压力调节器。单独方式 ASR 制动压力调节器和 ABS 制动压力调节器在结构上各自分开，如图 2-69 所示。

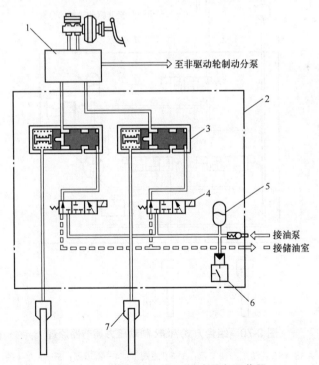

图 2-69　单独方式 ASR 制动压力调节器

1—ABS制动压力调节器；2—ASR制动压力调节器；3—调压缸；4—三位三通电磁阀；

5—蓄压器；6—压力开关；7—驱动车轮制动器

在 ASR 不起作用，电磁阀不通电时，阀位于左侧位置，调压缸的右腔与储液室相通而压力低，调压缸的活塞被复位弹簧推至右边极限位置。这时，调压缸活塞左端中央的通液孔将 ABS 制动压力调节器与车轮制动分泵相通，因此，在 ASR 不起作用时，对 ABS 无影响。

当驱动轮出现滑转而需要驱动车轮实施制动时，ASR 控制器输出控制信号，使电磁阀通电而移至右位。这时，调压缸右腔与储液室隔断而与蓄压器接通，蓄压器具有一定压力的制动液推动调压缸的活塞左移，ABS 制动压力调节器与车轮分泵的通道被封闭，调压缸左腔的压力随活塞的左移而增大，驱动车轮制动分泵的制动压力上升。

当需要保持驱动轮的制动压力时，控制器使电磁阀半通电，阀处于中位，使调压缸与储液室和蓄压器都隔断，于是，调压缸活塞保持原位不动，使驱动车轮制动分泵的制动压力不变。

当需要减小驱动车轮制动压力时，控制器使电磁阀断电，阀在其复位弹簧力的作用下回到左位，使调压缸右腔与蓄压器隔断而与储液室接通。于是，调压缸右腔压力下降，其活塞右移，使驱动车轮制动分泵的制动压力下降。在驱动车轮出现滑转时，ASR ECU 就是通过对电磁阀的上述控制，实现对驱动车轮制动力的控制，将车轮的滑转率控制在目标范围内。

② 组合方式 ASR 制动压力调节器。组合方式 ASR 制动压力调节器如图 2-70 所示。

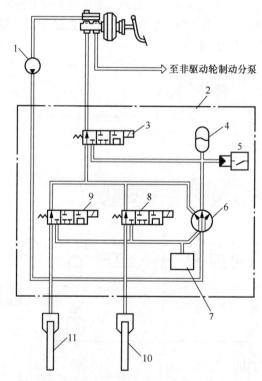

图 2-70　组合方式 ASR 制动压力调节器原理

1—输油泵；2—ABS/ASR制动压力调节器；3—电磁阀Ⅰ；4—蓄压器；5—压力开关；6—循环泵；
7—储液室；8—电磁阀Ⅱ；9—电磁阀Ⅲ；10、11—驱动车轮制动器

在 ASR 不起作用时，电磁阀Ⅰ不通电。汽车在制动过程中如果车轮出现抱死，ABS 起

作用，通过控制电磁阀Ⅱ和电磁阀Ⅲ来调节制动压力。

当驱动车轮出现滑转时，ASR控制器使电磁阀Ⅰ通电，阀移至右位，电磁阀Ⅱ和电磁阀Ⅲ不通电，阀仍在左位，于是，蓄压器的压力油通入驱动车轮制动分泵，制动压力增大。

当需要保持驱动车轮的制动压力时，ASR控制器使电磁阀Ⅰ半通电，阀移至中位，隔断了蓄压器及制动主缸的通路，驱动车轮制动分泵的制动压力即保持不变。

当需要减小驱动车轮的制动压力时，ASR控制器使电磁阀Ⅱ和电磁阀Ⅲ通电，阀移至右位，将驱动车轮制动分泵与储液室接通，于是，制动压力下降。

如果需要对左右驱动车轮的制动压力实施不同的控制，ASR控制器则分别对电磁阀Ⅱ和电磁阀Ⅲ实行不同的控制。

三、典型车型 ASR 系统简介

1. 丰田车系 TRC 组成

丰田公司把 ASR 系统称作牵引力或驱动力控制系统（Traction Control System，TRC）。其系统组成及系统零部件在车上的布置如图 2-71 和图 2-72 所示，各零部件的作用如表 2-5 所示。

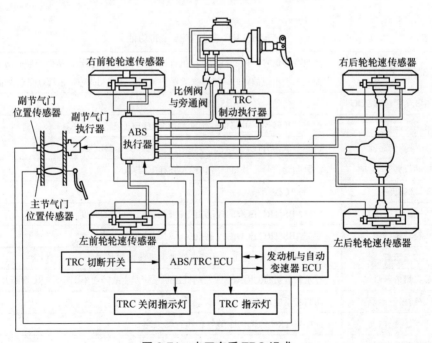

图 2-71　丰田车系 TRC 组成

丰田 TRC 与 ABS 共用轮速传感器和 ECU，只是在通往驱动车轮制动缸的管路中增设 1 个 TRC 制动压力调节装置，在由加速踏板控制主节气门上方增设 1 个由步进电动机控制的副节气门，并在主、副节气门处各设置 1 个节气门位置传感器，即可实现驱动防滑控制。

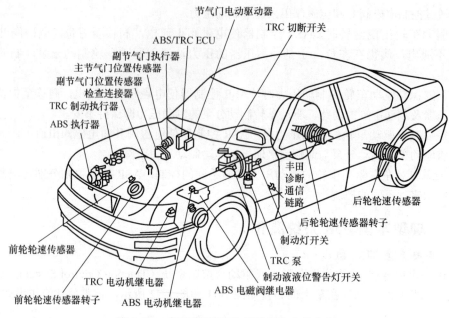

图 2-72　丰田车系 TRC 元件在车上的布置

表 2-5　　　　　　　　　　　　丰田 TRC 主要零部件的功能

ABS/TRC ECU	接收各种信号，控制TRC制动执行器和副节气门执行器，从而控制驱动轮滑转；当控制系统出现故障时，进入失效保护状态，并控制故障指示灯点亮及存储故障码
发动机和自动变速器ECU	将节气门信号传给ABS/TRC ECU
轮速传感器	检测车轮转速，并将信号传给ABS/TRC ECU
节气门位置传感器	检测节气门开度，并将信号传给发动机和变速器ECU
制动灯开关	检测制动信号，并将信号传给ABS/TRC ECU
TRC切断开关	关闭TRC控制系统
副节气门执行器	根据ABS/TRC ECU的控制指令，控制副节气门的开度
TRC制动执行器	根据ABS/TRC ECU的控制指令，对驱动车辆实施制动
TRC指示灯	提示驾驶员TRC在工作，警告驾驶员系统发生故障
TRC关断指示灯	提示驾驶员TRC因ABS或发动机控制系统发生故障而不工作，TRC切断开关断开
TRC电动机继电器	向TRC泵电动机供电
TRC节气门继电器	经ABS/TRC ECU向副节气门执行器供电
TRC制动继电器	向TRC制动执行器和TRC电动机继电器供电

2. 副节气门执行器及工作过程

副节气门执行器安装在节气门壳体上，如图 2-68 所示。当驱动防滑系统不工作时，副节气门在弹簧力作用下保持全开状态，进入发动机的空气量由驾驶员控制主节气门的开度决定。当前、后轮轮速传感器检测到车轮滑转需进行防滑控制时，ECU 驱动步进电动机通过凸轮轴齿轮旋转，从而控制副节气门的开度，如图 2-73 所示。

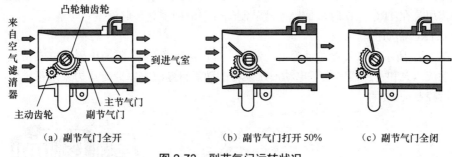

（a）副节气门全开　　　　　（b）副节气门打开 50%　　　（c）副节气门全闭

图 2-73　副节气门运转状况

3. TRC 制动执行器及工作过程

丰田车系 TRC 制动执行器主要由 TRC 隔离电磁阀总成和 TRC 制动供能总成组成，液压控制系统原理如图 2-74 所示。

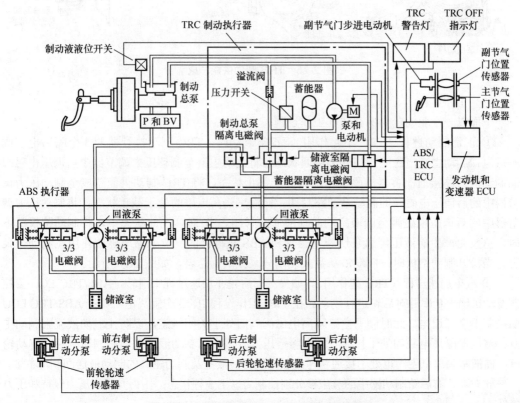

图 2-74　丰田车系 TRC/ABS 液压控制原理

（1）TRC 隔离电磁阀总成

TRC 隔离电磁阀通过管路与制动主缸、制动压力调节器和 TRC 制动供能总成相连，它主要包括蓄压器隔离电磁阀、制动主缸隔离电磁阀和储液室隔离电磁阀。其中，蓄压器隔离电磁阀的作用是在 TRC 工作时，将来自蓄压器的液压送至制动分泵；总泵制动主缸隔离电磁阀的作用是当蓄压器中的液压被送至制动分泵时，阻止制动液流回到总泵；储液室隔离电磁阀的作用是在 TRC 工作时，使制动液从制动分泵流回至总泵储液室。

（2）TRC 制动供能总成

如图 2-75 所示，该装置通过管路与制动主缸储液室和 TRC 隔离电磁阀总成相连，它主要由电动液压泵和蓄压器组成。电动液压泵将制动液自储液室以一定压力泵入蓄压器，作为驱动防滑控制动力源。

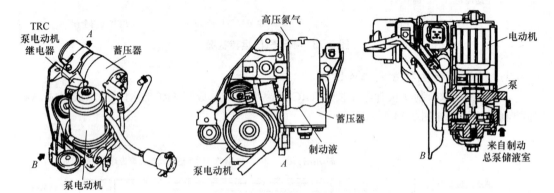

图 2-75　TRC 制动供能总成

（3）工作过程

下面以一个驱动轮为例介绍其工作过程。

① 正常制动过程（TRC 不起作用）。正常制动时，TRC 制动执行器的 3 个隔离电磁阀不通电，制动主缸电磁阀阀门处于接通状态，将制动主缸至制动压力调节器中后调压电磁阀的制动液通路接通；蓄压器隔离电磁阀处于截止状态，将 TRC 制动供能总成至制动压力调节器中的后调压电磁阀的制动液通路封闭；储液室隔离电磁阀处于截止状态，将制动压力调节器中的后调压电磁阀至储液室的制动液通路封闭。当 TRC 在此状态下，将制动踏板踩下时，总泵内产生的液压经总泵切断电磁阀和 ABS 执行器的三位三通电磁阀作用在制动分泵上。当松开制动踏板时，制动液从盘式制动分泵流回到总泵，如图 2-76 所示。

② 汽车加速过程（TRC 起作用）。如果汽车后轮在加速过程中滑转，ABS/TRC ECU 会控制发动机输出功率并对后轮进行制动。在 TRC 工作过程中，3 个隔离电磁阀在 ABS/TRC ECU 的控制下全部通电，此时制动主缸隔离电磁阀阀门处于关闭状态，以防止制动液流回制动主缸；蓄压器隔离电磁阀处于接通状态，将蓄压器升压后的制动液通过电磁阀送到后轮制动轮缸；储液室隔离电磁阀也处于接通状态，以便能将储液室及制动轮缸的制动液送回制动主缸。

此时左、右后轮制动器中的液压被分别控制为以下 3 种状态：压力升高、压力保持和压力降低。

a. 压力升高：当踩下加速踏板而后轮滑转时，TRC 执行器中所有电磁阀都在 ECU 传来的信号的控制下全部被接通。同时，ABS 执行器的三位电磁阀的开关也被置于"压力升高"状态。在这种状态下，制动总泵切断电磁阀被接通（关状态），蓄压器切断电磁阀也被接通（开状态）。这就使得蓄压器中被加压的制动液通过蓄压器切断电磁阀和 ABS 执行器的三位电磁阀，对车轮制动分泵产生作用。当压力开关检测到蓄压器中压力下降（不管 TRC 运转与否）时，ECU 就控制并打开 TRC 泵来升高压力，如图 2-77 所示。

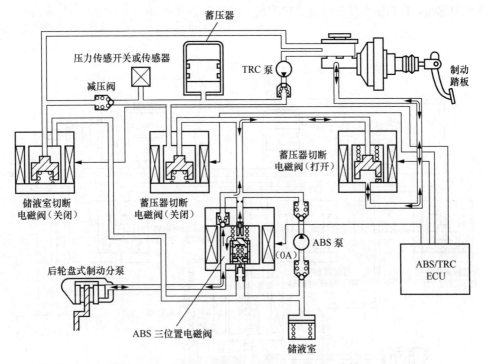

图 2-76 正常制动时 TRC 制动执行器的工作情况

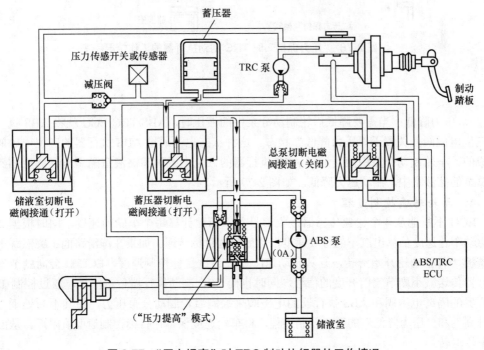

图 2-77 "压力提高"时 TRC 制动执行器的工作情况

b．压力保持：当后轮制动分泵中的液压升高或降低到规定值时，系统就进入压力保持状态。这种状态的变换是由 ABS 执行器的三位电磁阀开关来完成的。这样就可防止蓄压器中的压力逸出，保持了车轮制动分泵中的液压，如图 2-78 所示。

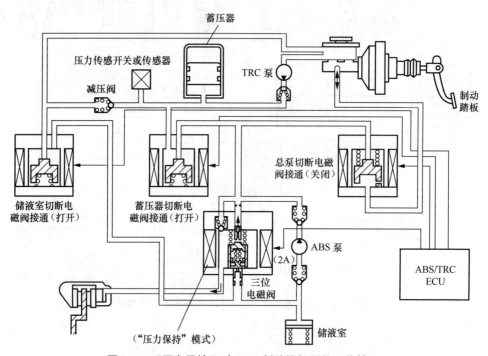

图 2-78 "压力保持"时 TRC 制动执行器的工作情况

c．压力降低：当需要降低后轮制动分泵中的液压时，ABS/TRC ECU 就将 ABS 执行器的三位电磁阀开关置于"压力降低"状态。这种状态也是通过 ABS 执行器的三位电磁阀来完成的。车轮制动分泵中液压通过 ABS 执行器的三位电磁阀和储液室隔离电磁阀流回到制动总泵的储液室中，制动压力降低，如图 2-79 所示。

4．车轮转速控制过程

ECU 不断地从 4 个轮速传感器接收信号并不断地计算每个车轮的速度，同时根据 2 个非驱动车轮速度估算出汽车的行驶速度，然后设置目标转速。如果在湿滑路面上突然踩下加速踏板，若驱动轮开始滑转，则其转动速度就会超过目标控制速度，ECU 就会向副节气门执行器传送减小副节气门开度的信号。同时也向 TRC 制动执行器传送信号，通过控制 TRC 执行器的隔离电磁阀和 ABS 执行器的电磁阀来控制后轮制动分泵压力，使其不断处于"压力升高"和"压力降低"的循环控制过程，将车轮速度保持在目标控制速度值附近，从而防止车轮滑转。

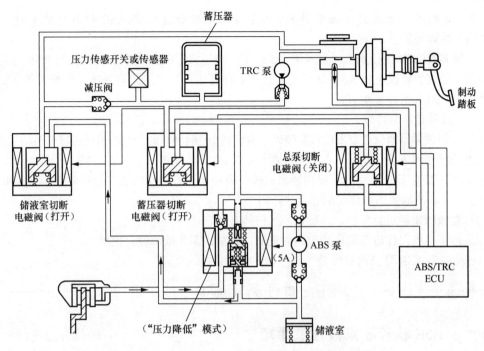

图 2-79 "压力降低"时 TRC 制动执行器的工作情况

四、维修实例

1. 实例一 奔驰轿车 ASR 故障灯常亮

（1）故障现象

一辆奔驰轿车，ASR 故障灯常亮。

（2）故障诊断与排除

经询问车主得知，在故障刚出现时，车辆需行驶一段时间，ASR 灯才会亮；关闭发动机，再重新起动，ASR 灯又会熄灭；但再行驶一段路程，故障灯又重新亮。该汽车曾在一家修理厂修理过，但故障没有排除，ASR 灯却变成了常亮。

① 首先对 ASR 系统进行自诊断，调取故障码，故障码显示：ASR ECU 与 EGAS（电子节气门控制系统）ECU 信号传输有问题。

② 对 EGAS 系统调取故障码，该系统却没有任何反应，怀疑 EGAS ECU 不工作，从而不能输出信息。

③ 检查 EGAS ECU 线路没有发现问题。更换 EGAS ECU 后起动发动机，ASR 灯不亮，但路试一段距离，ASR 灯又亮了。

④ 再对 ASR 系统调取故障码，故障码显示：怠速触点线路不良。

⑤ 检查控制怠速的触点线路，发现有一线路断路，修复后试车，ASR 灯不亮，故障彻底排除。

该车 EGAS ECU 可能是在上次修理过程中由于测试电子节气门操作不当而被烧毁。

2. 实例二　上海大众帕萨特 B5 轿车在正常行驶过程中 ASR 灯会突然亮起

（1）故障现象

一辆装有 ASR 的上海大众帕萨特 B5 轿车，在正常行驶过程中仪表板上的 ASR 灯会突然亮起，在这种情况下按 ASR 灯开关无效，ASR 灯还是常亮。只有关闭点火开关重新起动发动机后，ASR 灯才能熄灭。

（2）故障诊断与排除

① 先用故障诊断仪读取发动机故障码，故障码为 16486，即空气流量传感器信号值过小。

② 检测空气流量计信号，没有发现明显故障。

③ 为了确定是否为空气流量传感器故障，换用 1 个好的空气流量传感器试车，ASR 灯又亮了，读取故障依旧是此前的 2 个故障码。

④ 对故障重新进行分析，怀疑是节气门体有问题。

⑤ 拆下节气门体进行彻底检查和清洗后，装复试车，故障没有出现。

可见该车 ASR 灯亮的故障是节气门体过脏引起的。

·· □ **任务实施** □ ··

一、ASR 检修要求及注意事项

（1）拆装系统中的电气元件和线束插头时，应将点火开关断开，否则将损坏电子控制装置；不可向电子控制装置提供过高的电压，否则容易损坏电子控制装置；不要让电子控制装置，特别是其端子受到油污等污染，以免线束插头接触不良，影响系统的正常工作；不要用砂纸打磨系统中各插头的端子，否则也易造成接触不良。

（2）不要使轮速传感器和传感器齿圈沾上油污或其他脏物，否则轮速传感器产生的轮速信号可能不够准确，此外，不可敲击轮速传感器，以免传感器发生消磁现象，影响系统的正常工作。

（3）在对液压系统进行维修作业时，应首先释放系统里的高压制动液，以免高压制动液喷出伤人。在释放蓄压器中的高压制动液时，应先将点火开关断开，然后反复踩下和放松制动踏板，直到制动踏板变得很硬为止。此外，要注意在制动系统完全装复之前，切不可接通点火开关，以免电动泵通电运转。

（4）大多数汽车驱动防滑控制系统中的轮速传感器、电子控制装置和制动压力调节装置都是不可修复的，如果发生损坏，应进行整体更换。

（5）更换轮胎时，应选用汽车生产厂家推荐的轮胎。如果换用其他型号的轮胎，应该选用与原车所用轮胎的外径、附着性能和转动惯量相近的轮胎，但不能混用不同规格的轮胎，否则将影响 ASR 的制动效能。

（6）制动系统维修结束后，在使用过程中如果发现制动踏板变软，应按照要求的方法和顺序，对制动系统进行空气排除。在空气排除之前，须检查储液室中的液位情况，如果发现液位过低，应先向储液室补充制动液。

二、ASR 的检修

下面以 LS400 轿车驱动防滑控制系统（TRC）为例，介绍其检修方法。

操作一 系统的自检

当点火开关接通时，仪表板上的 TRC 警告灯会亮起，3s 后 TRC 警告灯熄灭。如果当点火开关接通时，TRC 警告灯不亮或 3s 后不熄灭，均为不正常，需进行检查。

操作二 故障自诊断

ASR 故障码的读取与清除方法与 ABS 故障码的读取基本相同，可参照 ABS 系统故障码读取与清除步骤进行操作。

TRC 故障码的内容及检测部位如表 2-6 所示。

表 2-6　　　　　　　　　　LS400 TRC 故障码的内容及检测部位

故障码	故障原因	检测部位
11	TRC制动主继电器电路断路	主继电器触点不能闭合或接触不良；主继电器与ECU间、主继电器与制动压力调节器间、主继电器与蓄电池间的线路或接线端子接触不良或松脱；ECU有故障
12	TRC制动主继电器电路短路	主继电器触点不能打开或线圈与电源短路；主继电器与制动压力调节器间的线路或接线端子与电源有短路；ECU有故障
13	TRC节气门继电器电路断路	节气门继电器触点不能闭合或接触不良；节气门继电器与ECU间、节气门继电器与蓄电池间的线路或接线端子接触不良或松脱；ECU有故障
14	TRC节气门继电器电路短路	节气门继电器触点不能张开或线圈与电源短路；节气门继电器与控制线路或接线端子与电源短路；ECU有故障
15	因漏油TRC电动机工作时间过长	
16	压力开关断路或压力传感器短路	压力开关或压力传感器故障；制动压力调节器与ECU间线路或接线端子有故障；ECU有故障
17	压力开关（传感器）一直关断	
19	TRC电动机开关动作过于频繁	
21	主缸关断电磁阀电路断路或短路	制动压力调节器故障；调节器与ECU间的线路或接线端子故障；调节器与主继电器间的线路或接线端子有故障；ECU有故障
22	蓄压器关断电磁阀电路断路或短路	
23	储液室关断电磁阀电路断路或短路	
24	副节气门执行器电路断路或短路	副节气门驱动器故障；节气门体卡住；副节气门传感器故障；ECU有故障
25	步进电动机达不到ECU预定的位置	
26	ECU指令副节气门全开，但是副节气门不动	
27	步机电动机断电时，副节气门仍未达到全开的位置	

续表

故障码	故障原因	检测部位
44	TRC工作时，滑转信号未送入ECU	发动机ECU有故障；ECU与发动机ECU线路或接线端子有故障；ECU有故障
45	当怠速开关断开时，主节气门位置传感器信号≥1.5V	主节气门位置传感器有故障；ECU与发动机ECU间的线路或接线端子有故障；ECU有故障
46	当怠速开关接通时，主节气门位置传感器信号≥4.3V或≤0.2V	
47	当怠速开关断开时，副节气门位置传感器信号≥1.45V	副节气门位置传感器有故障；ECU与发动机ECU间的线路或接线端子有故障；ECU有故障
48	当怠速开关接通时，副节气门位置传感器信号≥4.3V或≤0.2V	
49	与发动机ECU信息交换电路断路或短路	ECU与发动机ECU间的线路或接线端子有故障；ECU或发动机电子控制单元有故障
51	发动机控制系统有故障	—
52	制动液液面过低，报警开关接通	制动液泄漏；制动液液面过低，报警开关故障；制动液液面过低，报警开关与ECU间线路接线端子有故障；ECU有故障
54	TRC电动机继电器电路断路	电动液压泵继电器有故障；电动液压泵及继电器与ECU间线路或接线端子有故障；ECU有故障
55	TRC电动机继电器电路短路	
56	TRC电动液压泵不能转动	电动液压泵电动机有故障；液压泵电动机与搭铁间、与ECU间线路或接线端子有故障；ECU有故障
57	TRC灯常亮	ECU有故障

操作三 线路的检测

如果自诊断系统给出故障来源，则只进行相应线路检测；如果自诊断系统没给出故障来源，则需要进行全部线路检测。在进行线路检测时，应保证熔断器完好，并且关闭所有用电设备。

LS400 TRC 线路如图 2-80 所示。

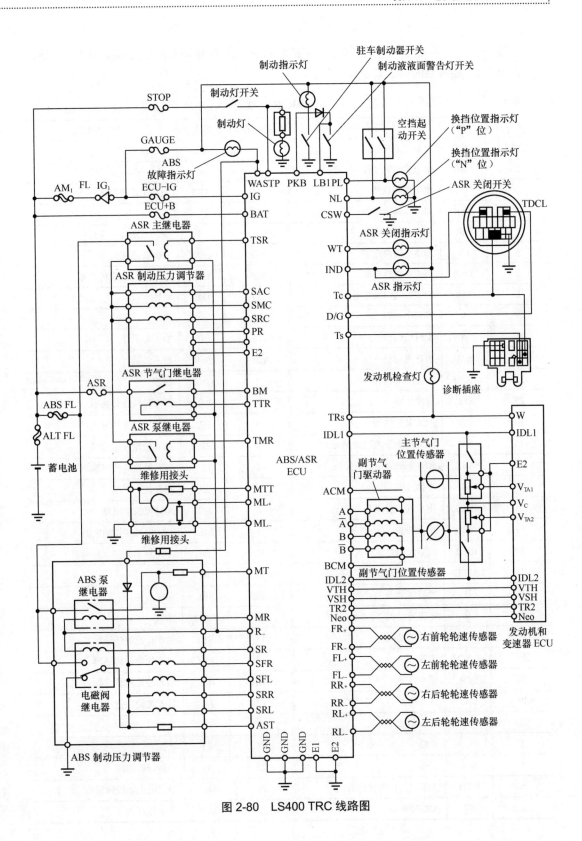

图 2-80 LS400 TRC 线路图

步骤一　拔下 ECU 线束插头，使用专用适配器将 ECU 线束插头与 ECU 插座连接在一起。ASR ECU 连接器的端子如表 2-7 所示。

表 2-7　　　　　　　　　　　　　　　　　**ASR ECU 端子**

端子编号	符号	端子名称	端子编号	符号	端子名称
A18-1	SMC	主缸切断电磁阀	7	TR2	发动机通信
2	SRC	储液室切断电磁阀	8	WT	TRC　OFF指示器
3	R_	继电器搭铁线	9	TR5	发动机检查警告灯
4	TSR	TRC线圈继电器	10		
5	MR	ABS电机继电器	11	LB1	制动液液位警告灯
6	SR	ABS电磁继电器	12	CSW	TRC关断开关
7	TMR	TRC电机继电器	13	VSH	副节气门位置传感器
8	TTR	TRC节气门继电器	14	D/C	诊断
9	A	步进电动机	15	—	—
10	Ā	步进电动机	16	IND	TRC指示灯
11	BM	步进电动机	A20-1	SFR	前右线圈
12	ACM	步进电动机	2	GND	搭铁
13	SFL	前左线圈	3	RL+	后左轮轮速传感器
14	SVC	ACC关断线圈	4	FR_	前右轮轮速传感器
15	VC	ACC压力开关（传感器）	5	RR+	后右轮轮速传感器
16	AST	ABS电磁继电器监控器	6	FL_	前左轮轮速传感器
17	NL	空挡开关	7	E1	搭铁
18	IDL1	主节气门怠速开关	8	MT	ABS电机继电器
19	PL	空挡开关	9	ML_	TRC电机闭锁继电器
20	IDL2	副节气门怠速开关	10	PR	ACC压力开关（传感器）
21	MTT	TRC泵电机继电器监控器	11	IG	电源
22	B	步进电动机	12	SRL	后左线圈
23	B̄	步进电动机	13	GND	搭铁
24	BCM	步进电动机	14	RL_	后左轮轮速传感器
25	GND	搭铁	15	FR+	前右轮轮速传感器
26	SRR	后右线圈	16	RR_	后右轮轮速传感器
A19-1	BAT	备用电源	17	FL+	前左轮轮速传感器
2	PKB	驻车制动器开关	18	E2	搭铁
3	Tc	诊断	19	E1	搭铁
4	Neo	Ne信号	20	Ts	传感器检查用
5	VTH	主节气门位置传感器	21	ML+	TRC电机闭锁传感器
6	WA	ABS警告灯	22	STP	停车灯开关

步骤二 根据各端子的功能，用万用表对各端口进行检测，检测项目和方法如表2-8所示。当测得的数值稍微偏离额定值时，应清洁插头和插座端子，再重新测试。更换相应部件前，再次检查导线及其连接，尤其是额定值小于10Ω的部件更应进行此项检查。如果测得的数值仍偏离额定值，应按电气检测表故障排除提示再进行检测。如果测得的数值达到额定值，还应附带检查线路的电源或搭铁是否正常。

表 2-8   ASR 线路检测项目和方法

检测端子	测试内容	万用表挡位	测试条件	规定值
BAT与E1	供电线路	直流20V		10～14V
IG与E1	供电线路	直流20V	点火开关关闭 点火开关打开	10～14V 0V
TSR与R-	TRC主继电器线路	200Ω	点火开关关闭	80～100Ω
TTR与R-	TRC节气门继电器线路	200Ω		80～100Ω
BM与E1	TRC节气门继电器线路	直流20V	点火开关闭合 点火开关打开	10～14V 0V
TMR与R-	TRC泵继电器线路	200Ω		80～100Ω
MTT与ML+	TRC电动泵线路	200Ω		导通
ML+与ML-	TRC电动泵线路	200Ω		导通
SAC、SMC、SRC与E1	TRC制动压力电磁阀线路	20V	点火开关关闭	10.0～14.5V
PR与E2	制动压力调节器线路	直流20V	点火开关关闭	5V
FR+与FR-	右前轮轮速传感器线路	20kΩ		1.0～1.3kΩ
FL+与FL-	左前轮轮速传感器线路	20kΩ		1.0～1.3kΩ
RR+与RR-	右后轮轮速传感器线路	20kΩ		1.0～1.3kΩ
RL+与RL-	左后轮轮速传感器线路	20kΩ		1.0～1.3kΩ
A与A-	副节气门驱动线路	200Ω		导通
B与B-	副节气门驱动线路	200Ω		导通
GSW与E1	ASR切断开关线路	直流20V	点火开关闭合： 按下ASR切断开关 断开ASR切断开关	 0V 5V
PL、NL上的电压	空挡起动开关线路	直流20V	点火开关断开 当点火开关接通、 换挡杆在P或N挡	0V 10～14V
STP端子上的电压	制动开关线路	直流20V	制动灯开关闭合 制动灯开关断开	10～14V 0V
IDL2、IDL1和E1	节气门传感器线路	直流20V	点火开关接通： 节气门关闭 节气门开启	 0V 5V

续表

检测端子	测试内容	万用表挡位	测试条件	规定值
VTH、VSH和E1	发动机ECU与TRC ECU之间线路	直流20V	点火开关接通： 节气门关闭 节气门开启	0.6V 3.7V
TR2与E1	发动机ECU与TRC ECU之间线路	直流20V	点火开关接通	5V
NEO与E1	发动机ECU与TRC ECU之间线路	直流20V	点火开关接通 发动机怠速	5V 2.5V
WT与E1	TRC关闭指示灯线路	直流20V	点火开关接通： ASR关闭开关闭合 ASR关闭开关断开	0V 10～14V
TC、TS、D/G与E1	TDCL和诊断插座线路	直流20V	点火开关接通	10～14V

操作四 输入元件的检测

提示

在线路测量中，如果发现故障，则先检查该线路的连接情况，如果线路连接没有问题，则检测与该线路连接的相关元件。

步骤一 轮速传感器检测。轮速传感器与 ABS 共用，其检查方法与 ABS 系统轮速传感器的检查方法相同。

步骤二 节气门位置传感器检测。测量 VC、VTA、IDL2 与 E2 端子之间的电压与导通情况，应与表2-9所示相同，如果检测结果不正常，应更换节气门位置传感器。

表 2-9 节气门位置传感器的检测

检测项目 \ 节气门开度	节气门全闭	节气门全开	节气门转动
VC与E2	5V，导通	5V，导通	5V，导通
VTA与E2	0.6V	5V	0.2～5V之间变化，导通
IDL2与E2	0V，导通	5V，不导通	由0V变为5V，由导通变为不导通

步骤三 压力开关电路检查。起动发动机并维持怠速运转 30s 以上，以使 TRC 制动压力调节器内的压力升高。然后将发动机熄火，点火开关仍转至接通（ON）位置，测量 ECU PR-E2 端子之间的电压应为 5V，电阻为 1.5kΩ；释放 TRC 制动压力调节器内的制动液，使其内部压力降低，再测量 PR-E2 之间的电压为 0V，电阻为 0Ω。若上述检查结果不正常，则更换压力开关。

操作五 TRC ECU 的检测

TRC ECU 常见的故障有线束插接器松动、插口损坏，操作不当造成 ECU 的内部损坏等，其具体检查方法如下。

步骤一　TRC ECU 外部线束检查。先检查 TRC ECU 线束插接器有无松动，插口有无损坏，如果线束松动，则进行紧固，如果插口损坏，则更换 ECU。

步骤二　TRC ECU 自身的检查。如果 ECU 内部损坏，多数可通过其自诊断功能读取到相应的故障码，如果对故障码进行确认后，则更换 ECU；如果没有提示相应的故障码，在检查传感器、继电器、电磁阀及其线路均无故障，怀疑 TRC 的 ECU 可能有故障时，可以用新的 ECU 替代，如果故障现象消失，则说明 ECU 损坏。

操作六 执行器检测

步骤一　主继电器电路检查。主继电器电路如图 2-81 所示，主继电器的测量方法如图 2-82 所示，测量继电器连接器各端子之间的导通情况。如果 1-2 端子之间不导通（电阻∞），3-4 端子之间导通（电阻很小），给继电器 3-4 端子间施加蓄电池电压，此时继电器 1-2 之间应导通。若上述检查结果不正常，应更换继电器。

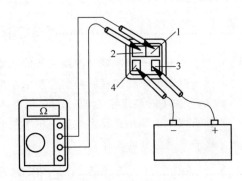

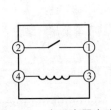

图 2-81　主继电器电路　　　　　　　图 2-82　主继电器的测量

1～4—端子

步骤二　电磁阀检查。电磁阀的检查方法与 ABS 电磁阀检查方法相同，可参照 ABS 电磁阀的检查方法对其进行检查。

步骤三　检查 TRC 电动液压泵。电动液压泵的线路如图 2-83 所示。拆下 TRC 液压泵电动机连接器，给液压泵电动机接上蓄电池电压（"+"接 3 号端子，"-"接 1 号端子），是否能听到 TRC 液压泵电动机运转的声音。若接上蓄电池电压后，TRC 液压泵电动机不工作，应更换 TRC 液压泵及电动机总成。若液压泵电动机工作，检查 2-3 端子与 4-5 端子之间导通情况，如果不导通，应更换 TRC 液压泵及电动机总成。

步骤四　副节气门驱动器装置检测。副节气门驱动装置各端子连接情况如图 2-84 所示。

拆开 TRC 副节气门驱动器连接器，检查连接器各端子之间的导通情况，正常情况为 1-2-3 端子之间应导通，4-5-6 端子之间应导通。若检查结果不正常，应更换 TRC 副节气门驱动装置。

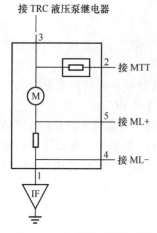

图 2-83　电动液压泵线路图

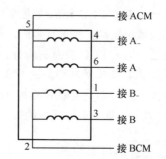

图 2-84　检查副节气门驱动装置

任务三　电子稳定程序控制系统

❑ 学习目标 ❑

（1）熟悉汽车电子稳定程序控制系统的基本组成与工作原理。
（2）熟悉汽车电子稳定程序控制系统主要部件的结构、工作过程和检修方法。
（3）掌握汽车电子稳定程序控制系统的检查方法、驱动防滑控制系统的正确使用与维护方法。
（4）熟悉汽车电子稳定程序控制系统常见故障的检修方法。
（5）培养严谨细致的工作态度。

❑ 任务引入 ❑

一辆装有电子稳定程序控制系统（Electronic Stability Program，ESP）的帕萨特一汽大众速腾轿车，行驶里程约 8.4 万千米。驾驶员说，该车在正常行驶过程中，仪表板上的 ESP 警告灯一直亮起。经维修技师对车辆进行检查后判断为汽车电子稳定程序控制系统故障，需对其进行检修。为了查明故障原因，正确地判断汽车电子稳定程序控制系统的故障，汽车维修人员必须熟悉汽车电子稳定程序控制系统的结构与工作原理等相关的基础知识，为排除汽车电子稳定程序控制系统的故障打下基础。

❑ 相关知识 ❑

一、ESP 的基本知识

1．概述

ESP 是改善汽车行驶性能的主动安全控制系统，ESP 包含 ABS 和 ASR，并且它是在这 2 种系统功能上进行的延伸。ABS 一般是在车辆制动时防止车轮抱死，TRC 是在车辆起步和加速行驶时防止驱动轮滑转（空转）。而 ESP 则在整个行驶过程中始终处于工作状态，通过有选择性地控制各车轮上的制动力，防止车辆滑移，提高了汽车的操控性和行驶稳定性。

ESP 在不同的车型中有不同的名称，如表 2-10 所示。

表 2-10 　　　　　　　　　　　　ESP 系统在不同车型中的名称

车型	名称
奔驰、奥迪	ESP（Electronic Stability Program），即电子稳定程序控制系统
宝马	DSC（Dynamic Stability Control），即动态稳定控制系统
丰田、雷克萨斯	VSC（Vehicle Stability Control），即车身稳定控制系统
三菱	ASC/AYC（Active Stability Control/Active Yaw Control），即主动稳定控制/主动横摆控制系统
本田	VSA（Vehicle Stability Assist），即车身稳定辅助系统
沃尔沃汽车	DSTC（Dynamic Stability and Traction Control），即动态稳定及循迹控制系统

2．ESP 的基本组成

ESP 主要由传感器（包括转向盘转角传感器、轮速传感器、横摆角速度（横摆率）传感器、纵向/横向加速度传感器等）、ECU 和执行器等几部分组成，如图 2-85 所示。

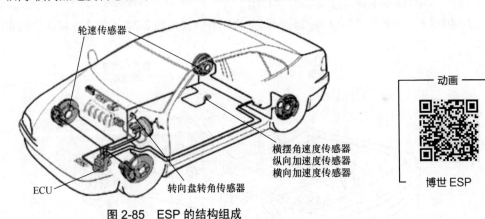

图 2-85　ESP 的结构组成

3．ESP 的基本工作原理

汽车在高速行驶急转弯时会出现 2 种危险状况：一种是不足转向（有冲出弯道的倾向），另一种是过度转向（有甩尾的倾向），2 种状况都可导致汽车行驶时发生危险。

ESP 工作的基本原理是通过转向盘转角传感器、轮速传感器、横摆角速度传感器、纵向/横向加速度传感器等实时地检测驾驶员的驾驶意图和车辆的实际行驶情况。ECU 根据各传感器的信号计算出车辆的实际运动轨迹，如果实际运动轨迹与理论运动轨迹（驾驶员意图）有偏差，或者检测出某个车轮打滑，ECU 就会首先控制副节气门控制机构减小开度，以减小发动机输出功率，并且控制制动系统对某个车轮进行制动，来修正运动轨迹，防止汽车在高速行驶急转弯时会出现转向不足或转向过度。

当实际运动轨迹与理论运动轨迹相一致时，ESP 自动解除控制。例如，当 ESP 判定为出现不足转向时，将制动内侧后轮，使车辆进一步沿驾驶员转弯方向偏转，从而稳定车辆；

当 ESP 判定为出现过度转向时，ESP 将制动外侧前轮，防止出现甩尾，并减弱过度转向趋势，稳定车辆，如图 2-86 所示。

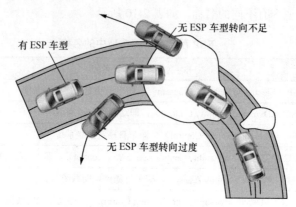

图 2-86　ESP 工作原理

二、典型车型 ESP 简介

1. 雷克萨斯 LS400 轿车 ESP

（1）LS400 轿车 ESP 主要零部件的作用

LS400 轿车 ESP 主要零部件及其在车上的安装位置如图 2-87 所示，各零部件的作用如表 2-11 所示。

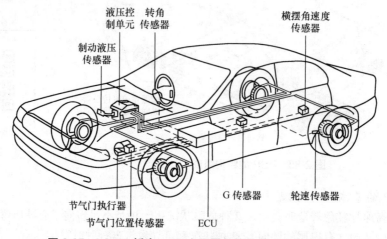

图 2-87　LS400 轿车 ESP 主要零部件在车上的安装位置

表 2-11　　　　　　　　　　　　ESP 各主要零部件的作用

ESP主要零部件	作用
横摆角速度传感器	检测横摆率（汽车绕垂直轴旋转的角速度）
G传感器	检测汽车的纵向和横向加速度
转角传感器	检测由驾驶员操纵的转向盘转动情况
制动液压传感器	检测由驾驶员进行制动操作时制动液压的变化

续表

ESP主要零部件	作用
轮速传感器	检测每个车轮的角速度
节气门位置传感器	检测由驾驶员操纵加速踏板引起的主节气门开度以及由节气门执行器控制引起的副节气门开度的变化
ESP ECU	接收各传感器的信号，向执行器发出控制指令，实现车辆的稳定控制
节气门执行器	根据ESP ECU的控制指令，调节副节气门的开度
液压控制单元	执行通常的制动助力功能；当车轮在加速或减速下出现滑移时，执行TRC和ABS功能；当汽车出现侧滑时，执行稳定控制功能

（2）ESP 主要传感器的结构与原理

ESP 主要传感器包括轮速传感器、转向盘转角传感器、加速度传感器和横摆角速度传感器等。

① 轮速传感器。轮速传感器装在每个车轮的相应位置上，用于检测车轮旋转的角速度，与 ABS 系统共用。

② 转向盘转角传感器。转向盘转角传感器装于转向盘后侧，用于检测转向盘的转向角度，可根据转向盘的转动情况输出一个可表示 ±720° 转向盘旋转角度的输出信号，ECU 利用这个信息计算出驾驶员所要求的方向。ECU 再通过转向盘转角传感器与横摆角速度传感器信号的比较，确定车辆实际行驶轨迹与驾驶要求是否一致，从而确定控制目标。

常用的转向盘转角传感器有霍尔式和磁阻式。

a. 霍尔式转向盘转角传感器。其具体结构如图 2-88 所示，霍尔式转向盘角度传感器共有 14 个霍尔传感器用于检测角度和转向盘的转动，每个霍尔传感器不断检测相邻磁铁的磁场变化。传感器上面的 9 个磁铁，根据转向盘转向位置，被放在它下面的软磁材料的编码盘逐个屏蔽。在印制电路板上有霍尔开关和微处理器，微处理器可检测传感器的可信度，通过 9 个霍尔传感器的编码信息得到转向盘角度。下面 5 个霍尔传感器通过 4:1 的减速比，将转向盘的转动范围变为 360°，用于记录转向盘的转动信息。

b. 磁阻式转向盘转角传感器。磁阻式转向盘转角传感器结构如图 2-89 所示。其上装有带有各向异性磁阻式传感器（AMR），磁阻式传感器电阻随外部磁场磁通密度的变化而变化，2 个测量齿轮是由转向轴上的一个齿轮驱动，两个磁铁分别放在两个测量齿轮中，在两个磁铁上面是 2 个 AMR 传感器集成电路。两个测量齿轮相差 1 个齿，这样，从两个齿轮的所测量的一对角度值就可知道转向盘的每个可能的位置，得到转向盘的角度信号。

③ 加速度传感器。加速度传感器用于测量汽车行驶时的纵向和横向加速度。常见的有霍尔加速度传感器。

霍尔加速度传感器的结构原理如图 2-90 所示。在传感器中使用"弹性"固定的弹簧-质量系统，传感器有 1 个竖放的带状弹簧，一端夹紧，另一端固定着永久磁铁，以作为振动质量。在永久磁铁上面是带有信号处理集成电路的霍尔传感器，在下面有一块铜阻尼板。

如果传感器感受到横向加速度 a，则传感器的弹簧-质量系统离开它的静止位置而偏移。偏移程度与加速度大小有关。运动的磁铁在霍尔元件中产生霍尔电压 U_H，经信号处理电路处理后输出信号电压，信号电压随加速度 a 增加而线性增加。其输出在静态时为 2.5V 左右，正的加速度对应正的电压变化，负的加速度对应负的电压变化，具体参数因传感器不同而有所不同。

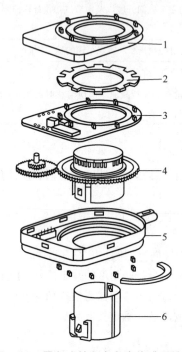

图 2-88　霍尔式转向盘角度传感器结构

1—壳体盖（带有9个等距分布的永久磁铁）；2—软磁材料的
编码盘；3—电路板（带9个霍尔传感器和微处理器）；
4—减速器；5—下面的5个霍尔传感器；6—转向柱固定套筒

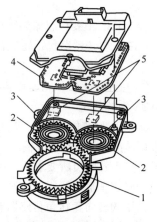

图 2-89　磁阻式转向盘转角传感器结构

1—测量齿轮1；2—测量齿轮2；3—磁铁；
4—判断电路；5—各向异性磁阻
（AMR）集成电路

④ 横摆角速度传感器。横摆角速度传感器或横摆率传感器也称陀螺测速仪，一般装在汽车行李箱前部，与汽车垂直轴线平行，用于检测汽车的横摆率。它通过检测汽车在弯道行驶或加速时绕其垂直轴的转动，对其动态行驶状态进行调节。

（3）ESP 系统 ECU 的结构与原理

ECU 是 ESP 系统的控制中心，它与液压控制装置集成在一起组成一个总成。ECU 持续监测并判断蓄电池电压、车轮速度、车轮横向与纵向加速度、转向盘转角、横向偏摆率以及点火开关接通、停车灯开关、串行数据通信电路等信号。根据所接收的输入信号，

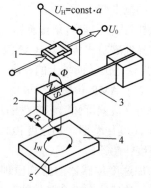

图 2-90　霍尔加速度传感器结构原理

1—霍尔元件；2—永久磁铁；3—弹簧；4—阻尼板；
5—I_w 涡流；U_H—霍尔电压；U_0—供电电压；
Φ—磁通量；α—检测的横向加速度

ECU 将向液压调节器、发动机控制模块、组合仪表和串行数据通信电路等发送输出控制信号。当点火开关接通时，ECU 会不断进行自检，以检测 ESP 是否存在故障。此外，ECU 还在每个点火循环都执行自检初始化程序。当车速达到约 15km/h 时，初始化程序即起动。在执行初始化程序时，可能会听到或感觉到程序正在运行，这属于系统的正常操作。在执行初始化程序的过程中，ECU 将向液压调节器发送一个控制信号，循环操作各电磁阀并运行电动液压泵，以检查各部件是否正常工作。如果电动液压泵或任何电磁阀不能正常工作，ECU 会设置一个相应故障码。同时 ECU 会将输入和输出信号与 ECU 中所存储的正常工作参数进行比较，以此来不断监测 ESP 系统。如果有任何输入或输出信号超出正常工作参数范围，则 ECU 将设置相应故障码。

ECU 主要完成以下控制功能，以确保行驶车辆的稳定性。

① 控制驱动力，防止车轮打滑。ESP 能够避免车辆的起步打滑，系统对制动、发动机管理和变速换挡控制及时干预，让汽车在起动时保持合适的扭矩，而整个过程 ESP 利用微处理器分析来自传感器的信号并输出相应的控制指令。

② 控制过度转向或不足转向。在转向过程中，如果驾驶员对车辆的操作过于激烈，会使车辆不能按照自己的轨迹行驶，后驱汽车常出现转向过度情况，此时后轮失控而甩尾。当ECU 检测到车辆转向过度时，向液压调节器发送一个信号，将合适的制动液压力施加到外侧前轮的制动轮缸，让外侧前轮制动减速，以使车辆朝驾驶员想要的方向转向。当 ECU 检测到车辆转向不足时，ECU 将向液压调节器发送信号，将合适的制动液压力施加到内侧后轮的制动轮缸，让内侧后轮制动减速，以使车辆朝驾驶员想要的方向转向。

③ 控制方向，减少对开路面制动距离。对开路面，指的是汽车的左右轮分别位于不同附着系数的路面上，如一半是干燥路面，而另一半是积水甚至是积雪路面。在这种路面上制动时，制动系统在对附着力较低的路面上的车轮施加制动力时，为了防止车轮的抱死滑动，不能够对其施加与干燥路面上的车轮同样大的制动力。不对称的制动力会使车辆受到一个水平方向的扭矩，在路面旋转打滑，ESP 系统察觉到后，系统会给电动机一个必要的转向角度命令。这时，驾驶员能够感觉到转向盘的变化，并随之继续控制转向盘，反向旋转。在这样的作用下，制动力能够发挥地面附着力的最大值，并把制动距离缩短5% ～ 10%。如果在 ESP 模式下进行人工制动，则退出 ESP 制动干预模式，并允许常规制动。

（4）ESP 系统液压控制装置的结构和工作原理

① 液压控制装置的结构。液压控制装置主要由供能部分、制动总泵和制动助力器部分、选择电磁阀部分和控制电磁阀部分等组成，其外形如图 2-91所示，内部结构如图 2-92 所示。

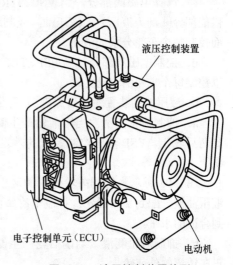

图 2-91　液压控制装置外形

a. 供能部分。它由电动机驱动液压泵和蓄压器组成。蓄压器储存由液压泵供应的液压油，作为液压装置的压力源。

b. 制动总泵和制动助力器部分。这部分根据驾驶员的制动操作产生液压，并进行助力。

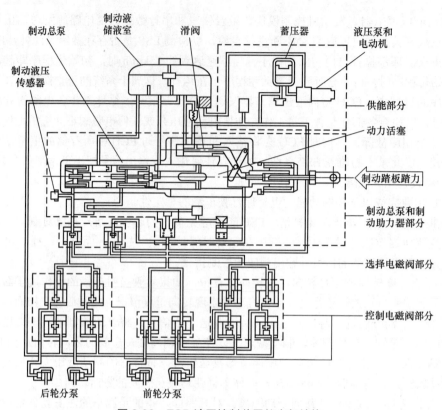

图 2-92 ESP 液压控制装置的内部结构

c. 选择电磁阀部分。当 VSC、TRC 或 ABS 工作时，它关闭制动总泵的液压油，并把供能部分（动力液压）的液压油，或制动助力器（调节液压）的液压油送到控制电磁阀，从而控制每个车轮分泵的液压。

d. 控制电磁阀部分。当 ESP、TRC 或 ABS 工作时，它增加或降低每个车轮分泵的液压，以控制每个车轮的制动力。

② 液压控制装置的工作原理。

a. 抑制前轮侧滑。当因前轮产生侧滑而出现"漂出"现象时，ESP 系统把制动力施加到两后轮上。ESP 液压控制装置的基本动作是把经调节的供能部分的液压送到 2 个后轮分泵上。

图 2-93 所示为抑制前轮侧滑的液压油管路图，通过操作选择电磁阀，蓄压器中的动力液压油被分配到 2 个后轮。控制电磁阀由通与断的占空比来驱动，以把动力液压调节并控制到合适的水平。

b. 抑制后轮侧滑。当因后轮产生侧滑而使汽车滑移角增加时，ESP 立即把制动力加到正在转弯的外前轮上。

抑制后轮侧滑的液压油管路如图 2-94 所示。通过操作选择电磁阀，蓄压器中的动力液压被分配到正在转弯的外前轮上。控制电磁阀由通与断的占空比来驱动，以把动力液压调节并控制到合适的水平。

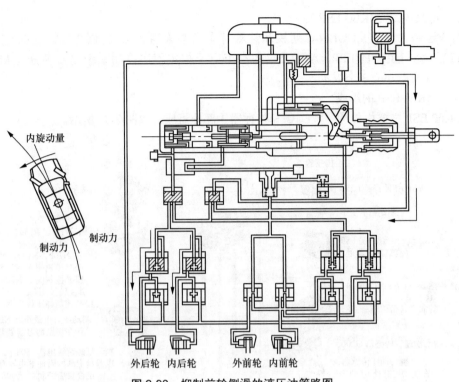

图 2-93　抑制前轮侧滑的液压油管路图

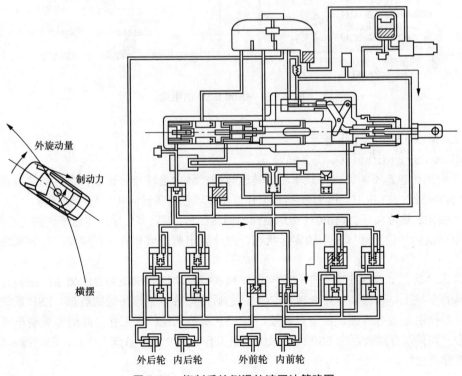

图 2-94　抑制后轮侧滑的液压油管路图

2. 大众车系 MK60 ESP

大众速腾、途安、GOLF6、明锐和途观等车型都采用 ATE（德国大陆，又叫 CT，以前的 ITT）公司生产的 ESP，ATE 公司的汽车电子稳定程序控制系统主要可分为 MK60、MK60AT 和 MK60EC 3 个版本。

（1）MK60 ESP 的组成

MK60 ESP 主要由传感器、ECU 和执行器 3 部分组成，如图 2-95 所示。

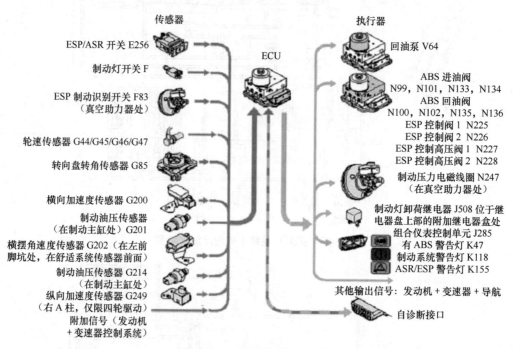

图 2-95　MK60 ESP 的组成

（2）MK60 ESP 的工作原理

MK60 ESP 的工作原理如图 2-96 所示。

① 轮速传感器不断提供每只车轮的转速数据，转向盘转角传感器将它得到的数据直接通过 CAN 总线传给 ECU。ECU 根据数据计算出车辆的所需转向和所需行驶状态。

② 横向加速度传感器向 ECU 传送侧向的偏转信息，偏转率传感器传送车辆的离心趋势，ECU 根据这两种信息计算出车辆实际状态。如计算出所需值和实际有偏差，控制系统进行调节。

③ ESP 通过计算确定哪个车轮应制动或加速；发动机的扭矩是否应减小；在装有自动变速器的车型上是否需要使用变速器 ECU。之后根据各传感器传输的数据，ESP 系统再检查调节器作用是否有成效。如果有成效，则 ESP 调节系统停止工作，并继续观察车辆的运行状态；如果没有成效，则 ESP 调节系统重新工作。ESP 调节系统工作时，ESP 指示灯亮，提示驾驶员注意。

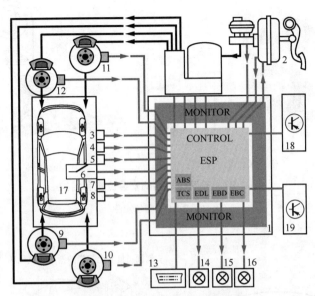

图 2-96 MK60 ESP 的工作原理

1—ABS ECU（带有 EDL/ASR/ESP）；2—主动式真空助力器（带有制动压力传感器以及压力释放开关）；

3—纵向加速度传感器（仅限于四驱）；4—横向加速度传感器；5—横摆角速度传感器；

6—ESP/ASR 开关；7—转向盘转角传感器；8—制动灯开关；9 ~ 12—轮速传感器；

13—自诊断接口；14—制动系统警告灯；15—ABS 警告灯；16—ASR/ESP 警告灯；

17—驾驶员意图与车辆的行驶状态；18—进行发动机控制系统干预；

19—进行变速器控制系统干预（仅限于自动变速器）

（3）主要部件简介

① ECU J104。

a. 带 EBD/ASR/ESP 的 ABS ECU J104 和液压调节单元合并成一个标准组件。

b. 电子控制单元 J104 的功能：进行 ABS/EBD/ASR/ESP 的功能控制；连续监控所有的电气部件；进行系统故障自诊断。

c. 打开点火开关后，ECU J104 将执行故障自诊断，所有的电气连接都将被连续监控，并周期性检查电磁阀功能。

② 轮速传感器 G44、G45、G46、G47。G44、G45、G46、G47 轮速传感器的安装位置和结构如图 2-97 所示，它采用的是霍尔主动式轮速传感器，其测量元件是带有 3 个霍尔元件的霍尔传感器。3 个霍尔元件装配位置符合一定的关系，其中，A 和 C 在 B 的两边。A 与 C 的霍尔电压的波形相位差为 180°，B 的与 A 和 C 相差 90°。

③ 转向盘转角传感器 G85。转向盘转角传感器 G85 安装在转向柱上，在转向开关与转向盘之间，与安全气囊螺旋电缆集成为一体，其安装位置和结构如图 2-98 所示。

转向盘转角传感器的功能是向带有 EDL/TCS/ESP 的 ABS ECU 传递转向盘转角信号。测量范围为 ±720°，共计转向盘转动 4 圈。

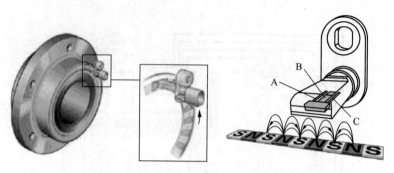

（a）安装位置　　　　　　　　　　　　　　　　　（b）结构

图 2-97　轮速传感器的安装位置和结构

A、B、C—霍尔元件

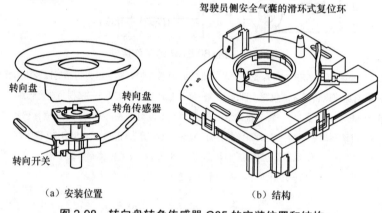

驾驶员侧安全气囊的滑环式复位环

转向盘

转向盘
转角传感器

转向开关

（a）安装位置　　　　　　　　　　　　　（b）结构

图 2-98　转向盘转角传感器 G85 的安装位置和结构

转向盘转角传感器是 ESP 系统中唯一一个直接由 CAN 总线向控制单元传递信号的传感器。打开点火开关后，转向盘被转动 4.5°（相当于 1.5cm），传感器进行初始化。

　　转向盘转角传感器失效后，系统将不能识别车辆的预期行驶方向（驾驶员意愿），导致 ESP 不起作用。

　　安装时，要保证 G85 处于正中位置，观察孔内黄色标记可见。

　　④ 横向加速度传感器 G200。横向加速度传感器的安装位置：转向柱下方偏右侧，与横摆角速度传感器一体。横向加速度传感器的外形如图 2-99 所示。

　　横向加速度传感器用来确定车辆偏离预定方向的侧向力及其大小，这样 ESP 就能估算出在实际道路情况下，车辆应做怎样的运动才能保持稳定。

失效影响：没有横向加速度传感器信号，无法识别车辆状态，ESP 会失效。

⑤ 偏转率传感器 G202。偏转率传感器的外形如图 2-100 所示，其功能如下。

a. 它可以用来确定车辆是否受到旋转力矩。

b. 根据它的安装位置，可以检测物体绕空间某个轴的旋转。

c. 在 ESP 系统中，该传感器用来确定车辆是否绕垂直轴旋转，即偏转率。

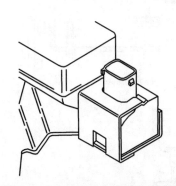

图 2-99　横向加速度传感器的外形

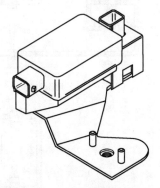

图 2-100　偏转率传感器的外形

⑥ ESP/ASR 开关 E256。ESP/ASR 开关 E256 安装在仪表板上。如果驾驶员想要关闭 ESP/ASR 功能，按此开关即可，同时仪表上的 ESP 警告灯会亮起。再次按压此开关可重新激活 ESP/ASR 功能。如果驾驶员忘记重新激活 ESP/ASR，再次起动发动机后系统可被重新激活。ESP 正在介入时，系统将无法被关闭。

E256 关闭或失效，ESP 将不起作用。

下列情况下，有必要关闭 ESP。

a. 在积雪路面或松软路面上，让车轮自由转动，前后移动车辆。

b. 安装了防滑链的车辆。

c. 在测功机上检测车辆。

⑦ 液压调节单元。液压调节单元有两条对角线分布的制动回路。与以前的 ABS 液压调节单元相比，ESP 的每条制动回路上增加了 2 个控制电磁阀，其中一个是控制阀 N225，另一个是 ESP 动态控制高压阀 N227。回油泵变为了自吸式结构。如果某一阀工作不正常，ESP 系统将关闭。

液压调节单元制动回路的组成部件如图 2-101 所示，其基本部件包括控制阀 N225、动态控制高压阀 N227、进油阀、出油阀、回油泵、低压蓄能器等。

液压调节单元的工作过程如图 2-102 所示。

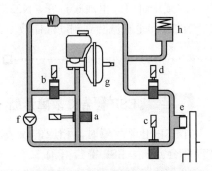

图 2-101　液压调节单元制动回路的
组成部件

a—控制阀 N225；b—动态控制高压阀 N227；
c—进油阀；d—出油阀；e—制动缸；
f—回油泵；g—制动伺服器；h—低压蓄能器

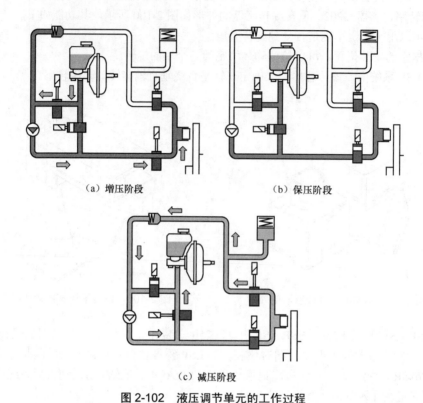

（a）增压阶段　　　　　　　　（b）保压阶段

（c）减压阶段

图 2-102　液压调节单元的工作过程

　　a. 增压阶段。助力器建立预压力使回油泵吸入制动液。N225 关闭，N227 打开，进油阀保持开启，直到车轮被制动到所需的制动强度。

　　b. 保压阶段。所有的控制阀都处于关闭状态。

　　c. 减压阶段。出油阀打开，N225 视压力大小打开或关闭，N227 和进油阀关闭。制动液经 N225 和主缸流回到制动液储液室。

·· ◻ 任务实施 ◻ ··

操作一 ESP 警告灯故障诊断

　　当 ESP 出现故障时，相应的仪表板的警告灯会点亮，ESP 警告灯有 3 个，分别是 ABS 警告灯 K47、制动系统警告灯 K118 及 ASR/ESP 警告灯 K155。警告灯位置如图 2-103 所示，不同警告灯点亮的故障原因如表 2-12 所示，可根据故障原因进行相应的诊断。

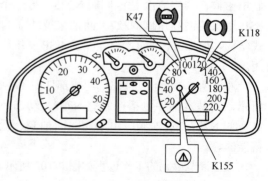

图 2-103　警告灯位置

表 2-12 不同警告灯点亮的故障原因

故障	故障原因
ABS警告灯K47不熄灭	① 供电电压低于10V。 ② ABS有故障。如果有故障，防抱死功能被切断，但常规制动功能正常。 ③ 最后一次起动车辆后，转速传感器有偶然故障。在此状况下，起动车后且车速超过20km/h时，ABS警告灯K47自动熄灭。 ④ 组合仪表与控制单元J104间断路。 ⑤ 组合仪表损坏
ABS警告灯K47熄灭，制动系统警告灯K118亮	① 驻车制动器已拉紧。 ② 制动系统警告灯K118的控制有故障。 ③ 制动液液面过低。 如果K47及K118亮，说明ABS及EBD（电子制动力分配）有故障。 如果ABS警告灯K47及制动系统警告灯K118点亮，则制动时后轮可能提前抱死
ESP警告灯K155不熄灭	如果打开点火开关且检测结束后，K155不熄灭，其故障原因如下。 ① ASR/ESP按钮E256对正极短路。 ② ESP警告灯K155的控制有故障。 ③ ASR/ESP已由E256切断，此故障只影响ASR/ESP安全系统，车上的ABS/EBD（电子制动力分配系统）安全系统功能完全正常。车辆在行驶中，如果ESP警告灯K155闪亮，说明ASR及ESP正在工作

操作二 转向盘转角传感器 G85 零点平衡的初始化标定

提示

　　如果更换了转向盘转角传感器 G85、控制单元 J104 或者蓄电池的电压值不正常，传感器的标定值会丢失，即 ECU 无法正常识别传感器的数据起始点和变化规律，所以需重新进行初始化标定。若 G85 底部检查孔内的黄点清晰可见，则表明传感器在零点位置。更换了压力传感器、侧向 / 纵向加速度传感器，也需要做调整工作。

　　04 "基本设定" 功能中的通道号如下：60—转向盘转角传感器零点调整；63—横向加速度传感器零点调整；66—制动压力传感器零点调整；69—纵向加速度传感器零点调整（四轮驱动）。

　　转向盘转角传感器 G85 初始化标定的方法有路试和使用 V.A.S 5051 故障诊断仪 2 种。路试时，通过短距离行驶，传感器 G85 会根据轮速传感器信息重新初始化。

　　利用故障诊断仪 V.A.S 5051 进行初始化标定的方法和步骤如下。

步骤一 连接 V.A.G 1551 或 V.A.S 5051 进入 03 地址。

步骤二 登录 "11"，按 "Q" 键确认，输入登录密码 "40168"，再按 "Q" 键确认（做多项调整时，只需登录 1 次）。

步骤三　起动车辆，在平坦路面试车，以不超过 20km/h 车速行驶。

步骤四　如果转向盘是正中位置（若不在正中位置，则进行调整），停车即可，不要再调整转向盘，不要关闭点火开关。

步骤五　选择读取数据流 08 功能，输入"004"通道，观察第一显示区数值是否为 −4.5～5。

步骤六　选择基本设定功能 04，按"Q"键确认，再输入组别号"001"，ABS 警告灯闪亮。

步骤七　选择退出功能 06，按"Q"键确认，ABS 和 ESP 警告灯亮约 2s。

步骤八　初始化标定结束。

操作三 **横向加速度传感器 G200 零点平衡的初始化标定**

步骤一　将车停在水平面上。

步骤二　连接 V.A.G1551 或 V.A.S5051 进入 03 地址。

步骤三　选择登录"11"，按"Q"键确认，输入登录密码"40168"，再按"Q"键确认。

步骤四　选择基本设定功能 04，按"Q"键确认，输入组别号"063"，再按"Q"键确认，ABS 警告灯闪亮。

步骤五　选择退出功能 06，按"Q"键确认，ABS 和 ESP 警告灯亮约 2s。

步骤六　初始化标定结束。

提示

　　若显示该功能不能执行，说明登录有误。若显示基本设定关闭，说明超出零点平衡允许公差。读取 08 数据块（004 通道第二显示区静止时数值为 ±1.5；转向盘至止点，以 20km/h 车速左/右转弯，测量值应均匀上升）及故障记忆，然后重新进行。

操作四 **制动压力传感器 G201 零点平衡的初始化标定**

步骤一　不要踩制动踏板。连接 V.A.G 1551 或 V.A.S 5051 进入 03 地址。

步骤二　选择读取数据流 08 功能，输入"005"通道，观察第一显示区数值是否为 ±700kPa。

步骤三　选择登录"11"，按"Q"键确认，输入登录密码"40168"，再按"Q"键确认。

步骤四　选择基本设定功能 04，按"Q"键确认，输入组别号"066"，再按"Q"键确认，ABS 警告灯闪亮。

步骤五　选择退出功能 06，按"Q"键确认，ABS 和 ESP 警告灯亮约 2s。

提示

　　若显示该功能不能执行，说明登录有误。若显示基本设定关闭，说明超出零点平衡允许公差。需要读取 08 数据块（005 通道）及故障记忆，然后重新进行设定。

操作五 ESP 起动的检测

　　ESP 起动检测用于检查系统各传感器信号的可靠性（G200，G202，G201）。拆卸或更换 ESP 部件后，必须进行 ESP 检测。对 ESP 系统的检测一旦开始，就不能中止，必须全部进行完毕。

　　其测试过程如下。

　　步骤一　连接 V.A.G 1551 或 V.A.S 5051，打开点火开关，进入 03（ABS）地址。

　　步骤二　选择基本设定功能 04，输入"093"通道，按"Q"键确认，显示屏显示"ON"，ABS 警告灯亮。

　　步骤三　拔下自诊断插头，起动发动机。

　　步骤四　用力踩下制动踏板（制动力应大于 3.5kPa），直到 ESP 警告灯 K155 闪亮。

　　步骤五　以 15～30km/h 试车，时间不超过 50s，转弯并保证转向盘转角大于 90°。行车时应保证 ABS、EBD、ASR、ESP 不起作用。

　　测试结束后，若 ABS 警告灯和 ESP 警告灯熄灭，则 ESP 起动检测顺利完成，系统正常；若 ABS 灯不灭，说明 ESP 起动检测未顺利完成；若 ABS 灯不灭且 ESP 灯亮起，查询故障存储器，再进行测试。

小　结

　　本项目主要介绍了 ABS、ASR 和 ESP 相关的理论知识和故障检修的内容及方法。在理论知识方面，重点介绍了 3 个系统的结构及工作原理，其中应重点掌握 ABS 制动压力调节器、ASR 和 ESP 的工作过程。在故障检修方面，依据故障维修的实际流程，介绍了 3 个系统维修的具体方法、步骤，并且列举维修实例，进一步加深对知识的理解与运用。

练习思考题

　　1．解释滑移率的概念，说明滑移率与路面附着系数的关系。

　　2．说明 ABS 的功能和分类。

　　3．与传统制动系统相比，采用 ABS 的制动系统有哪些特点？

4. 简述电控 ABS 的工作原理。

5. 简述 ABS 的基本组成部件和各部件的作用。

6. 简述电磁式轮速传感器的结构、原理及检测方法。

7. 简述循环式制动压力调节器的工作原理。

8. 简述可变容积式制动压力调节器的组成及工作原理。

9. 简述 ABS 的检修方法及步骤。

10. 简述为什么要采用 ASR。

11. 防滑转控制的方式有哪几种？

12. ASR 和 ABS 有哪些异同点？

13. 简述 ASR 的基本组成和工作原理。

14. 简述单独方式 ASR 制动压力调节器的工作原理。

15. 副节气门装置的主要作用是什么？

16. 简述 ASR 检修的基本方法。

17. ESP 的作用是什么？

18. ESP 由哪些部分组成？各部分的基本作用是什么？

电控悬架系统的检修

（1）熟悉电控悬架的基本组成与工作原理。

（2）熟悉电控悬架的结构、工作过程和检修方法。

（3）掌握电控悬架的检查方法、电控悬架的正确使用与维护方法。

（4）熟悉电控悬架常见故障的检修方法，能够对电控悬架系统的故障进行快速有效的诊断与检修。

（5）培养家国情怀。

文档

厚植家国情怀

◻ 任务引入 ◻

　　一辆装有电控悬架系统的别克轿车，行驶里程约 16.2 万千米。该车的车尾部分已经下沉，不能恢复正常状态，导致底盘后部离地距离很小，严重影响了车辆行驶的通过性。经维修技师检查后确认，该车的电控悬架出现故障，需对电控悬架进行检修。

◻ 相关知识 ◻

一、电控悬架系统的基本知识

1. 电控悬架系统的功用

电控悬架系统能够控制和调节悬架的刚度和阻尼力，使汽车的悬架特性与道路状况和行驶状态相适应，从而使汽车的乘坐舒适性和操纵稳定性都得到满足。

2. 电控悬架系统的分类

（1）按有源和无源进行分类

电控悬架系统按有源和无源可分为半主动悬架和全主动悬架。

① 半主动悬架。半主动悬架为无源控制，对悬架元件中的弹簧刚度和减振器阻尼力之一可以根据需要进行调节。为了减小执行元件所需的功率，可以采用调节减振器阻尼系数的方法。

提示

　　半主动悬架不能对悬架的刚度和阻尼进行有效的控制，但可以根据汽车运行时的振动及行驶工况变化情况，对悬架阻尼参数进行自动调整。

图 3-1 所示的半主动悬架系统由弹性
元件（螺旋弹簧）和一个阻尼系数能在较
大范围内调节的阻尼器（可调阻尼式减振
器）组成。

② 全主动悬架。全主动悬架又称主
动悬架，它是一种有源控制悬架，需要一
个动力源（液压泵或空气压缩机等）为悬
架系统提供连续的动力输入，它的附加装
置用来提供能量和控制作用力，如图 3-2
所示。

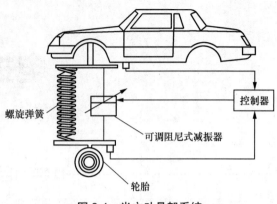

图 3-1　半主动悬架系统

 提示

主动悬架可以在汽车行驶过程中，根据行驶状况自动调整弹簧刚度和减振器阻尼以
及前后悬架的匹配，抑制车身姿态变化，防止转弯、制动、加速等工况造成的车身姿态
的改变，还可以根据路面起伏、车速高低、载荷大小自动控制车身高度变化，确保汽车
行驶平顺性和操纵稳定性。

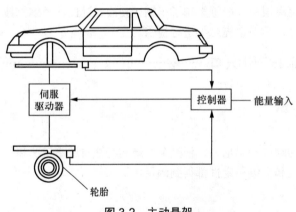

图 3-2　主动悬架

（2）按悬架介质的不同进行分类
电控悬架系统按悬架介质的不同
可分为油气式电控悬架和空气式电控
悬架。

① 油气式电控悬架。油气式电控
悬架系统是以油为介质压缩气室中的
氮气，实现刚度调节，以液压管路中
的小孔节流形成阻尼特性。

② 空气式电控悬架。空气式电控
悬架系统采用空气弹簧，它通过改变
空气弹簧中的主、副空气室的通气孔
的截面积来改变气室压力，以实现悬架刚度控制，并通过对空气弹簧气室的充气或排气实现
汽车高度控制。

（3）按悬架调节的方式不同进行分类
电控悬架系统按悬架调节的方式不同可分为有级调节式悬架和无级调节式悬架。

① 有级调节式悬架。有级调节式悬架是指由驾驶员手动选择或 ECU 根据各传感器的信
号自动选择，将悬架的阻尼/刚度分为 2～3 级进行调整的悬架系统。

② 无级调节式悬架。无级调节式悬架是指可实现连续调整阻尼/刚度的悬架系统。电控
悬架系统采用的控制方式有控制车身高度、控制空气弹簧的刚度和控制油液减振器的阻尼
等。根据电控悬架系统的功能不同，目前采用的电控悬架系统主要有电子控制变高度悬架系

统、电子控制变刚度空气弹簧悬架系统、电子控制变阻尼减振器悬架系统、电子控制变刚度空气弹簧与变阻尼减振器悬架系统、电子控制变高度变刚度空气弹簧和变阻尼减振器悬架系统等几种类型。

3．电控悬架系统的控制功能

电控悬架系统主要有车身高度控制、车身姿态控制和车速与路面感应控制 3 方面控制功能。

（1）车身高度控制

不管车辆负载在规定范围内如何变化，都可以保持汽车高度一定，车身保持水平，可大大减少汽车在转向时产生的侧倾。

① 自动高度控制：不管乘客和行李重量如何变化，操作高度控制开关能使汽车的目标高度变为"NORM"或"HIGH"的状态，能够保持车身高度恒定。

② 高速感应控制：当汽车在良好路面上高速行驶，车速超过设定值（一般为 90km/h）时，若汽车高度控制开关选择在"HIGH"上，汽车高度将自动转换"NORM"，自动降低车身高度，以减小空气阻力，提高汽车行驶的稳定性；当汽车连续在差路面上行驶，车速较低时（一般为 40～90km/h），能够自动提高车身高度，以提高汽车的通过性。

③ 点火开关 OFF 控制：驻车时，当点火开关关闭后，乘客和行李重量的变化使汽车高度高于目标高度时，系统会自动将汽车高度降低到目标高度，以改善汽车驻车时的姿势，且便于乘客的乘降。

（2）车身姿态控制

电控悬架系统能够通过调节弹簧刚度、减振器阻力以对车身在转向时侧倾、制动时点头、加速时后坐等姿态进行控制。

① 转向时侧倾控制：汽车在横向坡道高速行驶和汽车高速急转向时，电控悬架系统能根据汽车的行驶速度和转向角度，使减振力和弹簧刚度转换为"坚硬"状态，抑制转弯期间的侧倾，改善汽车的操纵性。这种控制持续时间大约为 2s，然后恢复到最初的减振力和弹簧刚度。

② 制动时点头控制：紧急制动时，电控悬架系统能根据汽车的行驶速度、制动开关信号和汽车高度的变化，提高弹簧刚度和减振器阻尼力，将减振力和弹簧刚度转换为"坚硬"状态，使汽车制动时的姿势变化尽量小，抑制制动期间的车头点头。

③ 加速时后坐控制：急加速时，电控悬架能根据汽车速度、节气门开启角度和速度的变化，提高弹簧刚度和减振器阻尼力，将减振力和弹簧刚度转换为"坚硬"状态，用来抑制汽车起步和急加速时的车尾后坐。在 2s 后或当汽车速度达到一定水平时，恢复最初的状态。

（3）车速与路面感应控制

电控悬架系统能够根据车速和道路的状况对弹簧刚度和减振力进行控制，以抑制汽车在不平道路上行驶时的颠簸或上下跳动，从而改善汽车在不平道路上行驶时的乘坐舒适性。当汽车行驶速度低于 10km 时，不能进行调整。

① 当车速高时，提高弹簧刚度和减振器阻尼力，以提高汽车高速行驶时的操纵稳定性。

② 当前轮遇到凸起时，减小后轮悬架弹簧刚度和减振器阻尼力，以减小车身的振动和冲击。

③ 当路面差时，提高弹簧刚度和减振器阻尼力，以抑制车身的振动。

4. 电控悬架系统的组成

传统的汽车悬架主要由弹簧、减振器、稳定杆和弹性轮胎等组成，悬架的高度和弹性是不可调整的，在行车中车身高度的变化取决于弹簧的变形，其结构简单、实用，但因其弹性和阻尼不能随外部路况变化，驾驶及乘坐舒适性较差。电控悬架系统则是在传统汽车悬架的基础上加装了电子控制单元（ECU）、传感器及开关、执行机构等元件，如图 3-3 所示，它能使悬架随着不同的路况和行驶状态做出相应的

文档

奥迪 Q7 汽车电控悬架系统

调整，既可以使汽车的乘坐舒适性达到令人满意的状态，又能使汽车的稳定性要求得到满足。

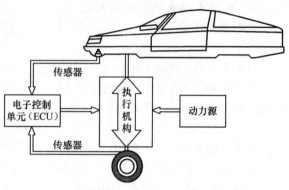

图 3-3　电控悬架系统的组成

① 电控悬架系统的传感器主要有车身高度传感器、轮速传感器、加速度传感器、转向盘转角传感器、节气门位置传感器等；开关有模式选择开关、车身高度控制开关、制动灯开关和车门开关等。

② 执行机构有可调阻尼式减振器，它可调节弹簧高度和弹性大小的弹性元件等。

③ ECU 一般由微机和信号放大电路组成。

电控悬架系统各元件在车上的安装位置如图 3-4 所示，各元件的作用如表 3-1 所示。

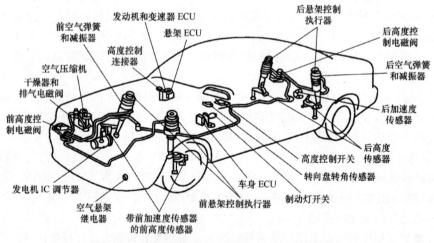

图 3-4　电控悬架系统各元件在车上的安装位置

表 3-1　　　　　　　　　　　　　　电控悬架各元件的作用

序号	元件名称	作用
1	车身高度传感器	检测汽车悬架高度和不平路面造成的空气悬架高度变化
2	轮速传感器	测量车辆行驶时车轮转速

续表

序号	元件名称	作用
3	转向盘转角传感器	检测转向轮的转向角度
4	节气门位置传感器	将节气门开闭的角度信号转换为数字信号传送至悬架系统控制ECU
5	加速度传感器	检测车身的摆动，可间接反映汽车行驶的路面情况
6	悬架控制开关	用于选择悬架的控制模式
7	高度控制开关	允许或禁止车辆高度调节
8	制动灯开关	检测制动踏板是否处于制动状态
9	门控开关	检测车门的开关状态
10	悬架控制执行器	改变空气悬架弹性系数和减振器阻尼力
11	高度控制阀	控制空气弹簧气室内的压缩空气量，按要求充气或排气
12	悬架控制继电器	控制系统的工作电路
13	发电机IC调节器	调节发电机的发电电压
14	空气压缩机	为系统提供所需的压缩空气
15	空气干燥器	吸收压缩空气中的水分，干燥压缩空气
16	排气阀	控制空气弹簧气室内压缩空气的排出，降低汽车悬架高度
17	车身高度控制连接器	通过连接端子可直接调节悬架高度
18	悬架系统控制ECU	根据驾驶员设定模式调节弹性系数、阻尼力和车辆高度；在悬架控制系统发生故障时，使指示灯闪烁

5. 电控悬架系统的工作原理

电控悬架系统的一般工作原理如图 3-5 所示，利用传感器（包括各种开关）检测汽车行驶时路面的状况和车身的状态，将检测信号输入计算机进行处理，计算机通过驱动电路控制悬架系统的执行器动作，完成悬架特性参数的调整。

图 3-5 电控悬架系统的工作原理

二、电控悬架系统的主要部件结构

1. 传感器及开关

（1）车身高度传感器

车身高度传感器的功用是检测汽车行驶时车身高度的变化情况，将车身与车桥之间的相对高度变化（悬架变形量的变化）转换为电信号并送给 ECU。有的车型有 3 个车身高度传感器，而有的车型有 4 个，在每个悬架上都装有一个车身高度传感器，通过它监测车身与悬架下臂之间的距离变化，来检测汽车高度和因道路不平而引起的悬架位移量。车身高度传感器常用的有片簧开关式、霍尔式和光电式 3 种，其中片簧开关式和霍尔式是接触式车身高度传感器，在使用中存在由于磨损而影响检测精度的缺点；而光电式传感器是非接触式传感器，不存在上述缺点，因此，现代轿车越来越多地采用了光电式车身高度传感器。

① 光电式车身高度传感器。光电式车身高度传感器一般安装在车身与车桥之间，如图 3-6 所示，其结构及工作原理如图 3-7 所示。

传感器内有一根靠连杆带动转动的转轴，转轴上固定一个开有许多窄槽的圆盘，圆盘两边是由发光二极管和光敏三极管组

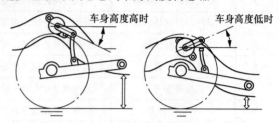

图 3-6　光电式车身高度传感器的安装位置

成的光电耦合器。每个光电耦合器共由 4 组发光二极管和光敏三极管组成。当车身高度变化时（如汽车载荷发生变化），车身与车轮的相对运动使车身高度传感器的连杆转动，通过传感器轴带动圆盘转动，光电耦合器相对应的发光二极管和光敏三极管上的光线产生 ON/OFF 的转换。光敏三极管把接收到的光线 ON/OFF 转换成电信号，并传送给悬架 ECU。ECU 根据光电耦合器 ON/OFF 转换的不同组合，可判断出圆盘转过的角度，从而计算出车身高度的变化。

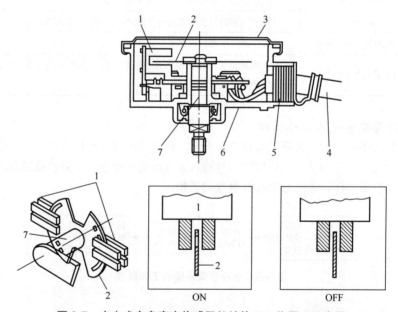

图 3-7　光电式车身高度传感器的结构及工作原理示意图

1—光电耦合器；2—圆盘；3—传感器盖；4—信号线；5—金属油封环；6—传感器壳；7—传感器轴

② 片簧开关式车身高度传感器。片簧开关式车身高度传感器的结构和工作原理如图 3-8 所示，片簧开关式车身高度传感器有 4 组触点式开关，分别与对应的 2 个三极管相连接，构成 4 个检测回路。该传感器将车身高度划分为低、正常、高和超高 4 个检测区域。

当车身高度调到正常高度时，如果因车辆乘员增加使车身高度降低，片簧开关式车身高度传感器就会有一对触点接触，将产生的车身高度降低的电信号输送给 ECU，ECU 根据得

到的信号对执行器进行控制，使车身高度恢复到正常。

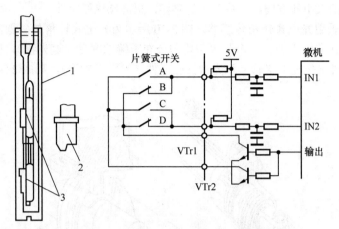

图 3-8　片簧开关式车身高度传感器

1—车身高度传感器；2—磁体；3—片簧开关

　　③ 霍尔式车身高度传感器。霍尔式车身高度传感器的结构和工作原理如图 3-9 所示。霍尔式车身高度传感器一般由 2 个霍尔集成电路、磁体等组成。当车身高度发生变化时，2 个磁体就会产生相对位移，在 2 个霍尔集成电路上就会产生相应的霍尔电压信号，ECU 根据接收到的信号就可以判定车身高度状态，从而发出指令控制执行器做出相应调整。由于 2 个霍尔集成电路和 2 个磁体安装时，它们的位置进行了不同的组合，可以将车身高度状态分为 3 个区域进行检测。

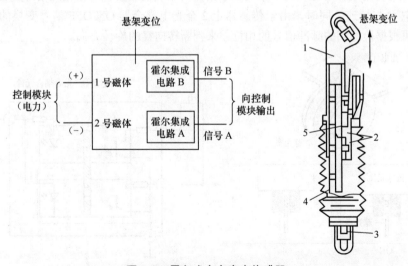

图 3-9　霍尔式车身高度传感器

1—传感器体；2—霍尔式集成电路；3—弹簧夹；4—滑动轴；5—窗孔

（2）转向盘转角传感器

转向盘转角传感器安装在转向轴上，它用于检测转向盘的中间位置、转动方向、转动角度和转动速度。在电控悬架系统中，ECU 根据轮速传感器信号和转角传感器信号，判断汽车转向时侧向力的大小和方向，以控制车身侧倾，提高操纵稳定性。

现代汽车多采用光电式转角传感器，图 3-10 所示为光电式转角传感器的安装位置和结构。在转向盘的转向轴上装有一个带等距均匀分布窄缝的圆盘（遮光盘），圆盘的两侧分别装有 2 个光电元件（发光二极管）和光敏接收元件（光敏三极管），形成 2 组光电耦合器。

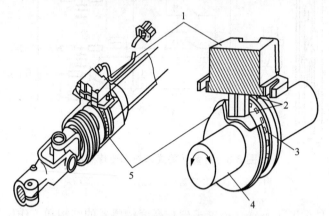

图 3-10　光电式转角传感器的安装位置和结构

1—转角传感器；2—光电元件；3—遮光盘；4—转向轴；5—传感器圆盘

光电式转角传感器的工作原理及电路原理如图 3-11 所示。当转向盘的转轴带动圆盘偏转时，带窄缝的遮光盘使光电耦合器之间的光束产生 ON/OFF 的变化，这种反复的 ON/OFF 状态将产生与转角成一定比例的一系列数字信号，系统控制装置可根据此信号的变化来判断转向盘的转角与转速。同时，由于传感器上 2 个光电耦合器 ON/OFF 信号变换的相位错开约 90°，可根据检测到的脉冲信号的相位差来判断转向盘的旋转方向。

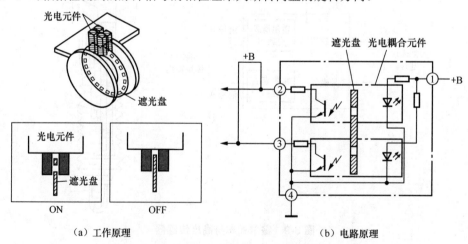

图 3-11　光电式转角传感器的工作原理及电路原理

（3）加速度传感器

当车轮打滑时，不能再以转向角和汽车车速来判断车身侧向力的大小，这时可以利用加速度传感器直接测出车身横向加速度和纵向加速度。横向加速度传感器主要用于检测汽车转向时，汽车因离心力的作用而产生的横向加速度，并将产生的电信号输送给 ECU，使 ECU 能判断悬架系统的阻尼力改变的大小及空气弹簧中空气压力的调节情况，以维持车身的最佳姿势。

常用的加速度传感器有差动变压器式和钢球位移式等。

① 差动变压器式加速度传感器。图 3-12 所示为差动变压器式加速度传感器的结构，图 3-13 所示为其工作原理图。

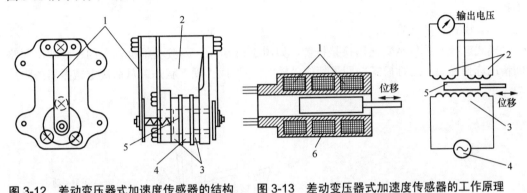

图 3-12　差动变压器式加速度传感器的结构
　　　　1—弹簧；2—封入硅油；3—检测线圈；
　　　　4—励磁线圈；5—心杆

图 3-13　差动变压器式加速度传感器的工作原理
　　　　1、2—二次绕组；3、6—一次绕组；
　　　　4—电源；5—心杆

在励磁线圈（一次绕组）通以交流电的情况下，当汽车转弯（或加、减速）行驶时，心杆在汽车横向力（或纵向力）的作用下产生位移，随着心杆位置的变化，检测线圈（二次绕组）的输出电压发生变化。

提示

　　检测线圈的输出电压与汽车横向力（或纵向力）相对应，反映了汽车横向力（或纵向力）的大小，ECU 根据此信号对车身姿势进行控制。

② 钢球位移式加速度传感器。钢球位移式加速度传感器的结构如图 3-14 所示。根据所检测的力（横向力、纵向力或垂直力）不同，加速度传感器的安装方向也不一样。例如，汽车转弯行驶时，钢球在汽车横向力的作用下产生位移，随着钢球位置的变化，造成线圈的输出电压发生变化。

提示

　　悬架电子控制装置根据加速度传感器输入的信号即可正确判断汽车横向力的大小，从而实现对汽车车身姿势的控制。

（4）节气门位置传感器

节气门位置传感器与发动机共用，可以间接检测汽车加速信号，判断汽车是否在进行急加速，节气门位置传感器先将信号输入发动机 ECU，然后，发动机 ECU 再将此信号输入悬架 ECU，悬架 ECU 利用此信号作为防下坐控制的一个工作状态参数。

（5）车速传感器

车速传感器与发动机共用，用于检测车速信号，汽车车身的侧倾程度取决于车速和汽车转弯半径的大小。通过对车速的检测，来调节电控悬架的阻尼力，从而改善汽车行驶的安全性。

（6）模式选择开关

模式选择开关位于变速器换挡杆旁，如图 3-15 所示。驾驶员根据汽车的行驶状况和路面情况选择悬架的运行模式，即悬架的"软""中"或"硬"状态，从而决定减振器的阻尼力大小。

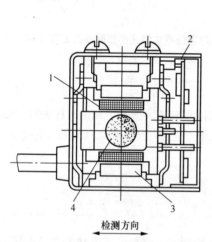

图 3-14　钢球位移式加速度传感器的结构

1—线圈；2—检测电路；3—磁铁；4—钢球

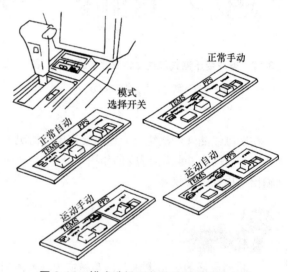

图 3-15　模式选择开关的位置和操作方法

驾驶员通过控制模式选择开关，可使悬架系统工作在 4 种运行模式：自动、正常（Auto、Normal）；自动、运动（Auto、Sport）；手动、正常（Manu、Normal）；手动、运动（Manu、Sport）。当选择自动模式时，悬架系统可以根据汽车的行驶状态自动调节减振器的阻尼力，以保证汽车的乘坐舒适性的操纵稳定性。当选择手动模式时，悬架系统的阻尼力只有标准（中等）和运动（硬）2 种状态的转换。

（7）高度控制开关

高度控制开关用来选择汽车高度，一般有"NORM"和"HIGH"2 种模式，ECU 检测高度控制开关的状态并相应地使汽车高度上升和下降，有的汽车还有高度控制 ON/OFF 开关，用于停止车身高度控制。

（8）制动灯开关

当踩下制动踏板时，制动灯开关接通，ECU接收这个信号作为防点头控制的一个起始状态。

2. 电子控制单元（ECU）

悬架电子控制单元（ECU）接收各传感器、开关输入的信号，通过运算处理，发出控制指令，控制执行器工作，保持车辆的平顺性和操纵稳定性。悬架ECU电路如图3-16所示。ECU一般由输入电路、微处理器、输出电路和电源电路等组成。ECU具有提供稳压电源、传感器信号放大、输入信号计算、驱动执行机构和故障检测及保护等功能。

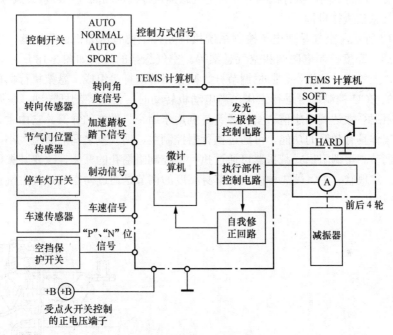

图 3-16 悬架 ECU 电路

（1）提供稳压电源

ECU为控制装置内部和各种传感器提供稳压的电源。

（2）传感器信号的放大

ECU用接口电路将输入信号（如各种传感器信号、开关信号）中的干扰信号除去，然后放大、变换极值、比较极值，变换为适合输入控制装置的信号。

（3）输入信号的计算

悬架ECU根据预先写入只读存储器ROM中的程序对各输入信号进行计算，并将计算结果与内存的数据进行比较后，向执行机构（电动机、电磁阀、继电器等）发出控制指令。当输入ECU的信号除了开/关信号外还有电压信号时，还应进行A/D转换。

（4）驱动执行机构

悬架ECU用输出驱动电路将输出驱动信号放大，然后输送到各执行机构，如电动机、电磁阀、继电器等，以实现对汽车悬架参数的控制。

（5）故障检测及保护

悬架 ECU 用故障检测电路来检测传感器、执行器、线路等的故障，当发生故障时，ECU 将以故障码的形式存储故障，以便维修时调取，帮助确定故障所在位置，并使指示灯点亮，以提醒驾驶员注意。ECU 还具有对系统的保护功能，即在控制系统出现故障时暂时切断对悬架的控制，使悬架系统安全工作。

3. 执行机构

悬架控制系统的执行机构可以是电磁阀、步进电动机或气泵电动机等，它们根据 ECU 的控制信号，及时、准确、快速地进行动作，实现对弹簧刚度、减振器阻尼或车身高度的调节。根据所用悬架结构的不同，执行机构可分为空气悬架执行机构和油气弹簧悬架执行机构 2 种。

（1）空气悬架执行机构

如图 3-17 所示，空气悬架电子控制系统执行元件主要有压缩机、调压器、电动机、干燥器、排气阀、高度控制电磁阀和空气悬架等。空气悬架的结构如图 3-18 所示，它主要由悬架执行器、主气室、副气室、阻尼调节杆、减振器活塞杆等组成。悬架执行器内的电动机根据接收到的 ECU 控制信号进行工作，当电动机转动时，带动控制杆转动，使弹簧的刚度和减振器的阻尼系数达到理想值。空气弹簧是利用压缩空气做成的弹簧，它由主、副气室组成，密封的气体具有弹簧的功能，可通过执行器控制主、副气室之间的通道大小，实现空气弹簧刚度的调节。可调阻尼式减振器可通过执行器控制阻尼孔的开闭，改变减振器阻尼孔的流通截面积，实现软、中、硬 3 种模式。车身高度的调节是通过向空气弹簧主气室内充放压缩气体来实现的。

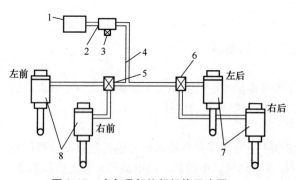

图 3-17 空气悬架执行机构示意图

1—压缩机；2—干燥器；3—排气阀；4—空气管路；5—1 号高

度控制电磁阀；6—2 号高度控制电磁阀；7—前空气弹簧；

8—后空气弹簧

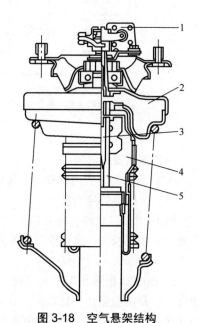

图 3-18 空气悬架结构

1—悬架执行器；2—副气室；3—阻尼调节杆；

4—主气室；5—减振器活塞杆

① 悬架控制执行器。悬架控制执行器的功用是通过步进电动机驱动减振器阻尼孔的回转阀和主、副气室的空气阀阀芯转动，使悬架的各参数保持在稳定的状态，其结构如图 3-19 所示。

当步进电动机带动小齿轮驱动扇形齿轮转动时，与扇形齿轮同轴的阻尼调节杆带动回转阀转动，使阻尼孔开闭的数量变化，从而可以调节减振器阻尼力；同时阻尼调节杆驱动齿轮带动空气阀驱动齿轮转动，空气阀控制杆转动，随着阀芯角度的改变，悬架的刚度也得到调节。

当电磁线圈 3 控制的电磁制动开关松开时，制动杆处于扇形齿轮的滑槽内，扇形齿轮可以转动。

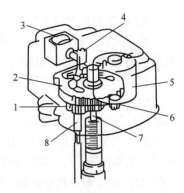

图 3-19　悬架控制执行器结构

1—空气阀驱动齿轮；2—扇形齿轮；3—电磁线圈；4—制动杆；5—电动机；6—小齿轮；7—阻尼调节杆；8—空气阀控制杆

当电磁制动开关吸合时，制动杆往回拉，各齿轮处于锁止状态，各转阀均不能转动，使悬架的参数保持稳定状态。

② 可调阻尼式减振器。可调阻尼式减振器主要由回转阀控制杆、阻尼孔、活塞杆、回转阀等组成，如图 3-20 所示。活塞杆是一空心杆，在其中心装有控制杆，控制杆的上端与执行器相连。控制杆的下端装有回转阀，回转阀上有 3 个油孔，活塞杆上有 2 个通孔。缸筒中的油液一部分经活塞上的阻尼孔在缸筒的上下两腔流动；另一部分经回转阀与活塞杆上连通的孔在缸筒的上下两腔流动。

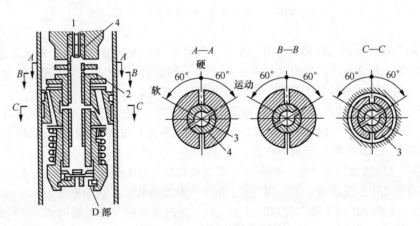

图 3-20　可调式减振器结构

1—回转阀控制杆；2—阻尼孔；3—活塞杆；4—回转阀

当 ECU 控制执行器工作时，通过控制杆带动回转阀相对活塞杆转动，回转阀与活塞杆上的油孔连通或切断，从而增加或减少油液的流通面积，使油液的流动阻力改变，达到调节减振器阻尼力的目的。当回转阀转动使 A—A、B—B、C—C 3 个截面的阻尼孔全都被封住时，此时只有减振器下面的主阻尼孔仍在工作，所以这时阻尼为最大，减振器被调节到"硬"状态。当回转阀从"硬"状态位置顺时针转动 60° 时，B—B 截面的阻尼孔打开，A—A、C—C 两截面的阻尼孔仍关闭，因为多了一个阻尼孔参加工作，所以减振器处于相对较硬的"运动"状态。当回转阀从"硬"状态位置逆时针转动 60° 时，A—A、B—B、C—C 3 个截面的阻尼孔全部打开，这时减振器的阻尼最小，减振器处于"软"状态。

③ 悬架刚度调节执行机构。悬架刚度的调节是通过悬架刚度调节执行机构改变主、副气室之间气体通道的大小，从而改变主、副气室之间的气体流量，使悬架刚度发生变化。悬架刚度调节执行机构由悬架刚度控制阀和执行机构等组成。执行机构位于减振器的顶部，与阻尼系数控制机构组装在一起。刚度控制阀装在空气弹簧副气室的中部，它由空气阀、阀体和空气阀控制杆组成，其结构和控制原理如图 3-21 所示。

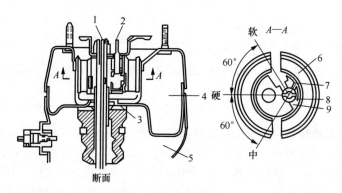

图 3-21　刚度控制阀

1—阻尼调节杆；2—空气阀控制杆；3—主、副气室通道；4—副气室；5—主气室；
6—气阀体；7—气体通道；8—阀芯；9—大气通道

主、副气室之间的气阀体 6 上有大小 2 个气体通道。由悬架控制执行器（步进电动机）带动空气阀控制杆 2 转动，使空气阀阀芯 8 转过一个角度，从而改变气体通道的大小，就可以改变主、副气室之间的气体流量，使悬架刚度发生变化。

a．当空气阀由电动机驱动的控制杆带动旋转到"软"的位置时，空气弹簧主气室的气体经过空气阀的中间孔，阀体侧面的大空气孔（大流通孔）与副气室相通，此时参与工作的气体容积最大，悬架刚度处于最小状态。

b．当空气阀被旋转到"中"位置时，主气室与副气室的气体经过空气阀的中间孔与阀体侧面的小空气孔相互流通，主、副气室之间的气体流量较小，悬架刚度处于中等状态。

c．当气阀被旋转到"硬"位置时，主气室与副气室的空气通道被切断，此时仅仅靠主气室中的气体承担缓冲任务，悬架刚度处于最大状态。

④ 车身高度控制执行机构。车身高度控制是指根据乘员人数、装载质量和汽车的状态自动调节汽车车身高度。车身高度控制是通过车身高度调节执行机构控制空气弹簧中主气室

空气量的多少来进行调节。执行机构主要由空气压缩机、直流电动机、排气电磁阀、空气干燥器等组成，如图 3-22 所示。

空气干燥器、排气电磁阀都安装在空气压缩机上。空气干燥器可以将空气中的水分过滤掉；排气电磁阀可以从系统中放出压缩空气，同时排掉空气干燥器滤出的水分；空气压缩机由直流电动机驱动，根据需要向主气室内提供升高车身所必需的压缩空气。

高度控制阀是 1 个二位二通电磁阀，也称进气阀，如图 3-23 所示，用于控制充入或排出空气弹簧的压缩空气，从而改变弹簧和车身的高度。

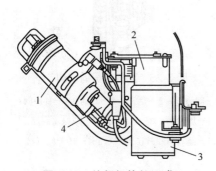

图 3-22 执行机构的组成

1—空气干燥器；2—空气压缩机；3—直流电动机；4—排气电磁阀

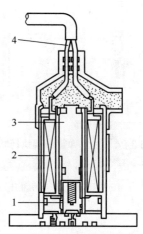

图 3-23 高度控制阀

1—柱塞；2—线圈；3—阀芯；4—信号线

空气悬架系统高度调节控制过程：悬架 ECU 根据车身高度传感器送来的信号来判断车身的高度状况。当判定车身需要升高时，向高度控制阀发出指令，高度控制阀打开，压缩空气进入空气弹簧的主气室，车身升高；当判定车身需要降低时，发出指令，控制高度控制阀和排气电磁阀同时通电打开，悬架的主气室中的空气通过高度控制阀、管路，最后由排气电磁阀排出，车身高度下降；当车身达到规定高度时，高度控制阀关闭，空气弹簧的主气室中的空气量保持不变，车身维持一定高度不变。同时高度传感器将调节后的反馈信号发送给悬架 ECU，悬架 ECU 进行分析判断后确定是否需要继续进行调节。

（2）油气弹簧悬架执行机构

油气弹簧悬架执行机构主要包括油气弹簧、悬架刚度调节器、伺服电动机、电磁阀等，如图 3-24 所示。

油气弹簧是利用油压来压缩密封氮气的一种弹性元件，它一般由气体弹簧和相当于液力减振器的液压缸组成，其结构如图 3-25 所示。它通过油液压缩气室中的氮气实现变刚度特性，通过电磁阀控制油液管路中的小孔节流实现变阻尼特性。

电子控制系统 ECU 根据车速传感器、转向传感器、加速度传感器、制动压力传感器、车身高度传感器等数据信息，判断车辆的运行状态，然后根据预设程序向油气弹簧刚度调节器和电磁阀等执行元件发出指令，控制油气弹簧增高或者降低车身高度，控制油气弹簧液压减振器中的油缸增压或者泄压，以保持合适的车身高度和减振器阻尼。

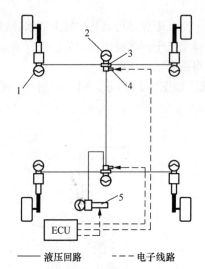

—— 液压回路　　- - - - 电子线路

图 3-24　油气弹簧悬架执行机构示意图

1—油气弹簧；2—中间气体弹簧；3—悬架刚度调节器；

4—电磁阀；5—电动液压泵

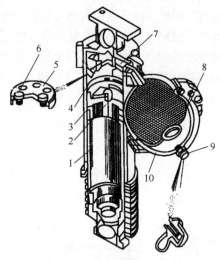

图 3-25　油气弹簧的结构

1—储液筒；2—活塞；3—缸筒；4—复原阀；

5—加油阀；6—压缩阀；7—减振器阀座；

8—储气室膜片；9—气门嘴；10—储气室

三、电控悬架系统的常见故障分析

1. 悬架刚度和阻尼系数控制失灵

悬架刚度和阻尼系数控制失灵故障分析如表 3-2 所示。

表 3-2　　　　　　　　　　悬架刚度和阻尼系数控制失灵故障分析

序号	故障现象	可能的故障部件
1	操作LRC开关时，LRC指示灯的状态不变	LRC开关电路；悬架控制系统ECU
2	悬架的刚度和阻尼控制不起作用	悬架控制执行器及电路；Tc端子电路；Ts端子电路；LRC开关电路；悬架控制执行器电源电路；悬架控制系统ECU
3	只有防俯仰控制不起作用	气压缸或减振器；悬架控制系统ECU；节气门位置传感器及其电路
4	只有防侧倾控制不起作用	悬架控制系统ECU；转角传感器及其电路
5	只有在高速时不起作用	悬架控制系统ECU；轮速传感器及电路

2. 汽车车身高度控制失灵

汽车车身高度控制失灵故障分析如表 3-3 所示。

表 3-3 汽车车身高度控制失灵故障分析

序号	故障现象	可能的故障部件
1	汽车高度控制不起作用	汽车高度控制电源电路；汽车高度控制开关及其电路；汽车高度控制ON/OFF开关及其电路；发电机调节器电路；悬架控制系统ECU
2	车身高度控制指示灯不随高度控制开关的动作变化	车身高度传感器；发电机调节器电路；车身高度控制开关及其电路；汽车高度控制电源电路；悬架控制系统ECU
3	汽车车身高度出现不规则变化	车身高度传感器；有空气泄漏；悬架控制系统ECU
4	只有高速时不起作用	车身高度传感器；悬架控制系统ECU
5	汽车高度控制功能作用，但汽车高度变化不均匀	车速传感器及其电路；车身高度传感器调节杆；高度控制阀、排气阀及其电路；悬架控制系统ECU
6	汽车高度控制ON/OFF开关在"OFF"位置时，汽车高度控制仍起作用	高度控制ON/OFF开关及其电路；悬架控制系统ECU
7	点火开关关断控制不起作用	门控开关及其电路；汽车高度控制电源电路；悬架ECU
8	车门打开时，点火开关关断控制仍起作用	门控开关及其电路
9	汽车停车时车身高度很低	有空气泄漏；气压缸或减振器

四、维修实例

1. 实例一

（1）故障现象

一辆装有 TEMS 电控悬架系统的丰田皇冠轿车，无论在什么路况，都只能以 1 种模式运行。悬架控制系统不能根据行驶路况进行调节。

（2）故障检修

根据车主反映，该车是在铺地胶之后出现的故障，而该车的模式选择开关在自动变速器换挡杆的前方，铺地胶时需要揭开模式选择开关附近的胶皮，并且需要拆下开关护板，很可能在拆装过程中，模式选择开关的线束受到损伤。根据以上分析，先检查模式选择开关，将模式选择开关拆下，开关有 4 根引线，如图 3-26 所示，其中有两根引线分别通向悬架控制系统 ECU 的 A1 和 A13 脚，一根引线搭铁，另外一根引线通向 TEMS 电源的 20A 熔断丝。将点火开关拨到 ON 位置，用万用表测开关的电源线，发现该线电压始终为 0V。仔细检查该线插脚，发现该线伸入插头内的部分已经脱开。将该线接好，将方式选择开关装复试车，一切恢复

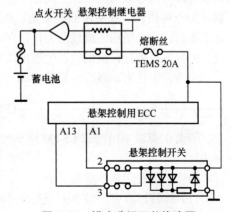

图 3-26 模式选择开关线路图

正常。无论按哪种方式选择开关的按钮，悬架控制系统都能根据相应的选择自动进行相应调节。

2. 实例二

（1）故障现象

一辆装有电控悬架系统的别克轿车，尾部趴下无法起来，导致底盘后部离地距离很小，严重影响了车辆行驶的通过性。

（2）故障检修

车主反映该车的故障是在底盘被碰过一下后突然出现的，根据这一线索，初步判定为充气管破裂或减振器气囊漏气。于是举升车辆，查看气管与减振器的情况，但没有发现漏气迹象，看来与底盘被碰关系不大。

因为该车系统是独立的，与检测仪不能通信，因此不能通过数据流或故障码来对其检测。接下来通过电路图（见图3-27）进一步分析故障所在。决定先检查压缩机线路，由浅入深，先检查熔断器，发现靠近转向柱左下方仪表板上的12、17号熔断器均是好的。然后拔掉压缩机总成线束插头，用万用表直接测量电动机的B、D脚电阻为2.4Ω。为了确认电动机是否能够正常工作，用2根带熔断丝的跨线，B脚接正极，D脚接负极，压缩机能够正常运转。此时用试灯检查插头B、D脚的供电及搭铁情况，结果D脚搭铁情况正常，但B脚无电。重

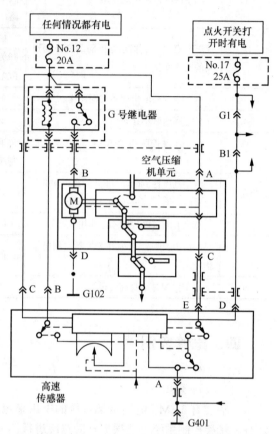

图3-27 别克电控悬架系统线路图

新接好压缩机总成插头，拔下高度传感器，用1根带熔断丝的跨线一端接在高度传感器的B脚，另一端搭铁，观察压缩机还是不能运转。此时用万用表测量压缩机一端B脚有12.34V的电压。因此判断压缩机线路上肯定存在接触不良的问题，怀疑继电器触点烧蚀。更换一个完好的继电器进行替换试验，此刻可以听到压缩机发出了一连串"哒哒……"的响声，车辆后部渐渐升了起来，系统恢复了正常，故障排除。

▫ 任务实施 ▫

下面主要以丰田凌志LS400轿车的电控悬架系统为例，介绍电控悬架系统检修的基本方法。

检修要求及注意事项如下。

（1）维修过程中，当点火开关在打开状态下时，不要随意断开蓄电池接线，否则会丢失控制模块中存储的信息，也不要拆卸或安装控制模块及其插接器。

（2）当用千斤顶将汽车顶起时，应将高度控制 ON/OFF 开关拨到"OFF"位置。如果在高度控制 ON/OFF 开关拨到"ON"位置的情况下顶起汽车，则 ECU 中会记录 1 个故障码。如果记录了故障码，务必将其从存储器中清除掉。

（3）在放下千斤顶或将汽车从支架上放下之前，应将汽车下面的所有物体挪走。因为在维修过程中，可能进行了空气悬架的放气、空气管路拆检等操作，此时空气弹簧中的主气室可能无气或存有少量剩余气体，汽车落地后，车身高度会降低，将下面的物体压住。

（4）在开动汽车之前，应起动发动机将汽车的高度调整到正常状态。因为在维修过程中，悬架上空气弹簧的空气可能被放掉，车身高度变得很低，如果此时汽车起步，会造成车身与悬架或轮胎等的相互摩擦或碰撞。

（5）如果汽车装有安全气囊系统，在维修电控悬架前，应先将安全气囊系统断开。因为一些汽车的前安全气囊碰撞传感器安装在空气压缩机和 1 号车身高度控制阀上面。因此，除非必要时，不要触及这个传感器。若要触及，必须按照安全气囊维修中的说明，在维修前拆下前安全气囊碰撞传感器，避免影响安全气囊系统的正常工作。

（6）在控制系统的检测中，必须使用生产厂家在维修手册中要求的检测工具，否则可能损坏控制系统的零部件。

操作一 **汽车高度调整功能的检查**

步骤一 检查轮胎气压。检查轮胎气压是否正常，如果不正常，应将其调整到正常值。

步骤二 检查汽车高度。将高度控制开关处于"NORM"位置，车辆停放在水平面上，在相应的测量点检查车身高度是否合适，如图 3-28 所示。

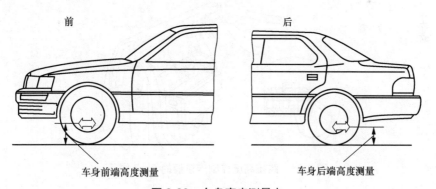

图 3-28 车身高度测量点

步骤三 汽车高度调整。如果车辆高度不符合标准，必须先将高度调整到标准范围内。可旋松车身高度传感器连杆上的 2 只锁紧螺母，转动车身高度传感器连接杆的螺栓进行调节车身高度，如图 3-29 所示。

步骤四 高度调整功能检查。起动发动机，将高度控制开关由"NORM"位置转换到"HIGH"位置，如图 3-30 所示，车身高度应升高 10 ～ 30mm；将高度调整开关从"HIGH"位置转换到"NORM"位置，车辆高度应降低 10 ～ 30mm，每次调整所需时间一般为 20 ～ 40s。

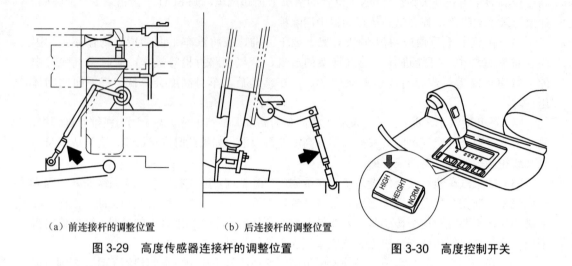

（a）前连接杆的调整位置　　　　（b）后连接杆的调整位置

图 3-29　高度传感器连接杆的调整位置　　　　图 3-30　高度控制开关

操作二　溢流阀的检查

当压缩机工作时，检查溢流阀是否工作，其检查方法如下。

步骤一　将点火开关置于"ON"位置，将高度控制连接器的 1、7 端子跨接，如图 3-31 所示，使压缩机工作。

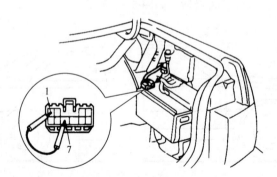

图 3-31　跨接高度控制连接器的 1、7 端子

此操作会在电控悬架 ECU 内记录一个故障码。

步骤二　压缩机工作一段时间，检查溢流阀是否放气，如图 3-32 所示。如果不放气说明溢流阀堵塞、压缩机故障或有漏气的部位。

步骤三　检查结束后，将点火开关置于"OFF"位置，清除故障码。

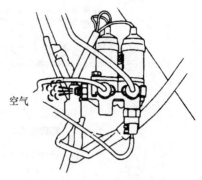

图3-32　检查溢流阀

操作三 **漏气检查**

漏气检查主要是检查空气软管和软管开关是否漏气，其具体方法如下。

步骤一　将高度控制开关置于"HIGH"位置，使车辆高度升高。

步骤二　使发动机熄火。

步骤三　在管子的接头处涂抹肥皂水，检查是否漏气，具体检查位置如图3-33所示。

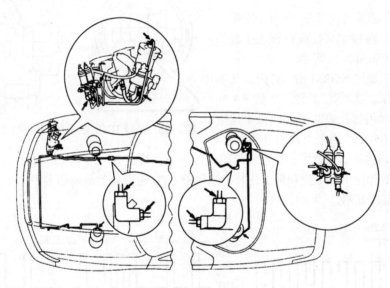

图3-33　漏气检查

操作四 **指示灯检查**

电控悬架中的指示灯有2个：一个是高度控制指示灯"NORM"或"HI"，另一个是刚度阻尼指示灯"LRC"。悬架系统指示灯如图3-34所示。

步骤一　当点火开关转到"ON"位置时，LRC指示灯（SPORT指示灯）和高度控制指示灯（NORM和HI指示灯）应点亮2s，2s后，各指示灯的亮灭则取决于其控制开关的位置。

步骤二　如果LRC和高度控制开关分别设定到"SPORT"和"HI"位置，则SPORT和HI指示灯将点亮。

步骤三　如果高度指示灯以1s间隔闪亮，表明ECU中存有故障码，如果出现故障，应检查相应电路。

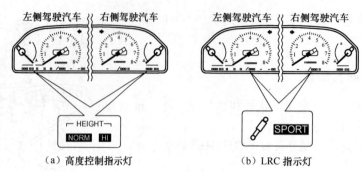

（a）高度控制指示灯 　　　　　（b）LRC 指示灯

图 3-34　指示灯的位置

操作五 读取故障码

步骤一 点火开关置于"ON"位置。

步骤二 跨接 TDCL 或检查连接器的 Tc 与 E1 端子如图 3-35 所示。

步骤三 通过 NORM 指示灯闪烁频率和间歇次数读取故障码，具体方法如图 3-36 所示。第 1 次闪烁代表故障码的第 1 位数字，在停歇 1.5s 后，数第 2 次闪烁的次数，

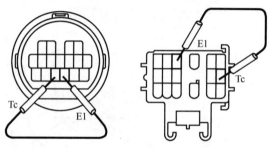

图 3-35　跨接 TDCL 或检查连接器的 Tc 与 E1 端子

它代表故障码的第 2 位数字。如果故障码不止一个，将会有一个较长的间歇（2.5s），然后显示下一个故障码的第 1 位和第 2 位数字。如果 ECU 内存储的故障码多于一个，则由小数字向大数字逐个显示。

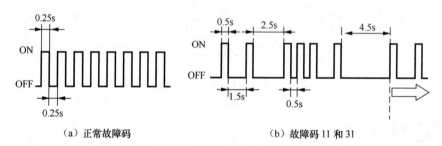

（a）正常故障码 　　　　　（b）故障码 11 和 31

图 3-36　故障码的读取

故障码如表 3-4 所示。

表 3-4　　　　　　　　　　　　LS400 电控悬架系统故障码表

故障码	系统	故障部位	故障原因
11	右前车身高度传感器电路	车身高度传感器电路开路或短路	① ECU 与车身高度传感器之间的配线或插接器； ② 车身高度控制传感器； ③ ECU
12	左前车身高度传感器电路		
13	右后车身高度传感器电路		
14	左后车身高度传感器电路		

续表

故障码	系统	故障部位	故障原因
21	前悬架控制执行器电路	悬架控制执行器电路开路或短路	① ECU与悬架控制执行器之间的配线或插接器； ② 悬架控制执行器； ③ ECU
22	后悬架控制执行器电路		
31	1号高度控制阀电路	高度控制阀电路开路或短路	① ECU与高度控制阀之间的配线或插接器； ② 高度控制阀； ③ ECU
33	2号高度控制阀电路（用于右悬架）		
34	2号高度控制阀电路（用于左悬架）		
35	排气阀电路	排气阀电路开路或短路	① ECU与排气阀之间的配线或插接器； ② 排气阀； ③ ECU
41	1号高度控制继电器	1号高度控制继电器电路开路或短路	① ECU与1号高度控制继电器之间的配线或插接器； ② ECU
42	压缩机电动机电路	压缩机电动机电路短路；压缩机电动机被卡住	① ECU与压缩机电动机之间的配线或插接器； ② 压缩机电动机； ③ ECU
51	1号高度控制继电器的持续电流	向1号高度控制继电器的供电时间为8.5min以上	① 压缩机电动机； ② 压缩机； ③ 空气管； ④ 1号、2号控制阀； ⑤ 排气阀； ⑥ 车身高度传感器连接杆； ⑦ 车身高度传感器； ⑧ 溢流阀； ⑨ ECU
52	排气阀的持续电流	向排气阀的供电时间为6min以上	① 高度控制阀； ② 排气阀； ③ 空气管； ④ 车身高度传感器连接杆； ⑤ 车身高度传感器； ⑥ ECU
61	悬架控制信号	ECU故障	
71	高度控制ON/OFF开关电路	高度控制ON/OFF开关位于OFF位置或高度控制ON/OFF开关电路短路	① ECU与高度控制开关之间的配线或插接器； ② 高度控制ON/OFF开关； ③ ECU
72	悬架控制执行器供电电路	悬架控制执行器供电电路开路或悬架熔断丝烧断	① AIR SUS熔断丝； ② ECU与发动机主继电器之间的配线或插接器； ③ ECU

操作六 清除故障码

系统故障排除后要将故障码清除，清除系统故障码有以下两种方法。

步骤一 将点火开关置于"OFF"位置，拆下 1 号接线盒中的 ECU-B 熔断丝，保持这一状态 10s 以上，如图 3-37 所示，便可清除故障码。

步骤二 将点火开关置于"OFF"位置，跨接高度控制连接器的 E（8 号）与 CLE（9 号）端子，同时使检查连接器的端子 Ts 与 E1 连接，如图 3-38 所示，保持这一状态 10s 以上，然后接通点火开关，并脱开以上各端子，即可清除故障码。

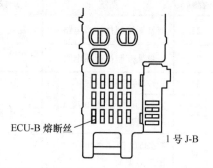

图 3-37　拆下 1 号接线盒中的 ECU-B 熔断丝

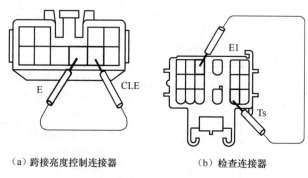

（a）跨接亮度控制连接器　　　（b）检查连接器

图 3-38　跨接高度控制连接器和检查连接器

操作七 输入信号检查

此项功能主要是检查输入 ECU 的转向传感器和停车开关的信号是否正常，具体操作方法如下。

步骤一 将点火开关转到"ON"位置。

步骤二 将每个检查项目调整到表 3-5 中的"操作内容 1"栏所示状态。

步骤三 短接发动机室内的诊断插接器 Ts 和 E1 端子。

这时，在发动机停机状态下，高度控制"NORM"指示灯会以 0.25s 的间隔闪烁，并一直持续到发动机运转时为止（这表明系统已经进入输入信号检查状态）。

步骤四 再将每个检查项目调到表 3-5"操作内容 2"栏所示状态，检查"NORM"指示灯的状态是否与表 3-5 中所示的状态一致。

表3-5 悬架 ECU 输入信号检查

检查项目	操作内容1	"NORM" 指示灯状态		操作内容2	"NORM" 指示灯状态	
		发动机停机	发动机运转		发动机停机	发动机运转
转向传感器	车向前摆正直行	闪烁	常亮	转向角45°以上	常亮	闪烁
停车灯开关	OFF（不踩制动踏板）	闪烁	常亮	ON（踩制动踏板）	常亮	闪烁
门控灯开关	OFF（所有车门关闭）	闪烁	常亮	ON（所有车门打开）	常亮	闪烁
节气门位置传感器	不踩加速踏板	闪烁	常亮	加速踏板踩到底	常亮	闪烁
1号轮速传感器	车速低于20km/h	闪烁	常亮	车速不低于20km/h	常亮	闪烁
高度控制 ON/OFF开关	"ON" 位置	闪烁	常亮	"OFF" 位置	常亮	闪烁
高度控制开关	"NORM" 位置	闪烁	常亮	"HIGH" 位置	常亮	闪烁
LRC开关	"NORM" 位置	闪烁	常亮	"SPORT" 位置	常亮	闪烁

注：1. 闪烁是指"NORM"指示灯以0.25s的间隔正常闪烁；常亮是指"NORM"指示灯不闪烁一直点亮。

2. 在进行这项检查时，减振器的阻尼力控制和弹簧刚度控制被暂时停止，减振器的阻尼力和弹簧刚度都被固定为"坚硬"状态，而车身高度控制则正常进行。

操作八 线路及元件检查

电控悬架出现了故障，无论自诊断系统有无故障码输出，都需要对系统线路及元件进行检查。

提示

如果有故障码，则可根据故障码的提示对故障线路进行检查，以找出确切的故障部位，排除故障。

如果无故障码显示，则需根据故障分析的结果，对与故障有关的线路和部件逐个进行检查。

如果所有可能的故障线路和部件检查均无问题，但悬架控制系统的故障确实存在，则需对悬架 ECU 进行检查或更换。

对系统进行线路检查时，需要参照系统线路图进行分析。图 3-39 所示为 LS400 电子控制空气悬架系统的线路连接图。图 3-40 所示为悬架系统 ECU 连接器的端子。

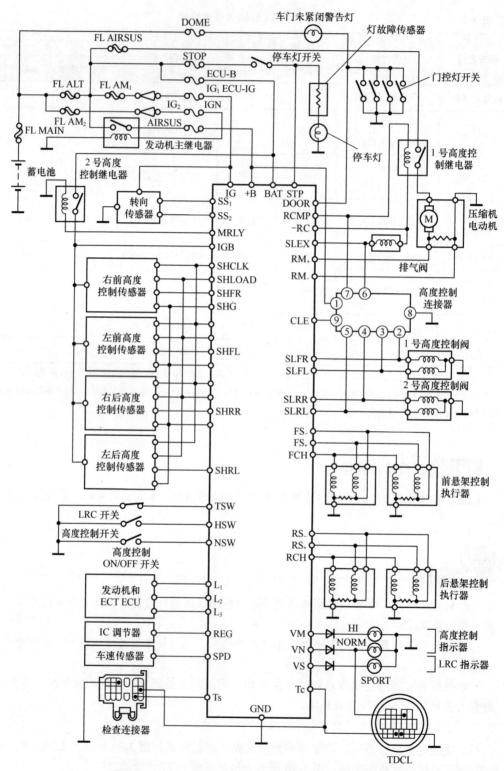

图 3-39　LS400 电子控制空气悬架系统的线路连接图

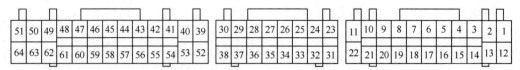

图 3-40　悬架系统 ECU 连接器端子

表 3-6 所示为连接器各接线端子与 ECU 连接对象的对应关系。

表 3-6　　　　　　　　　　　连接器各接线端子与 ECU 连接对象的对应关系

序号	代号	连接对象	序号	代号	连接对象
1	SLFR	1号右高度控制阀	33		
2	SLRR	2号右高度控制阀	34	GLE	高度控制连接器
3	RCMP	1号高度控制继电器	35		
4	SHRL	左后高度控制传感器	36		
5	SHRR	右后高度控制传感器	37		
6	SHFL	左前高度控制传感器	38	RM_	压缩机电动机
7	SHFR	右前高度控制传感器	39	+B	悬架控制执行器电源
8	NSW	高度控制ON/OFF开关	40	IGB	高度控制电源
9			41	BATT	备用电源
10	TSW	LRC开关	42		
11	STP	停车灯开关	43	SHLOAD	高度控制传感器
12	SLFL	1号左高度控制阀	44	SHCLK	高度控制传感器
13	SLRL	2号左高度控制阀	45	MRLY	2号高度控制继电器
14			46	VH	高度控制"HI"指示灯
15			47	VN	高度控制"NORM"指示灯
16			48		
17			49	FS_+	前悬架控制执行器
18			50	FS_	前悬架控制执行器
19			51	FCH	前悬架控制执行器
20	DOOR	门控灯开关	52	IG	点火开关
21	HSW	高度控制开关	53	GND	ECU搭铁
22	SLEX	排气阀	54	-RC	1号高度控制继电器
23	L_1	发动机和ECT ECU	55	SHG	高度控制传感器
24	L_3	发动机和ECT ECU	56		
25	Tc	TDCL和检查连接器	57		
26	Ts	检查连接器	58		
27	SPD	车速传感器	59	VS	LRC指示灯
28	SS_2	转向传感器	60		
29	SS_1	转向传感器	61		
30	RM_+	压缩机传感器	62	RS_+	后悬架控制执行器
31	L_2	发动机和ECT ECU	63	RS_-	后悬架控制执行器
32	REG	IG调节器	64	RCH	后悬架控制执行器

步骤一 车身高度传感器线路检查

当车身高度线路出现故障时，ECU 存储器中存入故障码 11、12、13 或 14。在车身高度传感器向 ECU 输入正常信号之前，汽车高度控制、减振器阻尼力和弹簧刚度控制被禁止。车身高度传感器线路如图 3-41 所示，其线路检查流程如图 3-42 所示。

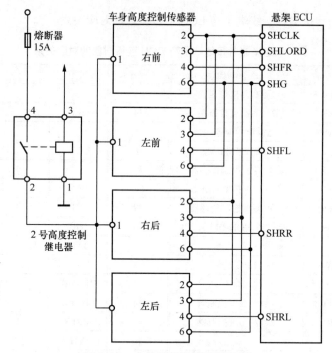

图 3-41 车身高度传感器线路图

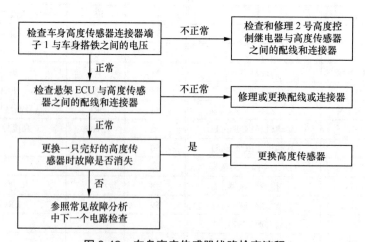

图 3-42 车身高度传感器线路检查流程

步骤二 悬架控制执行器线路检查

当悬架控制执行器线路出现故障时，ECU 存储器中存入故障码 21 或故障码 22，此时减

振器阻尼力和弹簧刚度控制被禁止。悬架控制执行器线路如图 3-43 所示，其线路检查流程
如图 3-44 所示。

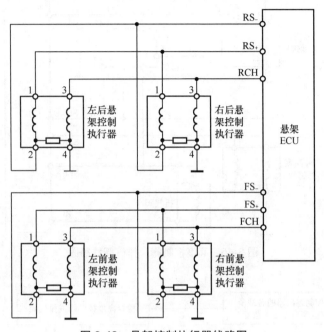

图 3-43　悬架控制执行器线路图

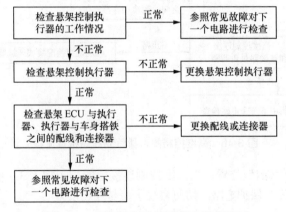

图 3-44　悬架控制执行器线路检查流程

步骤三　高度控制阀、排气阀线路检查

1 号高度控制阀用于前悬架控制，它由 2 个电磁阀分别控制左、右气压缸。2 号高度控
制阀用于后悬架控制，它也由 2 个电磁阀组成，但这 2 个电磁阀不是单独工作。为了防止空
气管路中产生不正常的压力，2 号高度控制阀中有一个溢流阀。1、2 号高度控制阀、排气阀
线路如图 3-45 所示，其线路检查流程如图 3-46 所示。

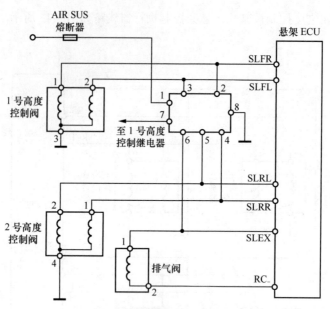

图 3-45　高度控制阀、排气阀线路图

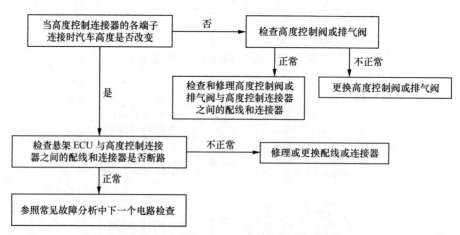

图 3-46　高度控制阀、排气阀线路检查流程

　　将点火开关置于"ON"位置，当高度控制连接器的端子按表 3-7 所示方式连接时，检查汽车高度的变化（为了保护电路，切勿将端子 1 与 8 连接）。

表 3-7　　　　　　　　　　　　　　　　高度控制连接器的端子连接

状态 \ 端子	1	2	3	4	5	6	7
右前汽车高度上升	○	○	—	—	—	—	○
左前汽车高度上升	○	—	—	—	—	—	○
右后汽车高度上升	○	—	—	○	—	—	○

续表

状态　＼　端子	1	2	3	4	5	6	7
左后汽车高度上升	○	—	—	—	○	—	○
右前汽车高度下降	○	○	—	—	—	○	—
左前汽车高度下降	○	—	○	—	—	○	—
右后汽车高度下降	○	—	—	○	—	○	—
左后汽车高度下降	○	—	—	—	○	○	—

注：○表示连接；—表示不连接。

步骤四　空气压缩机电动机线路检查

当空气压缩机电动机线路出现故障时，ECU 存储器中存入故障码 42，此时，汽车高度控制及减振阻尼力和弹簧刚度控制被禁止。空气压缩机电动机线路如图 3-47 所示，其线路检查流程如图 3-48 所示。

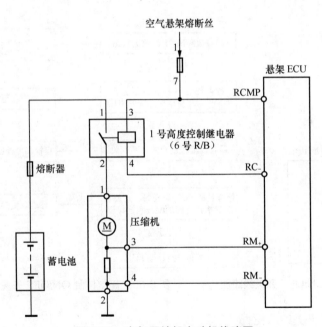

图 3-47　空气压缩机电动机线路图

步骤五　高度控制 ON/OFF 开关线路检查

当高度控制 ON/OFF 开关在"OFF"位置时，该线路接通；当高度控制 ON/OFF 开关在"ON"位置时，该线路断开。当开关在"OFF"位置时，不执行汽车高度控制，则输出故障码 71。高度控制 ON/OFF 开关线路如图 3-49 所示，线路检查流程如图 3-50 所示。

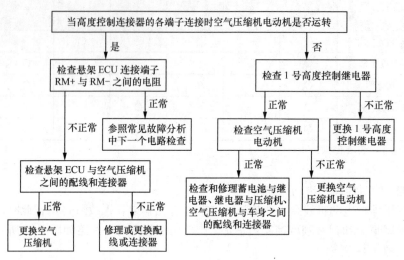

图 3-48　空气压缩机电动机线路检查流程

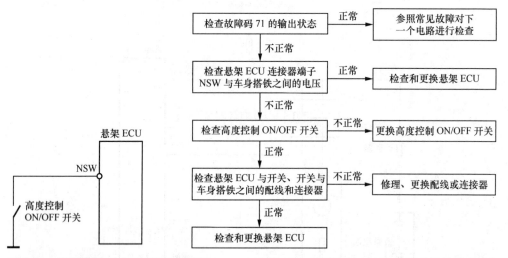

图 3-49　高度控制 ON/OFF 开关线路图　　　图 3-50　高度控制 ON/OFF 开关线路检查流程

步骤六　LRC 开关线路检查

LRC 开关拨到"SPORT"时接通，拨到"NORM"时断开。ECU 检查 LRC 开关的状态后，操纵悬架控制执行器，从而改变减振器的阻尼力和空气弹簧的刚度。LRC 开关线路如图 3-51 所示，其线路检查流程如图 3-52 所示。

步骤七　制动灯开关线路检查

当踩下制动踏板时，制动灯开关接通，蓄电池电压加到 ECU 的 STP 端子上。ECU 利用这个信号作为防点头控制用的一个起始状态。制动灯开关线路如图 3-53 所示，其线路检查流程如图 3-54 所示。

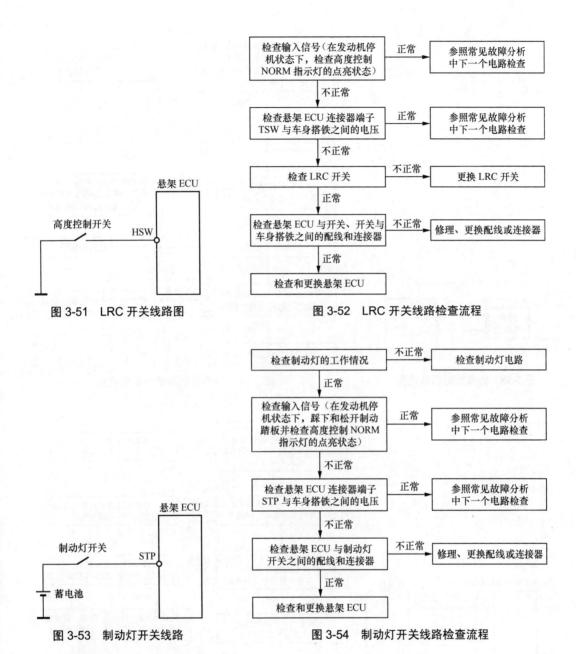

图 3-51 LRC 开关线路图

图 3-52 LRC 开关线路检查流程

图 3-53 制动灯开关线路

图 3-54 制动灯开关线路检查流程

步骤八 转角传感器线路检查

转角传感器检测转向盘的转动方向和角度并输入悬架 ECU，当 ECU 判定转向盘的转角和车速大于设定值时，就促使减振阻尼力和弹簧刚度增加。转角传感器线路如图 3-55 所示，其线路检查流程如图 3-56 所示。

步骤九 节气门开度信号线路检查

悬架 ECU 通过与发动机和 ECT ECU 之间的通信联系检测节气门的开启角度和开启速度。悬架 ECU 利用这一信号作为防下坐控制的一个工作状态。节气门开度信号线路如图 3-57 所示，其线路检查流程如图 3-58 所示。

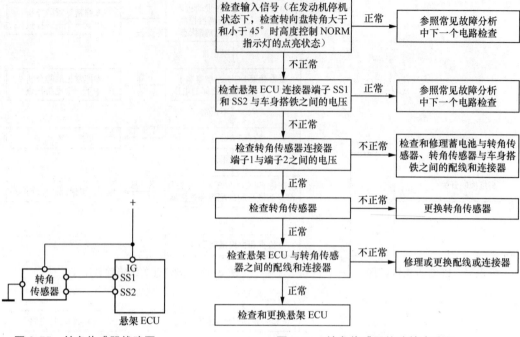

图 3-55　转角传感器线路图

图 3-56　转角传感器线路检查流程

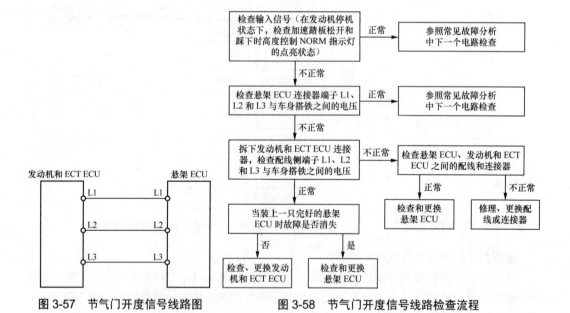

图 3-57　节气门开度信号线路图

图 3-58　节气门开度信号线路检查流程

步骤十　IC 调节器线路检查

当发动机停机时，发电机不发电，此时，ECU 端子 REG 上的电压很低。当发动机运转时，ECU 端子 REG 上的电压就变高。因此，ECU 据此检测发电机的发电状态，只有在发电机处于发电状态时才能控制汽车高度（除了点火开关 OFF 控制外）。IC 调节器线路如图 3-59 所示，其线路检查流程如图 3-60 所示。

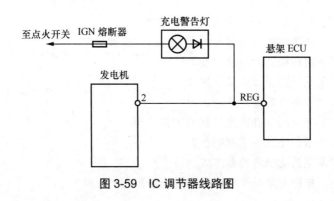

图 3-59 IC 调节器线路图

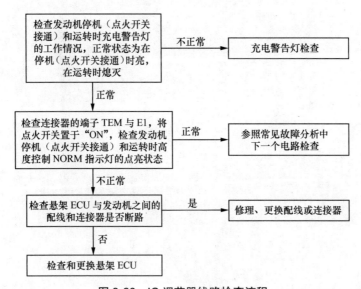

图 3-60 IC 调节器线路检查流程

小　结

本项目主要介绍了电控悬架系统的组成、结构、工作原理、故障检修等相关的理论知识和实践维修知识。在理论知识方面，重点介绍电控悬架系统的控制方式及相应执行元件的结构和工作原理；在故障检修方面，按照故障维修的实际流程，对基本的检查和调整、电控系统自诊断、线路检测等进行了详细的介绍，并且对典型故障现象进行了分析。

练习思考题

1. 简述电控悬架系统的基本组成和工作原理。
2. 电控悬架系统常用的传感器有哪些？各有什么功用？
3. 电控悬架系统的控制功能有哪些？
4. 试述可调阻尼式减振器的工作原理。
5. 简述悬架刚度调节的基本原理。
6. 简述空气悬架系统车身高度控制的工作原理。
7. 电控悬架检修的注意事项有哪些？
8. 简述电控悬架系统检修的基本方法。
9. 如何诊断、排除悬架高度和阻尼系数控制失灵的故障？

（1）熟悉液压式和电动式电控动力转向系统的基本组成与工作原理。

（2）熟悉液压式和电动式电控动力转向系统的结构、工作过程和检修方法。

（3）正确检修液压式和电动式电控动力转向系统。

（4）对液压式和电动式电控动力转向系统常见故障进行诊断与排除。

（5）培养环保意识。

文档

培养车辆维修时的
环保意识

□ 任务引入 □

一辆装有电控转向系统的迈腾轿车，行驶里程约 7.6 万千米。驾驶员反映该车在行驶过程中感觉转动转向盘比以前沉重，助力效果变差，要求进厂维修。经维修技师初步检查，该车的轮胎、悬架、车架及前桥等技术状况都正常，故障可能是由电控动力转向系统（EPS）引起的，需对电控动力转向系统进行检查。

□ 相关知识 □

一、EPS 的基本知识

为使汽车操纵轻便及行驶安全，目前轿车上普遍采用转向助力器。普通动力转向系统的助力特性是不变的，且与车速无关，这会导致低速及将要停车时，转向盘操纵沉重，中速时较轻快，当车速增大时更加轻快。但如果考虑车辆低速时的转向轻便性，则使车辆在高速时转向的操纵力会过小，路感下降，易出现转向过度的现象。反之，会使车辆低速时操纵力过大，转向沉重，效率下降。

为了实现在各种行驶条件下转向盘上所需要的力都是最佳值，必须采用更先进的电子控制动力转向系统（Electronic Control Power Steering，EPS），简称电控动力转向系统。当汽车在低速行驶时，电子控制动力转向系统可使转向轻便、灵活；当汽车在中高速区域转向时，又能保证提供最优的动力放大倍率和稳定的转向手感，从而提高了高速行驶的操纵稳定性。

1. EPS 的分类

根据动力源的不同，电控动力转向系统可分为液压式电控动力转向系统（液压式 EPS）和电动式电控动力转向系统（电动式 EPS）。

（1）液压式 EPS

液压式 EPS 是在传统的液压动力转向系统的基础上增设了控制液体流量的电磁阀、

车速传感器和 ECU 等，ECU 可根据检测到的车速信号控制电磁阀，使转向动力放大倍率实现连续可调，从而满足高、低速时的转向助力要求。

（2）电动式 EPS

电动式 EPS 是利用直流电动机作为动力源，ECU 根据各种信号，控制电动机扭矩的大小和方向。电动机的扭矩由电磁离合器通过减速机构减速增扭后，加在汽车的转向机构上，使之得到一个与工况相适应的转向作用力。

2. EPS 的优点

为满足现代汽车对转向系统的要求，电控动力转向系统应具有以下特点。

（1）良好的随动性：即转向盘与转向轮之间具有准确的一一对应关系，同时能保证转向轮可维持在任意转向角位置。

（2）高度的转向灵敏度：即转向轮对转向盘应具有灵敏的响应性能。

（3）良好的稳定性：即具有很好的直线行驶稳定性和转向自动回正能力。

（4）助力效果能随车速变化和转向阻力的变化做相应的调整：低速时，有较大的助力效果，以克服路面的转向阻力；高速时，要有适当的路感，以避免因转向过轻而发生事故。

（5）效率高：与传统动力转向系统相比，效率明显提高，电控动力转向系统可达 90% 以上。

二、液压式 EPS

液压式 EPS 是在传统的液压动力转向系统的基础上增设了电子控制装置而构成的，其组成如图 4-1 所示，主要包括传感器（车速传感器和转向盘转角传感器）、电子控制单元（ECU）、动力转向油泵（液压泵）、普通动力转向系统（转向盘、转向柱、转向机及转向横拉杆）等。电子控制单元（ECU）根据车辆的行驶速度和转向角度等输入信号计算出理想的输出信号，通过控制动力转向油泵的流量（有的车型是控制流量电磁阀）向普通动力转向装置的转向机提供适当的液压助力，使转向动力的放大倍率连续可调。

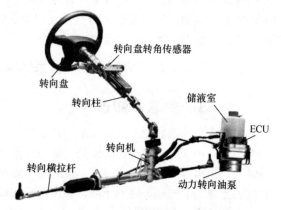

图 4-1 液压式电控动力转向系统组成

奥迪 A6L 轿车液压式电控动力转向系统的组成

液压式电控动力转向系统根据控制方式的不同，可分为流量控制式 EPS、反力控制式 EPS 和阀灵敏度控制式 EPS 3 种形式。

1. 流量控制式 EPS

流量控制式 EPS 根据车速传感器信号调节动力转向装置中油液的输入和输出，从而控制转向助力的大小，其系统布置如图 4-2 所示。它可分为分流控制式和旁流控制式。

（1）分流控制式

分流控制式 EPS 的组成如图 4-3 所示，它主要由车速传感器、电磁阀、整体式动力转向控制阀、动力转向油泵和 ECU 等组成。

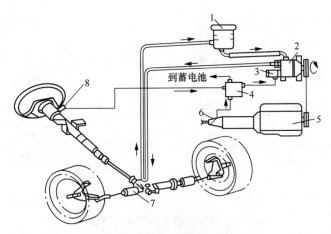

图 4-2　流量控制式 EPS

1—动力转向储油室；2—动力转向油泵；3—流量控制电磁；4—电子控制单元（ECU）；
5—发动机；6—车速传感器；7—齿轮齿条转向器及液压缸；8—转角速度传感器

　　其控制原理如图 4-4 所示，发动机驱动液压泵产生的液压油被送到控制阀。汽车直线行驶时，控制阀处于中间位置，液压油流过控制阀进入泄油口并返回储液室中。此时，动力缸活塞两边的压力相等，活塞不会向某一方移动；而当汽车转向时，控制阀随之转动，并关闭一个液压通道，使另一个液压通道开得更大，液压油被送到活塞一侧，在活塞两侧形成压力差，把活塞推向压力小的一侧，起到转向助力的作用。

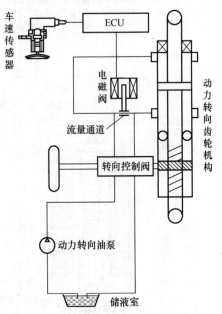

图 4-3　分流控制式 EPS 的组成

　　该系统在转向动力缸两侧的油道上设置了一条连通动力缸两腔的分流油道，流量受分流电磁阀控制，当电磁阀根据汽车行驶车速升高而将分流油道逐渐打开增大时，转向动力缸高压侧的高压油有一部分被分流到动力缸低压油室中去，同时返回到储油室中，使转向动力缸中的活塞两侧油压差减小，动力转向的助力减弱，相反则助力增大，使转向灵敏性和轻便性得到很好的兼顾，形成良好的路感。

　　分流控制式 EPS 的控制电路如图 4-5 所示。动力转向 ECU 是系统的核心控制元件。它根据车速传感器提供的车速信号，通过改变旁通电磁阀驱动信号占空比的方式来控制电磁阀的开启程度，从而控制转向动力缸活塞两侧油室的分流液压油流量，来改变转向盘上的转向力。

　　车速越高，流过电磁阀电磁线圈的平均电流越大，电磁阀的开启程度越大，如图 4-6 所示。分流液压油流量越大，液压助力作用越小，使转动转向盘的力也随之增加；相反，则车速较低时，助力作用加大，使转向轻便。

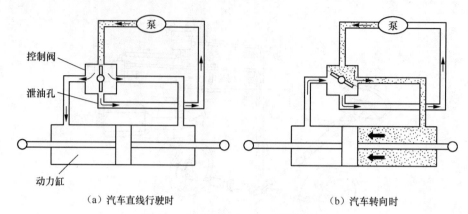

（a）汽车直线行驶时　　　　　　　　　　　（b）汽车转向时

图 4-4　分流控制式 EPS 的控制原理

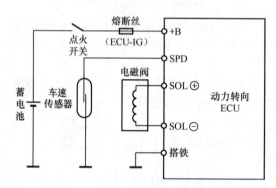

图 4-5　分流控制式 EPS 的控制电路

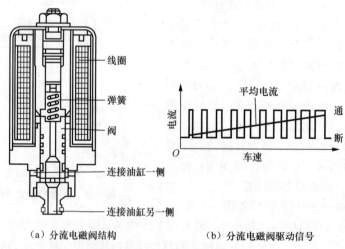

（a）分流电磁阀结构　　　　　　　　　（b）分流电磁阀驱动信号

图 4-6　分流电磁阀结构及其驱动信号

（2）旁流控制式

旁流控制式 EPS 的组成如图 4-7 所示，它是在一般液压动力转向系统上再增加了旁通流量控制阀、车速传感器、转向盘转角传感器、EPS ECU 和 EPS 控制开关等。在动力转向油泵与转向器之间设有旁通管路，在旁通管路中又设有旁通流量控制阀。

EPS ECU 根据车速传感器、转向盘转角传感器和控制开关的信号向旁通流量控制阀发出控制信号，控制旁通流量，从而调整向转向器供油的流量。当向转向器供油流量减少时，动力转向控制阀灵敏度下降，转向助力作用降低，转向力增加；相反使转向力减小。在这一系统中，利用仪表板上的转换开关，驾驶员可以选择 3 种适应不同行驶条件的转向力特性曲线，如图 4-8 所示。

另外，EPS ECU 还可根据转向盘转角传感器输出信号的大小，在汽车急转弯时，按图 4-9 所示的转向力特性实施最优控制。

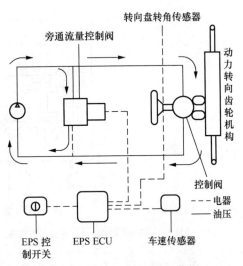

图 4-7 旁流控制式 EPS 的组成

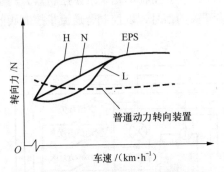

图 4-8 3 种不同的转向力特性曲线

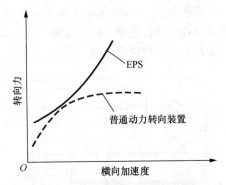

图 4-9 汽车急转弯时的转向力特性

旁通流量控制阀的结构如图 4-10 所示。在阀体内装有主滑阀和稳压滑阀，主滑阀的右端与电磁线圈柱塞连接，主滑阀与电磁线圈的推力成正比移动，从而改变主滑阀左端流量主孔的开口面积。调整调节螺钉可以调节旁通流量的大小。稳压滑阀的作用是保持流量主孔前后压差的稳定，以使旁通流量与流量主孔的开口面积成正比。当因转向负荷变化而使流量主孔前后压差偏离设定值时，稳压滑阀阀芯将在其左侧弹簧张力和右侧高压油压力的作用下发生位移。

提示

如果压差大于设定值，则阀芯左移，使节流孔开口面积减小，流入到阀内的流量减少，前后压差减小；

如果压差小于设定值，则阀芯右移，使节流孔开口面积增大，流入到阀内的油量增大，前后压差增大。流量主孔前后压差的稳定保证了旁通流量的大小只与主滑阀控制的流量主孔的开口面积有关。

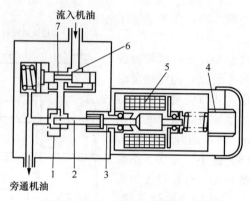

流入机油

旁通机油

图 4-10　旁通流量控制阀的结构

1—流量主孔；2—主滑阀；3—电磁线圈柱塞；4—调节螺钉；5—电磁线圈；6—节流孔；7—稳压滑阀

　　车速传感器与转向盘转角传感器已在电控悬架系统中进行了介绍，其结构和工作过程可参考相关项目的内容。

　　旁流控制式 EPS 控制电路如图 4-11 所示。系统中电子控制单元（EPS 控制器）的基本功能是接收车速传感器、转向盘转角传感器及变换开关的信号，以控制旁通流量控制阀的电流，并具有故障自诊断功能。

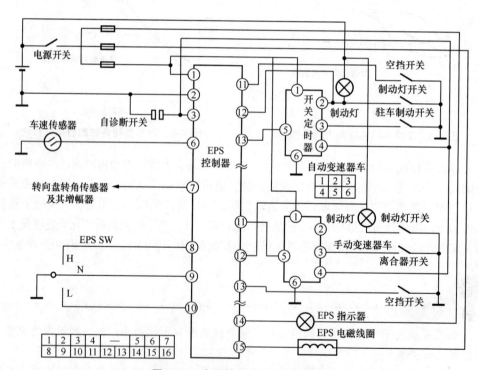

图 4-11　旁流控制式 EPS 电路图

2. 反力控制式 EPS

　　反力控制式电控动力转向系统是按照车速的变化，控制反力室油压反力，调整动力转向器，从而使汽车在各种条件下转向盘上所需的转向操纵力都达到最佳状态。有时也把这种动力转向系统称为渐进型动力转向系统（Progressive Power Steering，PPS）。

（1）基本组成

反力控制式 EPS 的结构如图 4-12 所示，它主要由转向控制阀、分流阀、电磁阀、转向动力缸、转向油泵（图中未画出）、储液室、车速传感器和 ECU 组成。该系统除了传统动力转向装置中用来控制转向助力大小的主控制阀之外，又增设了反力油压控制阀和油压反力室，经反力油压控制阀调整后的油压加到油压反力室内。扭杆与转向轴相连，通过调节油压反力室内油压反力的大小以改变转向扭杆的扭曲量，这样就可以控制转向时所需转向力的大小。

提示

动力转向 ECU 根据车速传感器的信号控制装在反力控制阀上的电磁阀的输入电流，以控制电磁阀的开度，通过电磁阀的开度来控制油压反力室内液压油的压力，从而可以控制动力转向时助力的大小。

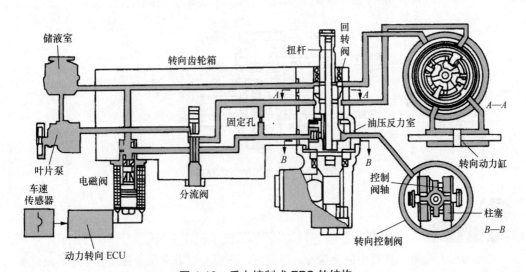

图 4-12 反力控制式 EPS 的结构

① 转向控制阀。转向控制阀的结构如图 4-13 所示，其基本结构是在传统的整体式动力转向控制阀的基础上，在内部增加了一个油压反力室和 4 个小柱塞，4 个小柱塞位于控制阀阀体下端的油压反力室内。输入轴部分有两个小凸起顶在柱塞上。当油压反力室受到高压作用时，柱塞将推动控制阀阀杆。此时，扭杆即使受到扭矩作用，由于柱塞推力的影响，也会抑制控制阀阀杆与阀体的相对回转。

② 分流阀。分流阀的基本结构如图 4-14 所示，它主要由阀门、弹簧及进油口、出油口等构成。分流阀的主要功用是将来自转向油泵的液流送到转阀、油压反力室和电磁阀。送到电磁阀和油压反力室中的液流流量是由转阀中的油压来调整的。

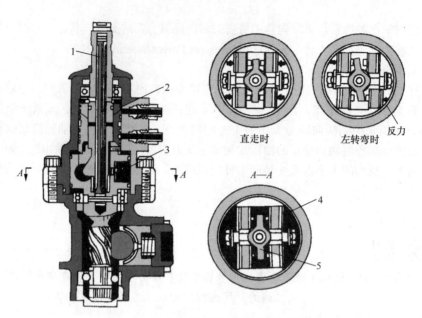

图 4-13　反力控制式动力转向控制阀结构

1—扭杆；2—回转阀；3—油压反力室；4—柱塞；5—控制阀轴

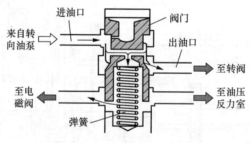

图 4-14　分流阀的基本结构

　　转动转向盘时，转阀中的油压增大，此时，分配到电磁阀和油压反力室中的液流量随着转阀中油压的增大而增加。

　　当转阀中的油压达到一定值后，转阀中油压便不再升高，而分配给电磁阀和油压反力室的液流量也将保持不变。

　　③电磁阀。电磁阀一般安装在转向齿轮箱体上，它主要由电磁线圈、铁心及滑阀等组成，其结构及工作特性如图 4-15 所示。电磁阀的开度由 ECU 的输出电流控制，而该输出电流又取决于车速的高低。电磁阀油路的阻尼面积，可随电磁线圈通电电流占空比（通断比）变化。车速低时，通电电流大，滑阀被吸引，油路的阻尼增大，流向储油室的回流量增加。随着车速的升高，电流减小，油液回流量也减少。

④ 车速传感器。车速传感器的主要功用是检测汽车行驶速度，通常安装在变速器输出轴上。动力转向 EPS 所用的轮速传感器多为磁阻元件传感器，它主要由磁阻元件和磁性转子等组成。

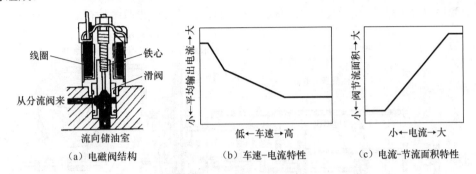

（a）电磁阀结构　　　（b）车速-电流特性　　　（c）电流-节流面积特性

图 4-15　电磁阀结构及工作特性

（2）工作过程

① 汽车静止或低速行驶时。当汽车在低速范围内转向时，ECU 向电磁阀线圈输出一个大的电流，使电磁阀的开度增加，由分流阀分出的液体流过电磁阀回到储液室中的流量增加。油压反力室的压力减小，柱塞推动控制阀杆的力减小，因此只需要较小的转向力就可使扭杆扭转变形，使阀体与阀杆发生相对转动而使控制阀打开，油泵输出油压作用到动力缸右室（或左室），使动力缸活塞左移（或右移），产生转向助力，其工作过程如图 4-16 所示。

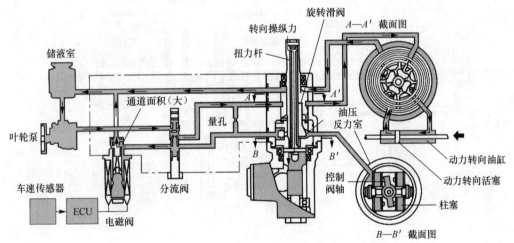

图 4-16　静止或低速行驶时的工作情况

② 汽车中、高速行驶时。当车辆在中、高速区域转向时，ECU 使电磁阀线圈的电流减小，电磁阀开度减小，流入油压反力室中的液流流量增加，反力增大，使得柱塞推动控制阀杆的力变大。液流还从量孔流进油压反力室中，这也增大了油压反力室中的液体压力，故转向盘的转动角度增加时，将要求一个更大的转向操纵力，使得在中、高速时驾驶员可获得良好的转向手感和转向特性，其工作过程如图 4-17 所示。

③ 汽车中、高速行驶时的大转向。如图 4-18 所示，当汽车中、高速行驶时，如果转向

转得更大即大转向时，旋转滑阀压力会增加更多，经量孔流到油压反力室的油液增加。压力在旋转滑阀侧增加，一旦达到某一水平时，油液从分配阀流到油压反力室，并保持在设定水平。油压反力室的压力随流经量孔的油液流量增加而升高，这种升高是缓慢的，因而油压反力室中的反应力也只是渐渐升高，这就确保转向助力在转向很大时维持在适当水平。

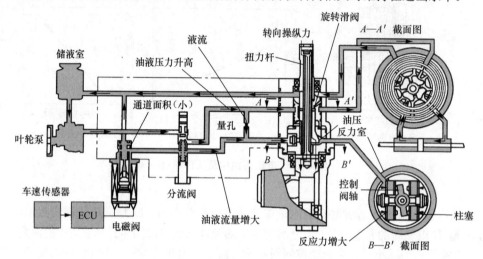

图 4-17　中、高速行驶时的工作情况

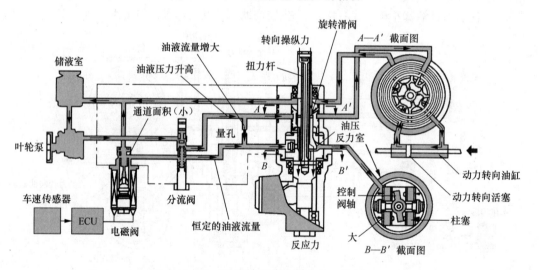

图 4-18　中、高速行驶时大转向的工作情况

3. 阀灵敏度控制式 EPS

阀灵敏度控制式 EPS 根据车速控制电磁阀，直接改变动力转向控制阀的油压增益（阀灵敏度）来控制动力转向缸的油压大小。这种转向系统结构简单、价格低，而且具有较大的选择转向力的自由度，可以获得较好的转向手感和良好的转向特性。

阀灵敏度控制式 EPS 主要由转子阀、电磁阀、车速传感器及 ECU 等组成，如图 4-19 所示。

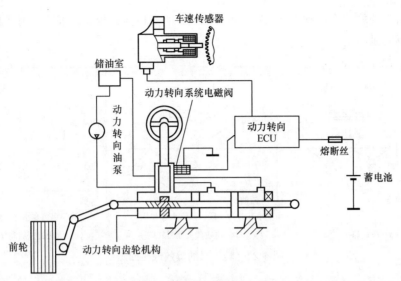

图 4-19　阀灵敏度控制式 EPS

（1）转子阀

转子阀的结构如图 4-20 所示，其等效液压回路如图 4-21 所示。

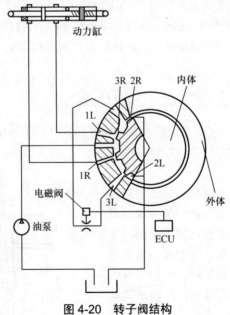

图 4-20　转子阀结构

转子阀的内体圆周上有 6 或 8 条沟槽，各沟槽利用阀外体与泵、动力缸、电磁阀及油箱连接。转子阀的可变小孔分为低速专用小孔（1R、1L、2R、2L）和高速专用小孔（3L、3R）2 种，在高速专用可变小孔的下方设有旁通电磁阀回路。

当车辆静止时，电磁阀完全关闭，如果此时向右转动转向盘，则高灵敏度低速专用小孔 1R 和 2R 在较小的转向扭矩作用下即可关闭，转向液压泵的高压油液经 1L 流回转向动力缸右腔室，其左腔室的油液经 3L、2L 流回储油室，所以，此时具有轻便的转向特性。而且施加在转向盘上的转向力矩越大，可变小孔 1L、2L 的开口面积越大，节流作用就越小，转向助力作用越明显。

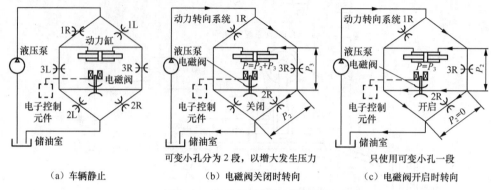

图 4-21　转子阀的等效液压回路

随着车辆行驶速度的提高，在 ECU 的作用下，电磁阀的开度也线性增加，如果右转动转向盘，则转向液压泵的高压油液经 1L、3R 旁通电磁阀流回储油室。此时，转向动力缸右腔室的转向助力油压就取决于旁通电磁阀和灵敏度低的高速专用孔 3R 的开度。车速越高，在 ECU 的控制下，电磁阀的开度越大，旁路流量越大，转向助力作用越小；在车速不变的情况下，施加在转向盘上的转向力越小，高速专用小孔 3R 的开度越大，转向助力作用也越小。当转向力增大时，3R 的开度也逐渐减小，转向助力作用也随之增大。

 提示

阀灵敏度控制式 EPS 可使驾驶员获得非常自然的转向手感和良好的速度转向特性。

（2）电磁阀

电磁阀控制原理如图 4-22 所示，其上设有控制进、出流量的旁通油道，是一种可变的节流阀。在低速时向电磁线圈通以最大电流，使控制孔关闭，随着车速升高，逐渐减小通电电流，控制孔逐渐开启；在高速时，开启通道达到最大值。该阀在汽车左右转向时，油液流动的方向可以逆转。

（3）电子控制单元（ECU）

电子控制单元（ECU）接收车速传感器的信号，控制向电磁阀电磁线圈输出电流的大小，以控制动力转向助力的大小。控制系统的电路如图 4-23 所示。

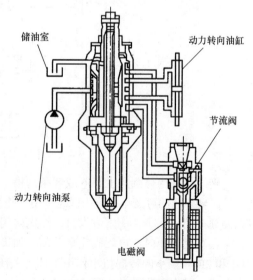

图 4-22　电磁阀控制原理

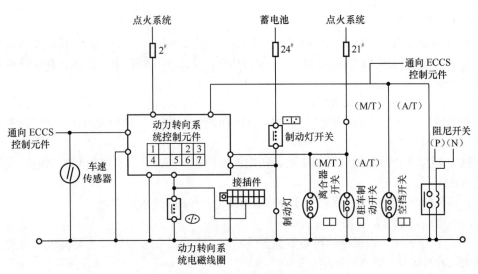

图 4-23　控制系统电路图

三、电动式 EPS

电动式 EPS 是一种直接依靠电动机提供辅助扭矩的电动助力式转向系统。该系统只需利用 ECU 控制电动机电流的方向和幅值，就可直接控制转向助力的大小，控制的自由度较高，且结构简单、布置方便，其在轿车上的应用越来越广泛。

1. 电动式 EPS 的基本组成、原理及特点

（1）电动式 EPS 基本组成

电动式 EPS 的基本组成如图 4-24 所示，它主要由转向盘、转向轴、扭矩传感器、电动机、电磁离合器、ECU 等组成。

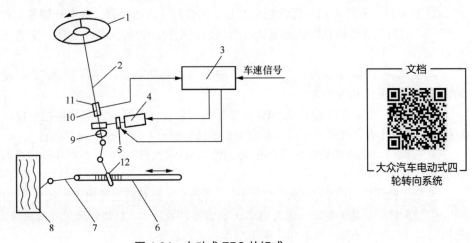

图 4-24　电动式 EPS 的组成

1—转向盘；2—转向轴；3—ECU；4—电动机；5—电磁离合器；6—转向齿条；

7—转向横拉杆；8—转向车轮；9—输出轴；10—扭力杆；11—扭矩传感器；12—转向齿轮

（2）电动式 EPS 的工作原理

电动式 EPS 的工作原理是根据汽车行驶速度（车速传感器输出信号）、扭矩及转向角信号，由 ECU 控制电动机及减速机构产生助力扭矩，使汽车在低、中和高速下都能获得最佳的转向效果。

电动机连同离合器和减速齿轮一起，通过一个橡胶底座安装在左车架上。电动机的输出扭矩经齿轮机构减速增扭，并通过万向节、转向器中的助力小齿轮把输出扭矩送至齿条，向转向轮提供扭矩。

ECU 根据各传感器的信号确定助力扭矩的幅值和方向，并且直接控制驱动电路去驱动电动机。

扭矩传感器、转角传感器和车速传感器为助力扭矩的信号源。

（3）电动式 EPS 的分类

如图 4-25 所示，根据电动机布置位置的不同，电动式 EPS 可以分为转向轴助力式、齿轮助力式和齿条助力式 3 种类型。

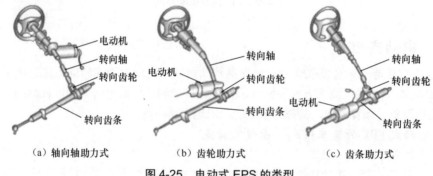

（a）轴向轴助力式　　　　（b）齿轮助力式　　　　（c）齿条助力式

图 4-25　电动式 EPS 的类型

（4）电动式 EPS 的特点

① 重量轻。电动式 EPS 通常把电动机、离合器、减速装置、转向杆等各部件装配成一个整体，使得系统结构紧凑、重量轻，与液压式电控动力转向系统相比，重量可减轻 25% 左右。

② 能耗少。电动式 EPS 仅在需要转向时，才接通电动机，使其参加工作，动力消耗和燃油消耗比液压式 EPS 少。

③ "路感"好。由于电动式 EPS 内部采用刚性连接，系统的滞后特性可以通过软件加以控制，使汽车在各种速度下都能得到满意的转向助力，获得较好的"路感"。

④ 污染少。电动式 EPS 没有液压式 EPS 的液压软管和接头，不存在油液泄漏问题，对环境几乎没有污染。

⑤ 应用范围广。电动式 EPS 可适用于各种汽车，而且特别适用于环保型的纯电动汽车。

⑥ 装配性好、易于布置。因为电动式 EPS 零件数目少，整体外形尺寸比液压式 EPS 小，且电动泵可以独立于发动机工作，易于整车布置和装配。

2. 电动式 EPS 主要部件的结构及工作原理

（1）扭矩传感器

扭矩传感器的作用是检测驾驶员作用在转向盘上的转向力矩及转向方向等参数，并将其转变为电信号输送给 ECU，以作为控制电动助力大小和方向的主要依据。常用的有电磁感应式扭矩传感器和滑动电阻式扭矩传感器。

① 电磁感应式扭矩传感器。图 4-26 所示为电磁感应式扭矩传感器的结构及工作原理。在输出轴的极靴分别绕有 A、B、C、D 4 个线圈，当汽车直行（转向盘处于中间位置）时，扭力杆的纵向对称面正好处于图示输出轴极靴 AC、BD 的对称面上。当 U、T 两端加上连续的输入脉冲电压信号 U_i 时，由于通过每个极靴的磁通量相等，所以在 V、W 两端检测到的输出电压信号 $U_0=0V$。

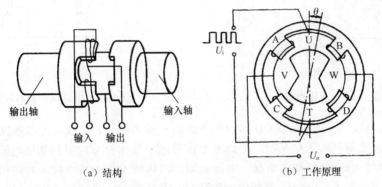

（a）结构　　　　　　　　　　（b）工作原理

图 4-26　电磁感应式扭矩传感器的结构和工作原理

当右转向时，由于扭力杆和输出轴极靴之间发生相对扭转变形，极靴 A、D 之间的磁阻增加，B、C 之间的磁阻减少，各个极靴的磁通量发生变化，于是在 V、W 之间就出现了电位差，电位差与扭力杆的扭转角和输入电压 U_i 成正比。所以，通过测量 V、W 两端的电位差就可以测量出扭矩值。

② 滑动电阻式扭矩传感器。图 4-27 所示为滑动电阻式扭矩传感器的结构和工作原理示意图。它是将转向力矩引起的扭力杆角位移转换为电位器电阻的变化，电阻的变化会导致输出电压的变化，通过测量电压值就可以判断扭矩值。

（2）电动机

转向助力电动机就是一般的永磁电动机，连同离合器和减速齿轮一起，如图 4-28 所示。电动机的输出扭矩控制是通过控制其输入电流来实现，而电动机的正转和反转则是由 ECU 输出的正反转触发脉

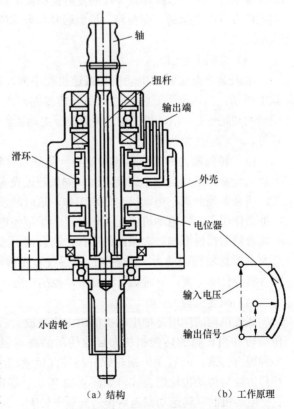

（a）结构　　　　　（b）工作原理

图 4-27　滑动电阻式扭矩传感器的结构和工作原理

冲控制的。图4-29所示为一种比较简单实用的电动机正反转控制电路。

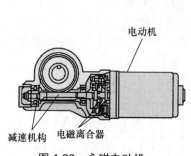

图 4-28　永磁电动机

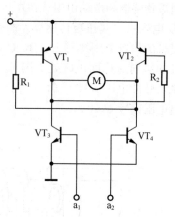

图 4-29　电动机正反转控制电路

a_1、a_2 为触发信号端，从 ECU 得到的直流信号输入到 a_1、a_2 端，用以触发电动机产生正反转。当 a_1 端得到输入信号时，晶体管 VT_3 导通，晶体管 VT_2 得到基极电流而导通，电流经晶体管 VT_2 的发射极和集电极、电动机 M、晶体管 VT_3 的集电极和发射极搭铁，电动机有电流通过而正转。当 a_2 端得到输入信号时，晶体管 VT_4 导通，晶体管 VT_1 得到基极电流而导通，电流经过晶体管 VT_1 的发射极和集电极，电动机 M、VT_4 的集电极和发射极搭铁，电动机有反向电流通过而反转。控制触发信号端的电流大小，就可以控制电动机通过电流的大小。

（3）电磁离合器

电磁离合器安装在电动机和减速机构中间，用于控制电动机动力的输出，其结构如图4-30所示。当电流通过滑环进入离合器线圈时，主动轮产生电磁吸力，带花键的压板被吸引与主动轮压紧，电动机的动力经过轴、主动轮、压板、花键、从动轴传给执行机构。

由于转向助力的工作范围限定在一定速度区域内，所以离合器一般设定一个速度范围，如果超过设定的速度，离合器便分离，电动机也停止工作，这时就没有转向助力作用了。当电动机停止工作时，为了不使电动机及离合器的惯性影响转向系统的工作，离合器也应及时分离，以切断辅助动力。当系统助力系统发生故障时，离合器会自动分离，这时仍可恢复手动控制转向。

图 4-30　电磁离合器的结构

1—滑环；2—线圈；3—压板；4—花键；
5—从动轴；6—主动轮；7—轴承

（4）减速机构

减速机构的作用是把电动机的输出扭矩放大后，再传给转向齿轮箱的转向机构。目前使用的减速机构有多种组合方式，一般采用蜗轮蜗杆与转向轴驱动组合式，如图 4-31 所示；也有的采用双级行星齿轮与传动齿轮组合式，如图 4-32 所示。蜗轮与固定在转向输出轴上的斜齿轮相啮合，它把电动机的回转运动减速后传递到输出轴上。为了抑制噪声和提高耐久性，减速机构中的齿轮有的采用特殊齿形，有的采用树脂材料制成。

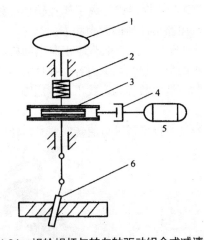

图 4-31　蜗轮蜗杆与转向轴驱动组合式减速机构

1—转向盘；2—扭矩传感器；3—蜗轮蜗杆机构；

4—离合器；5—电动机；6—齿轮齿条转向器

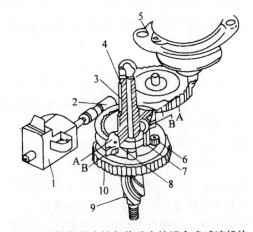

图 4-32　双级行星齿轮与传动齿轮组合式减速机构

1—扭矩传感器；2—转轴；3—扭力杆；4—输入轴；

5—电动机与离合器；6—行星小齿轮；7—太阳轮；

8—行星小齿轮；9—驱动小齿轮；10—从动齿轮；

A—主动齿轮；B—内齿圈

（5）电子控制单元（ECU）

电子控制单元（ECU）是控制系统的核心，其组成如图 4-33 所示。它主要包括 4KB 的 ROM、256B 的 RAM、8 位微处理器（CPU）、A/D（模拟 / 数字）转换器、D/A（数字 / 模拟）转换器、I/F（电流 / 频率）转换器、放大电路、动力监测电路、驱动电路等。

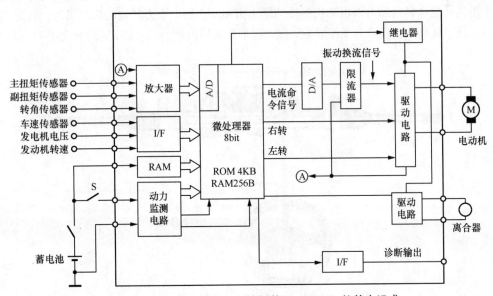

图 4-33　电动动力转向电子控制单元（ECU）的基本组成

当扭矩传感器和转角传感器的信号经 A/D 转换器处理后，微处理器就在其内存中寻找与该信号相匹配的电动机电流值，然后将此值输送给 D/A 转换器进行数字模拟转换，处理后的模拟信号再送给限流器，由限流器决定电动机驱动电路电流值的大小和方向。

ECU 还具有故障自我诊断功能，当发生电气系统故障时，控制电路停止向电动机和电磁离合器供电，自动停止助力。同时，计算机以故障码的形式记忆故障内容，并使故障指示灯点亮，以通知驾驶员动力转向系统发生故障。维修时可调取故障码，找出故障原因。

3. 一汽大众速腾轿车电动转向系统

速腾轿车采用双齿轮式电子控制机械式助力转向系统。根据驾驶员的转向要求，转向控制单元控制电动机工作，进而起到转向助力的作用。系统通过"主动回正"功能将转向轮置于中心位置，使车辆在各种情况下都能获得良好的平衡性及精确的直线行驶稳定性。直线行驶稳定功能可以帮助驾驶员在车辆受到侧向风的作用时，或者在上下颠簸的路面上行驶时更容易控制车辆直线行驶。

（1）组成与结构

速腾轿车电动转向系统主要由转向盘、转向柱、转向盘转角传感器、转向力矩传感器、转向齿轮、转向助力电动机及转向助力控制单元等组成，如图 4-34 所示。

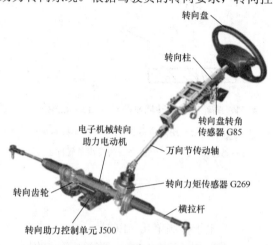

图 4-34　速腾轿车电动转向系统的组成

速腾轿车电动转向系统元件的布置如图 4-35 所示，转向所需要的转向力是通过转向小齿轮和驱动小齿轮传送到齿条上的。其中转向小齿轮负责传送驾驶员施加的转向力矩，而驱动小齿轮传送由转向助力器电动机提供的助力力矩。当转向助力器电动机失灵时，转向系统仍可以通过转向小齿轮进行机械转向，但此时不具备转向助力的功能，转向时会感到很沉重。

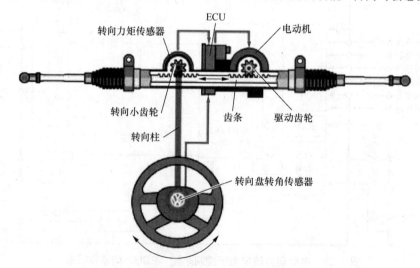

图 4-35　速腾轿车电动转向系统各零件的布置

① 电动机。电动机 V187 为无刷异步电动机，如图 4-36 所示。工作时，它能够产生最大 4.1N·m 的转向助力扭矩。电动机安装在铝合金的壳体内。它通过蜗轮传动与驱动小齿轮作用在齿条上。控制侧的轴端部有一块磁铁，控制单元用它来探测转子的转速，并利用该信号计算出转向速度。

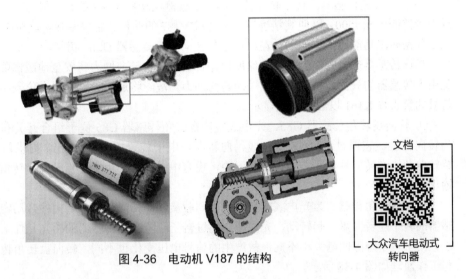

图 4-36　电动机 V187 的结构

异步电动机的优点在于，它可以在无电压状态下，通过转向器运转。这说明，即使当电动机出现故障，以及因此而引起的转向助力失灵时，也只需要少量用力来运转转向系统。甚至当短路时，电动机也不会被锁止。故障将通过设置在组合仪表中带有转向盘符号的警告灯 K161 以红色点亮显示。

② 转向力矩传感器 G269。利用转向力矩传感器 G269 可以直接在转向小齿轮上计算转向盘的扭矩。该传感器以磁阻的功能原理工作。转向力矩传感器的工作原理如图 4-37 所示。在扭矩传感器上，转向柱和转向器通过一根扭转杆（棒）相互连接。在连接转向柱的连接件外径上，装有一只磁性转子（磁性轮），在其上面被交替划分出 24 个不同的极性区。与之配合的是一只磁阻传感器元件，它被固定在连接转向器的连接件上。当操作转向盘时，两只连接件会根据施加的扭矩做相对转动。由于此时磁性转子也相对于传感器元件旋转，因此可以测量施加的转向力矩，并将其信号发送给控制单元。

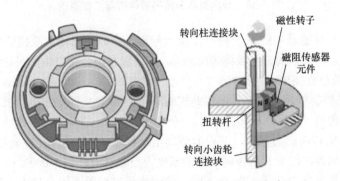

图 4-37　转向力矩传感器的工作原理

当转向力矩传感器 G269 发生故障时，必须更换转向器总成。当控制单元识别到故障时，将关闭转向助力。关闭的过程不是突然进行的，而是"缓慢地"进行。为了实现"缓慢"关闭，控制单元将根据转向角和电动机的转子角度，计算出转向力矩的替代信号。故障将通过设置在组合仪表中带有转向盘符号的警告灯 K161 以红色点亮显示。

③ 转子转速传感器。转子转速传感器用于检测电动机 V187 的转子转速，并将转速信号反馈给控制单元 J500，以便其精确控制电动机 V187 的动作。它安装在电动机 V187 的内部，也是根据磁阻功能原理工作的，在结构上与转向力矩传感器 G269 相同。

当该传感器失灵时，会将转角速度用作替代信号。转向助力将安全地缓慢降低，从而避免由于传感器的失灵，而造成突然关闭转向助力。故障将通过设置在组合仪表中带有转向盘符号的警告灯 K161 以红色点亮显示。

④ 转向盘转角传感器 G85。光电式转向盘转角传感器 G85 位于组合开关和转向盘之间的转向柱上，它通过 CAN 数据总线，向转向柱电子装置控制单元 J527 提供信号，以便测算转向角。在转向柱电子装置控制单元中，设有电子系统，用于分析转向盘转角传感器 G85 输送的信号。

转向盘转角传感器为光电式传感器，当驾驶员转动转向盘时，转向柱带动转向盘转角传感器的转子随转向盘一起转动，光源就会通过转子缝隙照在传感器的感光元件上产生信号电压。由于转子缝隙间隔大小不同，故产生的信号电压变化也不同，转向盘转角传感器的结构与工作原理如图 4-38 所示。

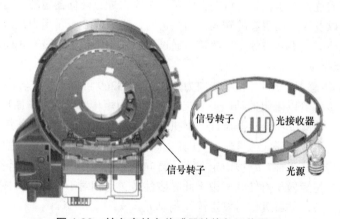

信号转子　光接收器

信号转子　光源

图 4-38　转向盘转角传感器结构与工作原理

当转向盘转角传感器 G85 失灵时，紧急运行程序立即被起动。缺损的信号被设置成一个替代值。此时，转向系统完全保持转向助力，但设置在组合仪表中的带有转向盘符号的警告灯 K161 会以黄色点亮显示。

⑤ 转向辅助控制单元 J500。转向辅助控制单元 J500 直接固定在电动机上，它根据输入的信号（如转向角信号、发动机转速信号、转向力矩和转子的转速、车速信号、点火钥匙等信号）计算当前的转向助力需要，并控制驱动电动机 V187 转动。在控制单元 J500 中，集成了一只温度传感器，用来探测转向装置的温度。当温度上升到 1 000℃ 以上时，将持续降低转向助力。当转向助力低于 60% 以下时，故障将通过设置在组合仪表中带有转向盘符号

的警告灯 K161 以红色点亮显示，并且在故障存储器中储存相应的故障码。当转向辅助控制单元 J500 损坏时，应整套更换。

（2）控制原理及工作过程

① 控制原理。该系统的控制是通过存储在控制单元存储器中的特性曲线组来完成的。该存储器中存储有多条不同的特性曲线组，并根据要求在出厂前激活其中 1 条特性曲线组。也可以在售后服务特约维修站，通过 V.A.S 505X 利用"匹配功能"激活此特性曲线组。图 4-39 所示为多种特性组中的 1 组，根据车辆载荷不同，又分为轻重 2 部分特性曲线。特性曲线组中含有 5 条不同特性曲线，用于不同的车速，如 0km/h、15km/h、50km/h、100km/h 和 250km/h。每条特性曲线说明了在不同车速下驾驶员对转向盘的操纵力矩和助力电动机提供的转向助力。

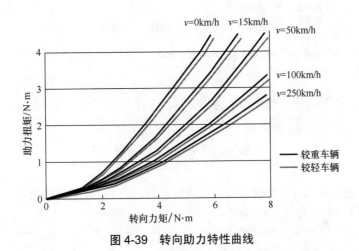

图 4-39　转向助力特性曲线

② 工作过程。TOURAN 电动转向系统控制系统的组成如图 4-40 所示，其工作过程如图 4-41 所示。驾驶员转动转向盘时，转向力矩传感器 G269 检测到转向盘的转动，并将测得的转向力矩发送给控制单元 J500，转向盘转角传感器 G85 发送当前的转向角信号，转子转速传感器发送当前的转向速度信号。ECU 根据转向力矩、车速、发动机转速、转向角和转向速度，以及在 ECU 中设置的特性曲线，确定需要的助力扭矩，并控制电动机转动。转向助力是通过驱动齿轮来完成的，驱动齿轮由电动机驱动，电动机通过蜗轮传动并驱动小齿轮作用到齿条上，从而传送助力转向力。转向盘扭矩和助力扭矩的总和是转向器上引起齿条运动的有效扭矩。该系统能根据车辆的不同运行状态（如停车、市区行驶、高速公路行驶、直线行驶）及各传感输入信号选择相应的特性曲线进行转向控制，能够更好地满足车辆在各种运行条件下对转向系统的要求。

③ 其他功能。

a. 主动回正功能。如果驾驶员在转弯过程中减小了施加在转向盘上的力矩，旋转杆上的扭矩也相应减小。于是转向力在减小的同时，转向角度和转向速度都相应地减小，回转速度也相应被精确地检测到。ECU 根据转向力、车速、发动机转速、转向角度、转向速度和存储在 ECU 中的特性曲线图计算出电动机需要的必要的回正力，并控制电动机工作，促使车轮回到直线行驶的方向，即中心位置。

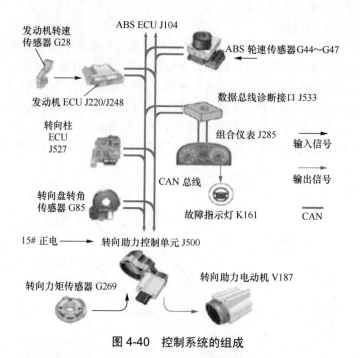

图 4-40　控制系统的组成

　　b．直线行驶功能。直线行驶功能是主动回正功能的一个扩展，当没有力矩作用在转向盘上时，系统将产生助力使车轮回复到中心位置。为实现直线行驶功能，又分为长时间法则和短时间法则 2 种不同的情况。

　　● 长时间法则：当长时间发生背离中心位置的任何一侧时，系统将起到平衡的作用，如将夏季使用的轮胎换到冬季使用。

　　● 短时间法则：当短时间发生背离中心位置的任何一侧时，系统将起到平衡的作用，如受到侧向风时。当车辆受到持续的侧向力时，驾驶员将给转向盘 1 个力矩使车辆保持直线行驶状态。此时，ECU 根据转向力、车

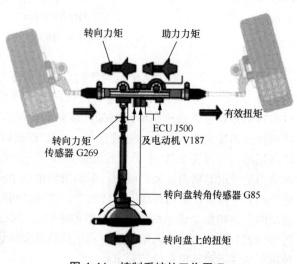

图 4-41　控制系统的工作原理

速、发动机转速、转向角度、转向速度和存储在 ECU 中的特性曲线图计算出要保持直线行驶状态电动机需要提供的必要的力矩，并控制电动机工作，使车辆回到直线行驶状态，减轻驾驶员的工作强度。

四、维修实例

1. 实例一

（1）故障现象

一汽红旗世纪星轿车，该车的 EPS 在车辆低速行驶或原地转向时感觉沉重，但车辆高速行驶时感觉转向较轻。

（2）故障诊断与排除

该车所装的 EPS 系统能够根据车速信号，控制转向助力泵上电磁阀的占空比，以使助力效果随车速发生变化，保证驾驶员在整个车速范围内获得较好的手感和转向稳定性。该车 EPS ECU 安装在车的左侧 A 柱下部的护板内，控制电路如图 4-42 所示。

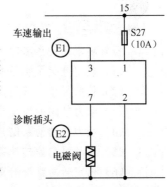

图 4-42　EPS ECU 电路图

EPS ECU 各端子的作用：端子 1 是由点火开关 15# 线由 S27 熔断器的熔丝对 ECU 提供正电源；端子 2 为 ECU 搭铁线；端子 3 是由车速里程表提供的车速信号；端子 7 则是输出给电磁阀线圈的执行信号。

根据该车的故障现象，对 ECU 进行线路检测。在车辆静止的情况下打开点火开关，测量 EPS ECU 各端子电压，端子 1 与端子 2 之间为 12V，端子 3 与端子 2 之间为 0V，端子 7 与端子 2 之间为 11 V。根据测量结果，判断控制单元端子 7 控制电压不正常。因为在没有车速信号的情况下端子 7 不应有 11 V 电压输出，如果有此电压输出会使 EPS 阀打开，助力油压降低，正好与故障现象相符。为了进一步确认故障，将车上举升架，挂挡试车，车速在 20 km/h 左右，用万用表电磁阀电压，发现电压始终为 13V 左右。正常情况下当车速为 20～25 km/h 时，电磁阀电压为 0.5～1.6V；当车速为 80～90 km/h 时，电磁阀电压为 2.7～3.9V。因此，可判断控制单元输出故障，更换 EPS ECU，故障排除。

2. 实例二

（1）故障现象

一辆丰田锐志轿车，在行驶过程中转向异常沉重，同时转向故障指示灯点亮。

（2）故障诊断与排除

根据故障现象，先进行故障自诊断，读取故障码。输出故障码为 C1525、C1526、C1528。其含义是转向盘转角传感器初始化未完成，以及电动机旋转角度传感器故障。查阅维修资料得知，当出现 C1528 故障码时，系统进入失效保护状态，动力转向系统停止工作。

用丰田专用故障诊断仪 IT—II 清除故障码，C1528 可以清除，而 C1525、C1526 始终无法清除。再对转向盘转角传感器进行初始化，结果检测仪显示初始化失败，说明电动机旋转角度传感器确实存在故障。

拔下转向盘转角传感器插头进行检查，在拔下插头时发现其内部有进水的痕迹，端子已覆盖了一层绿色的铜锈，出现腐蚀现象。

故障排除非常简单，清除插头内的水分和铜锈，再用丰田专用故障诊断仪 IT—II 对电动机转向盘转角传感器进行初始化，EPS 灯不再点亮，转向盘转动轻松灵活，故障彻底排除。

插头进水使传感器信号发生短路，ECU 接收不到转向盘转角传感器信号，使电动动力转向系统进入保护状态，转向助力停止工作，ECU 同时记录故障码 C1528。

········· □ **任务实施** □ ·········

一、液压式 EPS 的检修

检修要求及注意事项如下。
（1）确定悬架是否没有被改动过，否则会影响转向系统的工作。
（2）轮胎尺寸、气压规格需要与生产厂家的规定相符合。
（3）动力转向油泵皮带张力需要达到生产厂家的规定。
（4）动力转向油泵储油罐中的液面高度需要达到生产厂家的规定。
（5）发动机怠速转速需要达到厂家规定的标准，并且运转要稳定。
（6）确定转向盘没有更换过，需要是原车配件。

操作一 动力转向储油罐油面的检查

步骤一 将车辆停放在平坦的地面上，使前轮处于直行位置。

步骤二 起动发动机，并使其达到正常的工作温度。

步骤三 使发动机怠速运转大约 2min，左、右打几次转向盘，使油温达到 40 ～ 80℃，关闭发动机。

步骤四 观察储油罐的液面，此时液面应处于"MAX"（上限）与"MIN"（下限）之间，液面低于"MIN"时，应加至"MAX"，如图 4-43 所示。

步骤五 对于用油标尺检查的汽车：拧下带油标尺的封盖，用布将油位标尺擦净，将带油位标尺的封盖插入储油罐内拧好，然后重新拧出，观察油位标尺上的标记，应处于"MAX"与"MIN"之间，必要时将转向油加至"MAX"处（见图 4-44）。

图 4-43 转向储油罐油面的检查

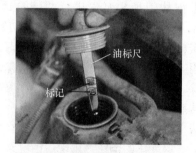

图 4-44 储液室盖上的油尺标记

操作二 皮带张紧力的检查

步骤一 将汽车停在干燥路面上，运转发动机使动力转向油液上升到正常温度，左右转动转向盘，此时驱动皮带的负荷最大，如果皮带打滑，说明皮带张紧度不够。

步骤二 在发动机不运转的情况下，用手以大约 100N 的力从皮带的中间位置按下，皮带应有大约 10mm 挠度的变形量。

步骤三 用皮带张紧度测量表测量皮带在产生标准变形量时所需力的大小。新皮带为 450 ～ 550N，旧皮带为 200 ～ 350N。

操作三 动力转向系统转向液压油压力的检查

步骤一 如图 4-45（a）所示，先关闭节流阀阀门，然后接好压力表和节流阀。

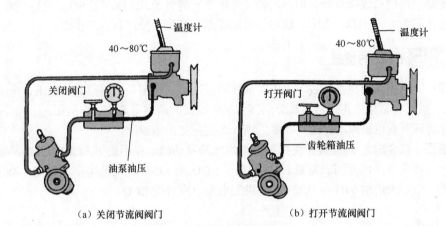

（a）关闭节流阀阀门　　　　　　　（b）打开节流阀阀门

图 4-45 液压油压力的检查

步骤二 如图 4-45（b）所示，将节流阀的阀门打开，起动发动机并以怠速运转，使转向盘向左、右旋转到极限位置，同时读出压力表上的压力，额定值为 6.8 ～ 8.2MPa。

如果向左或向右的额定值达不到要求，就要修理转向器或更换总成。

操作四 电控系统线路检查

皇冠 3.0 轿车 EPS 电路及插接器如图 4-46 所示。

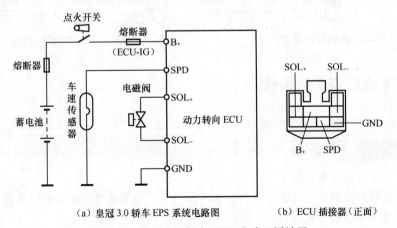

（a）皇冠 3.0 轿车 EPS 系统电路图　　　（b）ECU 插接器（正面）

图 4-46 皇冠 3.0 轿车 EPS 电路及插接器

步骤一 电源线路检查。接通点火开关，用万用表（直流 20V 挡位）测量 B+ 端子与搭铁端子之间的电压，正常电压值应为 10 ～ 14V（蓄电池电压）。否则，说明电源线路有故障，应进行详细检查。

步骤二 搭铁线路检查。用万用表（欧姆挡）测量 GND 端子与搭铁之间的电阻值，正常电阻值应为 0；否则，说明 GND 与车身搭铁之间有搭铁线路有故障，应进行详细检查。

步骤三 车速传感器线路检查。支撑起一侧前轮，用万用表（电阻挡）测量端子 SPD 与端子 GND 之间的电阻值。当转动车轮时，电阻值应在 0 ～∞之间交替变化。否则，说明车速传感器线路有故障，应进行详细检查。

步骤四 电磁阀线路检查。用万用表（电阻挡）测量 SOL₊ 与端子 SOL₋ 之间的电阻值，正常电阻值应为 6 ～ 11Ω。否则，说明电磁阀线路有故障，应进行详细检查。

操作五 ECU 的检查

步骤一 电磁阀的检查。拔下电磁阀插接器，用万用表测量电磁线圈的电阻，电阻应为 6 ～ 11Ω；也可将蓄电池正极与负极分别接到电磁线圈的两端子 SOL₊ 与 SOL₋ 上，如图 4-47 所示，此时应听到电磁阀动作的"咔哒"声，否则应更换电磁阀。

步骤二 EPS ECU 的检查。支撑起汽车，起动发动机，在不拔下 ECU 插接器、发动机怠速运转的情况下，用万用表测量 ECU 的端子 SOL₋ 和 GND 之间的电压，如图 4-48 所示。所测电压应比原来增加 0.07 ～ 0.22V。如果无电压，应更换 ECU。

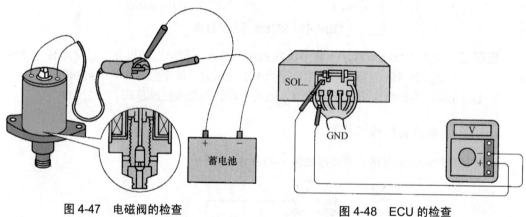

图 4-47　电磁阀的检查　　　　　　　图 4-48　ECU 的检查

二、电动式 EPS 的检修

注意

检修要求及注意事项如下。

（1）维修过程中，当点火开关在打开状态下时，不要随意断开蓄电池接线，否则会丢失控制模块中存储的信息，也不要拆卸或安装控制模块及其插接器。

（2）确定悬架没有被改动过，否则会影响转向系统的工作。

（3）轮胎尺寸、气压规格需要与生产厂家的规定相符合。

（4）发动机怠速转速需要达到厂家规定的标准，并且运转要稳定。

（5）在控制系统的检测中，必须使用生产厂家在维修手册中要求的检测工具，否则可能损坏控制系统的零部件。

操作一 故障警告灯的检查

步骤一 打开点火开关，处于"ON"位置，故障警告灯应点亮，发动机起动后故障警告灯熄灭为正常。

步骤二 故障警告灯不亮时，应检查灯泡是否损坏，熔断丝和导线是否断路。

步骤三 若发动机起动后，故障警告灯仍亮时，应进行故障自诊断操作。

操作二 系统自诊断

电动式 EPS 具有自诊断功能，利用专用诊断仪可对其进行故障自诊断。

步骤一 将故障诊断仪与车辆故障自诊断的诊断接口相连接。

步骤二 接通点火开关，操作故障诊断仪进入 EPS，进行故障码的读取。

操作三 扭矩传感器的检查

步骤一 检测扭矩传感器线圈电阻。拔下扭矩传感器插接器，测量扭矩传感器相应端子之间的电阻，应符合标准值。若不符合标准值，则应更换扭矩传感器。

步骤二 检测扭矩传感器电压。将转向盘置于中间位置，用万用表直流电压挡测量扭矩传感器相应端子的电压，应符合标准值。若不符合标准值，则应更换扭矩传感器。

操作四 直流电动机的检查

步骤一 检查电动机电阻。用万用表检查电动机两端子之间的电阻值，应符合标准值。若不符合标准值，则更换电动机总成。

步骤二 检查电动机运转情况。给电动动机加上蓄电池电压时，应听到电动机转动的声音，如果没有声音，应更换电动机总成。

操作五 ECU 的检查

步骤一 如果在自诊断系统中出现 ECU 的故障码，说明 ECU 可能损坏。

步骤二 如果没有出现 ECU 故障码，在 ECU 电源和搭铁线路都正常的情况下，可采用换件的方法替换怀疑有故障的 ECU。

步骤三 如果更换后故障排除，则说明 ECU 损坏。

小　结

根据动力源的不同，EPS 可分为液压式 EPS 和电动式 EPS。本项目主要介绍了液压式 EPS 和电动式 EPS 的结构组成、工作原理等相关理论知识以及检修方法、故障诊断实例等相关实践操作技能。

液压式 EPS 是在传统的液压动力转向系统的基础上增设了电子控制装置而构成的。电动式 EPS 是一种直接依靠电动机提供辅助扭矩的电动助力式转向系统。

练习思考题

1. 简述 EPS 的优点。
2. 简述流量控制式 EPS 的工作原理。
3. 简述反力控制式 EPS 的工作原理。
4. 简述阀灵敏度控制式 EPS 的工作原理。
5. 简述电动式 EPS 的工作原理。
6. 电动式 EPS 由哪些部件组成？分哪几种类型？
7. 说明转向助力电动机是如何实现转向时正反转控制的。
8. 电动式 EPS 转向力矩传感器的作用是什么？电磁感应式转向力矩传感器是如何工作的？
9. 如何对液压式电控动力转向系统进行检修？
10. 如何对电动式 EPS 进行检修？

参考文献

[1] 李培军 . 汽车底盘电控技术 [M]. 2 版 . 北京：人民邮电出版社，2015.

[2] 沈沉，刘宜 . 汽车底盘电控系统原理与检修一体化教程 [M]. 北京：机械工业出版社，2014.

[3] 张立新，屈亚锋 . 汽车底盘电控系统检修 [M]. 2 版 . 北京：人民交通出版社，2017.

[4] 张红伟，王国林 . 汽车底盘构造及维修 [M]. 2 版 . 北京：高等教育出版社，2007.

[5] 杨智勇，许光君 . 快速学修汽车底盘 [M]. 北京：化学工业出版社，2014.

[6] 徐生明 . 现代汽车典型电控系统结构原理与故障诊断 [M]. 西安：西安电子科技大学出版社，2006.

[7] 黄伟，肖文光 . 汽车底盘维修 [M]. 北京：化学工业出版社，2010.

[8] 杨智勇，刘柱 . 自动变速器维修就这么简单 [M]. 北京：机械工业出版社，2015.

[9] 王盛良 . 汽车底盘及车身电控技术与检修 [M]. 3 版 . 北京：机械工业出版社，2017.

[10] 李春明 . 汽车底盘电控技术 [M]. 3 版 . 北京：机械工业出版社，2017.

[11] 闵思鹏，江冰 . 汽车底盘电控系统原理与维修 [M]. 北京：北京大学出版社，2007.

[12] 秦海滨 . 汽车底盘电控技术 [M]. 大连：大连理工大学出版社，2007.

[13] 姚焕新 . 汽车底盘电控系统检修 [M]. 北京：人民邮电出版社，2009.